전과목

단원평가 총정리

KB085543

3·2

꿈을 향해 달려 보아요.
그러나
목표를 알고 있어야겠지요?
그래야
목표를 향해 달리는 길이
더욱 쉽고
또 좋은 결과를 얻는
길이 될 테니까요.
자, 지금부터
풍선처럼 부푼 꿈속으로
신나는 여행을 떠나 보아요.

구성과 특징

단원평가

1 개념 확인

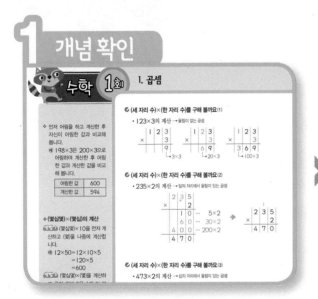

단원에서 꼭 알아야 할 핵심 개념을 한눈에 볼 수 있도록 정리하여 기본을 튼튼하게 다질 수 있습니다.

2 단원 확인 평가

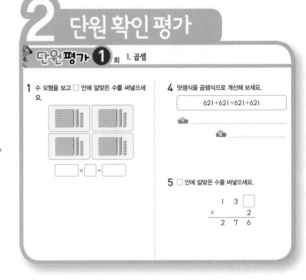

실제 학교 시험에서 꼭 나오는 문제, 잘 틀리는 문제가 무엇인지 알고 익히면서 단원 평가를 완벽하게 대비합니다.

3 플러스 학습

과목별로 다양한 보충 · 심화 문제를 풀어 시험에 대한 자신감을 높이고 실력을 끌어올립니다.

*국어–국어 활동 확인 / 수학, 과학–탐구 서술형 평가 / 사회–서술형 평가

> 단원 평가와
> 마무리 평가로
> 학교 시험을 완벽하게
> 대비하세요.

국어

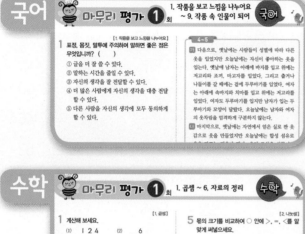

수학

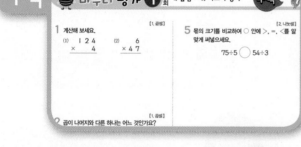

사회

과학

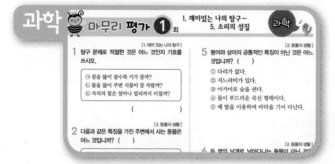

총4회(320 문항)의 마무리 평가를 통해 다양한 유형의 문제를 풀고 익히면 어떠한 시험에도 철저하게 대비할 수 있습니다.

교과서 종합평가

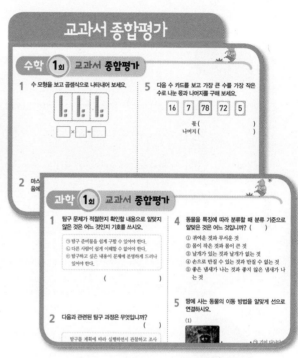

검정 교과서(수학 10종 / 사회 11종 / 과학 7종)를 완벽 분석하여 문제를 출제하였습니다.

정답과 풀이

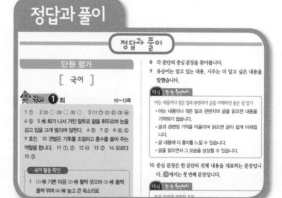

스스로 틀린 문제를 점검하고, '다시 한 번 확인해요!'를 통해 핵심 개념을 더욱 자세하게 기억할 수 있습니다.

차례 ③-2

단원평가

마무리 평가

출제 예상 문제 분석 국어

단원명	주요 출제 내용	출제 빈도	공부한 날
1. 작품을 보고 느낌을 나누어요	• 표정, 몸짓, 말투에 따라 달라지는 느낌 알기	★★★★★	월 일
	• 만화 영화를 보고 인물의 표정, 몸짓, 말투 알기	★★★★	
	• 인물의 말과 행동을 살피며 이야기 읽기	★★★★	
2. 중심 생각을 찾아요	• 아는 내용이나 겪은 일과 관련지어 글 읽기	★★★★	월 일
	• 글을 읽고 중심 생각 찾는 방법 알기	★★★★★	
	• 알고 싶은 내용이 담긴 글을 읽고 간추려 발표하기	★★★	
3. 자신의 경험을 글로 써요	• 자신의 경험에서 인상 깊은 일을 글로 쓰는 방법 알기	★★★★	월 일
	• 띄어쓰기 방법 알기	★★★★★	
	• 인상 깊은 경험을 글로 쓰기	★★★★★	
	• 자신이 쓴 글을 고쳐 쓰기	★★★★	
4. 감동을 나타내요	• 감각적 표현 나누기	★★★★	월 일
	• 시에 나타난 감각적 표현 말하기	★★★★★	
	• 시를 감상하고 표현하기	★★★★★	
	• 감각적 표현 말하기	★★★★★	
	• 작품을 읽고 반응 표현하기	★★★	
5. 바르게 대화해요	• 대화할 때 고려해야 할 점 떠올리기	★★★★	월 일
	• 대상에 따라 알맞은 높임 표현을 사용해 말하기	★★★★★	
	• 전화할 때 지켜야 할 예절 알기	★★★★★	

단원명	주요 출제 내용	출제 빈도	공부한 날
6. 마음을 담아 글을 써요	• 이야기를 듣고 인물이 경험한 일과 그 때의 마음 정리하기 • 인물의 마음을 짐작해 써 보기 • 읽을 사람의 마음을 생각하며 자신의 마음을 전하는 방법 알아보기	★★★★ ★★★★★ ★★★★	월 일
7. 글을 읽고 소개해요	• 글을 읽고 다른 사람에게 소개한 경험 나누기 • '책 보여 주며 말하기' 알아보기 • 책을 소개하는 여러 가지 방법 알아 보기 • 독서 감상문에 대해 알아보기	★★★★★ ★★★ ★★★★ ★★★★★	월 일
8. 글의 흐름을 생각해요	• 시간 흐름을 생각하며 이야기 읽기 • 일하는 방법에 따라 내용을 파악하며 글 읽기 • 장소 변화에 따라 글의 내용 간추리기 • 글의 흐름에 따라 내용 간추려 쓰기	★★★ ★★★★ ★★★★★ ★★★★★	월 일
9. 작품 속 인물이 되어	• 성격에 어울리는 말투를 상상해 극본 읽기 • 알맞은 표정, 몸짓, 말투를 생각하며 극본 읽기 • 역할을 나누어 연극 준비하기	★★★★★ ★★★★★ ★★★	월 일

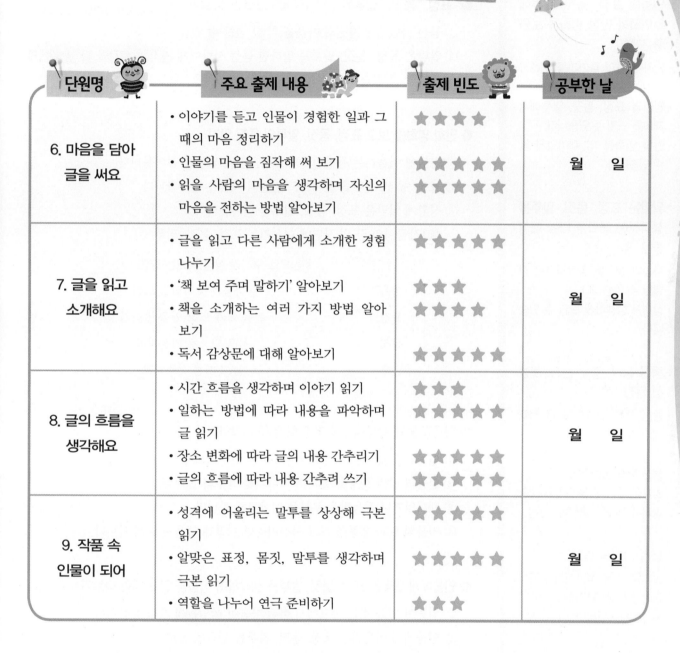

1. 작품을 보고 느낌을 나누어요

✎ ❶표정, ❷몸짓, ❸말투에 주의하며 말하면 좋은 점 알기 → 같은 말을 해도 표정, 몸짓, 말투에 따라 뜻이 다르게 전달될 수 있습니다.

① 듣는 사람에게 자신의 마음을 더 잘 전할 수 있습니다.

② 알맞은 표정, 몸짓, 말투로 말하면 듣는 사람에게 자신의 생각을 더 생생하게 전달할 수 있습니다.

✍ 만화 영화를 보고 표정, 몸짓, 말투의 특징 알기

① 장면에 어울리는 등장인물의 표정, 몸짓, 말투를 찾아봅니다.

② 표정, 몸짓, 말투를 살펴보고 인물의 마음을 짐작합니다.

③ 상황에 알맞은 표정, 몸짓, 말투를 알아봅니다.

예 「장금이의 꿈」의 장면에 어울리는 표정, 몸짓, 말투

처음으로 수라간 상궁을 보는 장면	
마음	놀라움과 호기심을 느낌.
표정	눈을 크게 뜨고 입을 벌리며
몸짓	몸을 앞으로 기울이며
말투	높고 빠른 목소리로

✍ 인물의 말과 행동을 살피며 만화 영화 감상하기

① 인물의 표정, 몸짓, 말투에 주의하며 만화 영화를 감상합니다.

② 인물의 말과 행동을 살피며 이야기를 간추려 봅니다.

③ 재미있거나 감동받은 부분을 이야기해 봅니다.

④ 인물의 말과 행동을 보고 자신이라면 어떻게 했을지 말해 봅니다.

✍ 인물에게 알맞은 표정, 몸짓, 말투를 생각하며 작품을 읽고 대화 나누기

① 인물이 일을 겪는 상황에서 어떤 마음이 들었는지 생각해 봅니다.

② 인물에게 어울리는 표정, 몸짓, 말투를 생각해 봅니다.

③ 이야기 속 장면을 골라 알맞은 표정, 몸짓, 말투로 표현해 봅니다.

예 「거인 부벨라와 지렁이 친구」의 장면에 어울리는 표정, 몸짓, 말투

부벨라가 지렁이에게 인사를 하는 장면	쪼그리고 앉아서 놀란 표정으로 목소리를 높여 말할 것 같습니다.
몸이 나은 정원사가 춤을 추는 장면	활짝 웃으며 덩실덩실 춤을 추면서 큰 소리로 외칠 것 같습니다.

❖ **인물의 표정, 몸짓, 말투에 주의하며 만화 영화를 보면 좋은 점**

• 만화 영화의 줄거리를 이해하는 데 도움이 됩니다.

• 인물의 표정, 몸짓, 말투에서 재미를 느낄 수 있습니다.

• 만화 영화를 더 재미있게 볼 수 있습니다.

❖ **알맞은 표정, 몸짓, 말투를 생각하며 대화를 나눌 때의 좋은 점**

• 자신의 생각을 효과적으로 전달할 수 있습니다.

• 상대가 생생하게 느낄 수 있습니다.

❖ **중심 생각, 중심 문장, 뒷받침 문장**

• 중심 생각: 글쓴이가 글 전체에서 말하고 싶은 생각

• 중심 문장: 한 문단의 전체 내용을 대표하는 문장

• 뒷받침 문장: 중심 문장을 보충하거나 자세히 설명하는 문장

❖ **낱말 사이의 관계**

• 반대말: 서로 정반대되는 뜻을 담고 있는 한 쌍의 낱말

예 같다 ↔ 다르다

낱말 풀이

❶ **표정** 마음속에 품은 감정이나 정서 따위의 심리 상태가 겉으로 드러남. 또는 그런 모습.

❷ **몸짓** 몸을 놀리는 모양.

❸ **말투** 말을 하는 버릇이나 본새.

2. 중심 생각을 찾아요

📝 아는 내용이나 겪은 일과 관련지어 글을 읽으면 좋은 점 알기

① 겪은 일과 관련지어 글을 읽으면 내용을 기억하기 쉽습니다.

② 글과 관련된 기억을 떠올리며 읽으면 글이 쉽게 이해됩니다.

③ 글 내용에 더 흥미를 느낄 수 있습니다.

④ 글을 읽으면서 그 모습을 잘 상상할 수 있습니다.

📝 아는 내용이나 겪은 일과 관련지어 글 읽기

① 글을 읽고 알고 있는 내용, 새롭게 안 내용, 더 알고 싶은 내용을 생각해 봅니다.

② 알고 있는 내용과 다른 내용을 비교해 새롭게 안 내용을 생각하면서 읽습니다.

　예 「안전하게 과학 실험을 해요」를 아는 내용이나 겪은 일과 관련지어 글 읽기

알고 있는 내용	예 선생님께서 계시지 않을 때에는 과학 실험을 하지 않습니다.
새롭게 안 내용	예 과학 실험 안전 수칙이 많다는 것을 알았습니다.
더 알고 싶은 내용	예 여러 가지 실험 기구를 안전하게 다루는 방법을 알고 싶습니다.

📝 글을 읽고 중심 생각을 찾는 방법 알기

① 문단의 중심 문장을 찾아보고 중심 생각을 간추립니다.

② 글의 제목을 보고 무엇에 대해 쓴 글인지 생각합니다.

③ 글에 있는 사진이나 그림을 보고 글쓴이의 중심 생각을 찾습니다.

　예 「갯벌을 보존해야 하는 까닭」의 중심 생각 찾기

문단	중심 문장
1	바닷물이 육지로 밀려오는 밀물 때 갯벌은 바닷물로 덮여 있어 보이지 않지만 자연과 사람에게 여러 가지 도움을 줍니다.
2	갯벌은 다양한 생물이 살 수 있는 장소입니다.
3	어민들은 갯벌에서 수산물을 키우고 거두어 돈을 법니다.
4	갯벌은 육지에서 나오는 오염 물질을 분해해 좋은 환경을 만듭니다.
5	갯벌은 기후를 조절하고 홍수를 줄여 주는 역할을 합니다.
6	소중한 갯벌을 잘 보존해야겠습니다.

중심 생각	예 갯벌이 주는 좋은 점을 알고 갯벌을 잘 보존해야 합니다. / 갯벌을 보존해야 하는 까닭을 알고 소중한 갯벌을 보존해야 합니다.

바로바로 체크

1 만화 영화에서 인물이 겪는 상황에 따라 인물의 표정, ☐☐, 말투가 달라집니다.

2 인물의 말과 인물의 표정, 몸짓, 말투를 살펴보면 인물의 (마음 , 옷차림)을 짐작할 수 있습니다.

3 글쓴이가 글 전체에서 말하고 싶은 생각을 ☐☐ ☐☐이라고 합니다.

4 글을 읽고 중심 생각을 찾는 방법으로 알맞은 것에 ○표를 하시오.

　(1) 문단의 뒷받침 문장을 찾아보고 중심 생각을 간추린다. (　　)

　(2) 글의 제목을 보고 무엇에 대해 쓴 글인지 생각한다. (　　)

　(3) 글에 있는 사진이나 그림을 보고 찾는다. (　　)

▶ 정답

1. 몸짓　　2. 마음

3. 중심 생각　4. (2) ○ (3) ○

1. 작품을 보고 느낌을 나누어요

1 다음 그림 속 상황에서 남자아이가 할 알맞은 말은 어느 것입니까? ( )

상황	복도에서 친구와 부딪친 상황

① 미안해.
② 고마워.
③ 반가워.
④ 괜찮아.
⑤ 고맙습니다.

잘 틀려요

2 친구의 필통을 떨어뜨려서 사과할 때의 알맞은 표정, 몸짓, 말투를 찾아 ○표를 하시오.

표정	(1) 웃는 표정	
	(2) 풀이 죽은 표정	
몸짓	(3) 몸을 움츠리면서	
	(4) 어깨를 으쓱하며	
말투	(5) 진지한 말투로	
	(6) 가벼운 말투로	

3 다음 장금이가 처한 상황에 알맞은 표정, 몸짓, 말투를 찾아 선으로 이으시오.

> 생각시 선발 시험을 볼 수 있다는 소식을 듣고 뒷산에 홀로 올라가 돌아가신 엄마를 떠올리는 장면

(1) 표정 •

(2) 몸짓 •

(3) 말투 •

• ㉠ 눈물을 글썽이며
• ㉡ 눈썹을 찡그리며
• ㉢ 두 손에 힘을 꼭 주며
• ㉣ 뒷짐을 지며
• ㉤ 느리고 굵은 목소리로
• ㉥ 가늘고 떨리는 목소리로

4~5

> 미미는 학교 친구와 선생님도 언니 자두에게만 관심을 기울여 화가 납니다.

4 이 장면에 어울리는 미미의 말은 무엇입니까? ( )

① 언니, 미안해.
② 언니, 고마워.
③ 그게 정말이야?
④ 언니가 큰 거 먹어!
⑤ 언니랑 같이 다니고 싶지 않아!

서술형

5 이 장면에 어울리는 미미의 표정, 몸짓, 말투는 무엇인지 쓰시오.

_____

_____

2. 중심 생각을 찾아요

부벨라는 친절한 정원사에게 어떻게든 꼭 보답을 하고 싶었어요. 그때 갑자기 부벨라의 손이 간지러워지기 시작하더니 아주 따뜻해졌어요. 무슨 일이 벌어지고 있는지는 정확히 알 수가 없었지요.

부벨라는 손을 들어 정원사를 가리켰어요. 그러자 손이 점점 더 간지러워지고 따뜻해졌어요. 그리고 깜짝 놀랄 만한 일이 벌어졌어요. 갑자기 정원사가 허리를 꼿꼿하게 펴더니 똑바로 선 거예요. 정원사는 한 발자국 한 발자국 내디뎌 보다가 덩실덩실 춤을 추었어요.

정원사가 웃으며 큰 소리로 외쳤어요.

"이제 하나도 아프지가 않아!"

부벨라는 자신의 손을 쳐다보았어요. 무슨 일인지는 모르겠지만 분명 좋은 일임엔 틀림없었어요.

「거인 부벨라와 지렁이 친구」, 조 프리드먼

6 부벨라의 손이 간지러워지고 따뜻해지자 벌어진 일은 무엇입니까? (　　　)

① 정원사가 멋진 춤을 추었다.
② 하늘에서 진흙파이가 떨어졌다.
③ 정원사가 노래를 부르기 시작했다.
④ 정원사의 몸이 하늘로 날아올랐다.
⑤ 정원사가 허리를 꼿꼿하게 펴더니 똑바로 섰다.

중요

7 밑줄 그은 정원사의 말에 알맞은 표정, 몸짓, 말투가 <u>아닌</u> 것은 무엇입니까? (　　　)

① 활짝 웃는다.
② 고개를 숙인다.
③ 큰 소리로 외친다.
④ 덩실덩실 춤을 춘다.
⑤ 두 팔을 하늘로 올린다.

가 첫째, 선생님께서 계시지 않을 때에는 과학 실험을 하지 않습니다. 과학실에는 조심히 다루어야 할 실험 기구와 위험한 화학 약품이 많습니다. 선생님의 말씀에 따라 실험 기구나 화학 약품을 다루어야 사고가 나는 것을 예방할 수 있습니다.

나 셋째, 실험할 때 책상에 바짝 다가가지 않습니다. 실험하다가 만약 실험 기구가 넘어지면 깨진 기구의 조각이나 기구 속 화학 약품이 주변에 튈 수 있습니다. 이때 책상에 바짝 다가가 앉아 있으면 다칠 수가 있습니다.

8 이 글의 내용으로 알맞은 것을 두 가지 고르시오. (　　　,　　　)

① 실험실에서는 음식을 먹으면 안 된다.
② 과학실에서는 절대 장난을 치면 안 된다.
③ 실험을 하다가 실험 재료를 맛보면 안 된다.
④ 과학 실험을 할 때 책상에 바짝 다가가지 않는다.
⑤ 선생님께서 계시지 않을 때에는 실험을 하지 않는다.

9 이 글을 읽고 새롭게 안 내용을 말한 친구는 누구인지 쓰시오.

호진: 실험할 때 책상에 바짝 다가가면 위험하다는 것을 알았어.
유승: 선생님의 지시에 따라 실험을 해야 한다는 것을 알고 있었어.
시우: 여러 가지 실험 기구를 안전하게 다루는 방법을 더 알고 싶어.

(　　　　　　　　　)

10~12

가 넷째, 갯벌은 기후를 조절하고 홍수를 줄여 주는 역할을 합니다. 갯벌 흙은 물을 많이 흡수해 저장했다가 내보내는 기능을 합니다. 그러므로 갯벌은 비가 많이 오면 빗물을 저장해 갑작스러운 홍수를 막아 줍니다. 그리고 주변 온도와 습도에 따라 물을 흡수하고 내보내는 역할을 알맞게 수행해 기후를 알맞게 만들어 줍니다.

나 갯벌의 환경은 특별하고 다양합니다. 갯벌과 그 속에 사는 여러 생물은 자연과 사람을 위해 좋은 역할을 많이 합니다. 그러므로 갯벌은 쓸모없는 땅이 아니라 우리와 함께 살아가는 소중한 장소입니다. 소중한 갯벌을 잘 보존해야겠습니다.

10 문단 **가**의 중심 문장은 무엇인지 찾아 쓰시오.

_____

11 이 글에서 말한 갯벌의 역할을 두 가지 고르시오. (　　,　　)

① 기후를 조절한다.
② 홍수를 줄여 준다.
③ 오염 물질을 분해한다.
④ 수산물을 키우는 곳이다.
⑤ 다양한 생물이 살 수 있는 장소이다.

☆중요☆

12 이 글의 중심 생각을 찾아 기호를 쓰시오.

> ㉮ 갯벌의 역할을 알고 갯벌을 개발하는 방법을 생각해 보아야 한다.
> ㉯ 갯벌이 주는 좋은 점을 알고 갯벌을 잘 보존해야 한다.

(　　　　　)

13~15

　겨울 날씨를 나타내는 토박이말에는 '가랑눈', '진눈깨비', '함박눈', '도둑눈' 같은 말이 있다. 겨울에는 눈이 와야 겨울답다고 한다. 같은 눈이라도 눈의 생김새나 크기에 따라 그 이름이 다르다. '가랑눈'은 조금씩 잘게 부서져서 내리는 눈을 말한다. 가늘게 가루처럼 내리는 비를 '가랑비'라고 하는 것과 같다. 비가 섞여 내리는 눈은 '진눈깨비', 굵고 탐스럽게 내리는 눈은 '함박눈', 밤에 사람들이 모르게 내린 눈은 '도둑눈'이라고 한다. 도둑눈은 사람들 몰래 왔다는 뜻을 담은 말이다.

　이처럼 계절에 따라 ㉠알고 쓰면 좋은 토박이말이 많다. 우리가 우리말의 말뜻을 배우고 익혀 제대로 쓰는 일에 더욱 힘을 쏟을 때, 더 아름답고 넉넉한 우리말과 우리글을 쓸 수 있게 될 것이다.

13 겨울과 관련 있는 토박이말이 <u>아닌</u> 것은 무엇입니까? (　　)

① 가랑눈　　　　　② 가랑비
③ 도둑눈　　　　　④ 함박눈
⑤ 진눈깨비

14 ㉠'알고'와 서로 뜻이 정반대인 낱말은 무엇인지 기본형으로 쓰시오.

(　　　　　　　　)

15 이 글의 중심 생각을 간추릴 때 빈칸에 들어갈 알맞은 말은 무엇입니까? (　　)

> 우리말과 우리글을 사랑하는 마음으로 ☐☐을/를 나타내는 토박이말을 많이 사용하자.

① 음식　　　　　② 위치
③ 날씨　　　　　④ 크기
⑤ 생김새

1 다음 장면에 알맞은 인물의 마음과 상황에 어울리는 인물의 표정, 몸짓, 말투를 쓰시오.

마음	(1)
표정	(2)
몸짓	(3)
말투	(4)

▪ 알맞은 표정, 몸짓, 말투로 대화할 때 주의할 점

· 말하는 내용에 어울리도록 표정이나 몸짓을 자연스럽게 해야 합니다.
· 같은 말도 상황에 따라 다른 말투로 해야 합니다.

▶ 「축복을 전해 주는 참새」를 읽고 물음에 답하시오. [**2** ~ **3**]

> 가 그림에 좀 더 가까이 다가가 참새들을 하나씩 들여다보세요. 눈동자가 그려진 눈, 숨구멍이 그려진 부리, 깃털색의 작은 변화까지 표현돼 모두가 살아 있는 듯합니다. 또한 참새가 앉거나 날거나 하는 모습이 일정한 규칙으로 반복되어 리듬감이 느껴지는데, 이렇게 구성한 데에는 그림에 많은 참새를 알맞게 그려 넣으려는 화가의 숨은 뜻이 담겨 있는 듯합니다.
>
> 나 참새는 축복을 전하는 새입니다. 풍성하게 매달린 곡식 줄기가 무게 때문에 아래로 축 처져 있습니다. 아마도 농사가 풍년이었나 봅니다. 그 둘레에 축복을 전한다는 참새들이 모여들어 조를 쪼아 먹는 모습은 다가오는 수확의 즐거움을 암시하는 듯합니다.
>
> 「축복을 전해 주는 참새」, 고연희

▪ 글의 중심 생각을 찾는 방법

· 문단별 중심 문장을 찾습니다.
· 글의 제목과 관련지어 글쓴이의 생각을 짐작해 봅니다.
· 글에 있는 사진이나 그림을 살펴봅니다.

2 글 가와 나의 중심 문장은 무엇인지 쓰시오.

글 가	(1)
글 나	(2)

3 다음 낱말과 뜻이 서로 반대되는 낱말을 이 글에서 찾아 쓰시오.

(1) 서다 ↔ (   )

(2) 많다 ↔ (   )

3. 자신의 경험을 글로 써요

✏ 기억에 남는 일을 정리하면 좋은 점

① 기억에 남는 일을 자세히 떠올릴 수 있습니다.

② 기억에 남는 일을 글로 쓸 수 있습니다.

③ 자신이 한 일을 되돌아볼 수 있습니다.

④ 어떤 내용을 말하거나 쓸지 점검할 수 있습니다.

✏ 자신의 ❶경험에서 ❷인상 깊은 일을 글로 쓰는 방법 알기

① 무엇을 쓸지 정하는 방법: 평소에 일어난 일이나 평소와 달리 특별하게 생긴 일 또는 자신의 생각이나 느낌이 달라진 일을 정합니다.

② 글 쓸 내용을 정리하는 과정

• 언제, 어디에서, 누구와 있었던 일인지 정리합니다.

• 무슨 일이 있었는지 자세히 떠올립니다.

• 어떤 마음이 들었는지 생각합니다.

✏ 띄어쓰기 방법 알기

① 낱말과 낱말 사이는 띄어 쓰되, '이/가, 을/를, 은/는, 의'와 같은 말은 앞말에 붙여 씁니다.

> 주혁이가∨눈물이 그렁그렁한 얼굴로 말했다.

② 마침표(.)나 쉼표(,) 뒤에 오는 말은 띄어 씁니다.

> "마음이 아팠다.∨동생이 얼른 나았으면 좋겠다.

③ 수를 나타내는 말과 단위를 나타내는 말 사이는 띄어 씁니다.

> 이번 가을에만 두∨번째네.

✏ 인상 깊은 일을 글로 쓰는 방법 → 인상 깊은 일을 구체적으로 정리하면 일어난 일을 자세히 표현할 수 있고, 자신이 한 일을 되돌아볼 수 있습니다.

① 겪은 일 가운데에서 어떤 일을 글로 쓸지 정합니다.

② 쓸 내용을 정리합니다.

③ 글을 씁니다.

④ 고쳐쓰기를 합니다.

✏ 자신이 쓴 글을 고쳐 쓰기

① 자신이 쓴 글의 내용이나 표현에서 고치고 싶은 부분을 생각해서 고칩니다.

② 어떤 생각이나 느낌이 들었는지를 생각해서 고쳐 씁니다.

③ 있었던 일을 자세히 썼는지 확인해서 고쳐 씁니다.

④ 친구들이 이해하기 쉽고 재미있는 표현을 많이 썼는지 점검하여 고쳐 씁니다.

❖ 글을 쓴 뒤에 고쳐쓰기를 하면 좋은 점

• 자신이 전하고자 한 내용을 효과적으로 표현했는지 확인할 수 있습니다.

• 잘못된 띄어쓰기나 표현 따위를 고칠 수 있습니다.

❖ 감각적 표현으로 나타내면 좋은 점

• 대상의 느낌을 생생하고 재미있게 표현할 수 있습니다.

• 감각적 표현을 말하려고 대상을 더 자세하게 관찰할 수 있습니다.

❖ 시의 제목 정하기

• 시의 전체적인 내용에 어울리는 제목을 붙입니다.

• 소재가 된 대상을 제목으로 할 수도 있고, 시의 핵심적인 표현을 제목으로 할 수도 있습니다.

낱말 풀이

❶ 경험 자신이 실제로 해 보거나 겪어 봄.

❷ 인상 어떤 대상에 대하여 마음속에 새겨지는 느낌.

❸ 감각적 표현 눈으로 보고, 귀로 듣고, 입으로 맛보고, 코로 냄새 맡고, 손으로 만지면서 느낀 대상에 대한 느낌을 생생하게 표현한 것.

4. 감동을 나타내요

^❸ 감각적 표현을 사용해 느낌 나타내기

① 대상을 눈으로 보고, 귀로 듣고, 입으로 맛보고, 코로 냄새 맡고, 손으로 만진 느낌을 표현한 것을 감각적 표현이라고 합니다.

② 대상을 떠올리고 그 느낌을 감각적으로 표현해 봅니다.

　㉠ '귤'을 보고 감각적 표현으로 느낌 나타내기

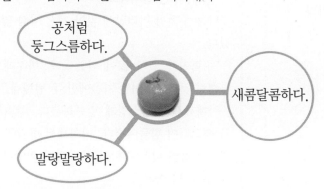

공처럼 둥그스름하다.

새콤달콤하다.

말랑말랑하다.

시를 읽고 여러 가지 감각적 표현 말하기

→ 감각적 표현을 넣고 읽으면 표현이 더 구체적이고, 대상을 더 자세하고 실감 나게 표현할 수 있습니다.

① 시를 읽고 시에 나타난 감각적 표현을 찾아봅니다.

② 시의 장면을 떠올리며 읽어 봅니다.

이야기를 읽고 생각이나 느낌 표현하기

① 이야기를 읽고 이야기 내용을 파악하면서 생각이나 느낌을 정리합니다.

② 생각이나 느낌을 여러 가지 방법으로 표현합니다. → 이야기 속 인물에게 편지 쓰기, 이야기를 소개하는 책 표지나 인물 책갈피 만들기, 노랫말로 감동 표현하기, 이야기를 읽고 떠오른 생각을 네 컷 만화로 그려 보기

　㉠ 「진짜 투명 인간」을 읽고 인물에게 편지 쓰기

인물	하고 싶은 말
에밀	블링크 아저씨에게 색깔을 친절하게 알려 준 것을 칭찬하고 싶다.

느낌을 살려 시 쓰기

① 시를 쓸 대상을 정합니다.

② 대상을 자세히 관찰하고 그 대상이 주는 느낌을 정리해 봅니다.

③ 대상의 느낌을 표현하는 방법

• 소리나 모양을 흉내 내는 말을 사용하여 표현하기

• 대상을 다른 대상에 빗대어 표현하기

• 대상을 노래하듯이 표현하기

국어

1 낱말과 낱말 사이는 (띄어 , 붙여) 씁니다.

2 인상 깊은 일을 글로 쓰려면 겪은 일 가운데에서 어떤 일을 글로 쓸지 정하고, 쓸 내용을 정리한 뒤에 글을 쓰고 □□□□를 합니다.

3 대상에 대한 느낌을 눈으로 보고, 귀로 듣고, 코로 냄새를 맡고, 손으로 만진 것처럼 생생하게 표현한 것을 무엇이라고 하는지 쓰시오.

　　　　(　　　　　)

4 감각적 표현의 효과에 ○표를 하시오.

⑴ 더 자세하고 실감 나게 표현할 수 있다. (　　)

⑵ 간단하고 명확하게 표현할 수 있다. (　　)

3. 자신의 경험을 글로 써요

1 기억에 남는 일을 정리하면 좋은 점에 ○표를, 아닌 것에 ×표를 하시오.

(1) 자신이 읽은 책만 기록할 수 있다. ( )

(2) 어떤 내용을 말하거나 쓸지 점검할 수 있다. ( )

(3) 여러 사람에게 새로운 사실을 알려 줄 수 있다. ( )

(4) 기억에 남는 일을 자세히 떠올릴 수 있다. ( )

잘 틀려요

2 자신이 겪은 일을 알맞게 말하지 <u>못한</u> 친구는 누구인지 쓰시오.

마당에 나무를 심었어.

해수

가족과 놀이 공원에 놀러 갔어.

지은

달리기에서 꼭 일 등을 할 거야.

현진

( )

3~4

"아이고, 배야."

동생 주혁이가 끙끙 앓는 소리에 잠에서 깼다.

"열이 39도가 넘잖아! 배도 많이 아파하고, 큰일이네."

걱정스럽게 말씀하시는 아빠의 목소리도 들렸다. 나는 눈을 비비고 자리에서 일어났다.

"아빠, 무슨 일이에요?"

나는 주혁이 머리맡에 앉아 계신 아빠 옆으로 다가갔다.

"주혁이가 열이 많이 나는구나. 아무래도 장염에 걸린 것 같다. 이번 가을에만 두 번째네."

아빠께서 걱정스럽게 말씀하셨다. 주혁이는 얼굴을 찡그리며 힘들어했다. 아빠께서 병원에 갈 채비를 하시는 동안 나는 주혁이 옆에 앉아 있었다.

"누나, 나 아파."

주혁이가 눈물이 그렁그렁한 얼굴로 말했다.

"병원 다녀오면 금방 나을 거야."

나는 주혁이의 이마에 차가운 물수건을 얹어 주었다. 마음이 아팠다. 동생이 얼른 나았으면 좋겠다.

3 '나'는 무엇에 대해 글로 썼습니까? ( )

① 동생이 아팠던 일
② 아침에 학교에 간 일
③ 저녁에 놀이터에서 논 일
④ 점심시간에 급식을 먹은 일
⑤ 한밤중에 병원 놀이를 한 일

4 이 글을 쓰기 전에 어떻게 정리했을지 빈칸에 알맞은 말을 쓰시오.

언제	지난밤
어디에서	우리 집
있었던 일	(1)
생각이나 느낌	(2)

4. 감동을 나타내요

5 띄어쓰기를 하는 알맞은 방법이 <u>아닌</u> 것은 무엇입니까? (   )

① 낱말과 낱말 사이는 띄어 쓴다.

② 쉼표(,) 뒤에 오는 말은 띄어 쓴다.

③ 마침표(.) 뒤에 오는 말은 띄어 쓴다.

④ '이/가, 을/를, 은/는, 의'와 같은 말은 뒷말에 붙여 쓴다.

⑤ 수를 나타내는 말과 단위를 나타내는 말 사이는 띄어 쓴다.

6 다음 글에서 띄어 써야 할 부분에 ∨표를 하고 바르게 띄어 쓰시오.

> (1) 우정은예쁘게가꿀수록좋다.

> (2) 책을읽으면지식이쌓인다.

7 자신이 쓴 글을 고쳐쓰기하는 알맞은 방법을 모두 고르시오. (,   ,   )

① 잘못된 표현을 고친다.

② 잘못된 띄어쓰기를 고친다.

③ 재미있는 표현을 생략한다.

④ 있었던 일을 더 자세히 쓴다.

⑤ 생각이나 느낌을 쓴 부분을 간단하게 줄인다.

8~10

내 몸에
불덩이가 들어왔다.
– 뜨끈뜨끈.
불덩이를 따라
몹시 추운 사람도 들어왔다.
– 오들오들.

약을 먹고 나니
느릿느릿,
거북이도 들어오고
까무룩,
잠꾸러기도 들어왔다.

내 몸에
㉠너무 많은 것들이 들어왔다.
그래서
내 몸이 아주 무거워졌다.

「감기」, 정유경

8 ㉠이 <u>아닌</u> 것은 무엇입니까? (   )

① 불덩이   ② 거북이

③ 눈사람   ④ 잠꾸러기

⑤ 몹시 추운 사람

9 다음은 이 시에 대한 설명입니다. 괄호 안에 알맞은 말을 써넣으시오.

이 시는 ((1)   )에 걸린 상태를 ((2)   ) 표현을 사용해 생생하게 표현했다.

10 이 시를 읽고 시에 대한 생각이나 느낌을 쓰시오.

_____

_____

11~12

강가 고운 모래밭에서
발가락 옴지락거려
두더지처럼 파고들었다.

지구가 간지러운지
굼질굼질 움직였다.

아, 내 작은 신호에도
지구는 대답해 주는구나.

그 큰 몸짓에
이 조그마한 몸짓
그래도 지구는 대답해 주는구나.

「지구도 대답해 주는구나」, 박행신

11 이 시에서 말하는 이가 하고 있는 일은 무엇입니까? (　　)

① 모래로 성을 만들고 있다.
② 바다에 몸을 담그고 있다.
③ 모래에 손을 담그고 있다.
④ 강가 모래밭에 발을 담그고 있다.
⑤ 강가 모래밭에서 공을 던지고 있다.

🔆중요

12 이 시에서 지구가 대답해 준다고 표현한 까닭은 무엇이겠습니까? (　　)

① 두더지가 나타나서
② 발이 계속 간지러워서
③ 파도가 계속 몰려와서
④ 발가락이 계속 저절로 움직여서
⑤ 모래의 움직임을 지구가 움직이는 것으로 생각해서

13~14

하늘에 사는 아이들도
체육 시간이 있나 보다

우르르 쿵쾅,
운동장으로
뛰쳐나가는 소리

「천둥소리」, 유강희

13 이 시에서 시로 쓴 대상은 무엇입니까? (　　)

① 천둥소리
② 꽃이 피는 소리
③ 운동회하는 모습
④ 공놀이하는 모습
⑤ 체육 시간, 아이들의 모습

잘 틀려요

14 이 시에서 시를 쓴 방법을 모두 고르시오.
(　　,　　,　　)

① 짧은 글로 표현했다.
② 감각적 표현을 썼다.
③ 연마다 반복되는 말을 썼다.
④ 주고받는 대화 표현을 사용했다.
⑤ 소리나 모양을 흉내 내는 말을 사용했다.

서술형

15 다음 그림을 보고 그 느낌을 다른 대상에 빗대어 표현하시오.

_____

_____

1 다음을 읽고 띄어쓰기를 바르게 하여 다시 쓰시오.

> 하늘은높고,단풍은붉게물든다.

(   )

▸ 「별난 양반 이 선달 표류기」를 읽고 물음에 답하시오. [**2** ~ **3**]

"물개다!"

배 옆을 보니 시커멓고 둥근 머리가 오르락내리락하였습니다. 물개가 틀림없었어요. 물개는 무슨 재미난 구경이 난 듯, 배 옆구리에 슬쩍 부딪쳤다가 사라졌다가 다시 슬쩍 고개를 내밀고 배 안을 살피다 했습니다. 그러다가 나중에는 수십 마리 물개 떼가 고개를 쳐든 채 누가 있나 하고는 배 안을 구경하는 것이었습니다.

이때 공 비장이 칼을 빼 들고 말했어요.

"잘됐군. 배고픈데 한 놈 잡아먹읍시다."

그러자 선달이 말리며 말했습니다.

"내가 읽은 책이 만 권이 넘는데, 삼천삼백삼십삼 권째로 읽은 책이 점을 보는 책이었소."

선달은 손가락을 꼽더니 이윽고 무슨 말인가를 흥얼대었습니다.

"물개가 배를 따르니, 이건 우리가 죽지는 않고 살겠다는 점괘요. 물개를 죽이면 천벌을 받겠소."

배에 탄 사람들은 공 비장에게 눈총을 주었어요. 곧이어 하나같이 손을 모으고 빌기 시작했어요.

"아이고, 물개님! 우릴 살려 주십시오."

이때 선달에게 기발한 생각이 떠올랐습니다.

"물개가 있다는 건 뭍이 멀지 않은 곳에 있단 말이기도 하오."

선달은 끈을 고리 모양으로 만들어 물개의 목에 슬쩍 걸었어요. 그러자 배가 천천히 물살을 가르며 앞으로 나아가는 것이 아닌가요?

「별난 양반 이 선달 표류기」, 김기정

2 선달이 생각한 기발한 생각은 무엇인지 쓰시오.

_____

_____

3 이 이야기를 읽고 떠오른 생각이나 느낌을 쓰시오.

_____

_____

_____

• **바르게 띄어쓰기**

• 낱말과 낱말 사이는 띄어 쓰되, '이/가, 을/를, 은/는, 이'와 같은 말은 앞말에 붙여 씁니다.

• 마침표(.)나 쉼표(,) 뒤에 오는 말은 띄어 씁니다.

• 수를 나타내는 말과 단위를 나타내는 말 사이는 띄어 씁니다.

• **이야기를 읽고 생각이나 느낌 표현하기**

• 이야기를 읽고 이야기 내용을 파악하면서 생각이나 느낌을 정리합니다.

• 이야기를 읽고 생각이나 느낌을 여러 가지 방법으로 표현해 봅니다.

– 이야기 속 인물에게 편지 쓰기

– 이야기를 소개하는 책 표지나 인물 책갈피 만들기

– 노랫말로 감동 표현하기

– 이야기를 읽고 떠오른 생각을 네 컷 만화로 그려 보기

5. 바르게 대화해요

대화를 나눌 때에는 상대가 하는 말을 집중해서 듣고 상대가 하는 말에 알맞게 반응합니다.

🖊 대화할 때 고려해야 할 점 떠올리기

① 상대가 누구인지 생각합니다.
② 대화하는 목적이 무엇인지 생각합니다.
③ 어떤 대화 상황인지 생각합니다.
④ 상대가 웃어른일 때에는 높임 표현을 사용합니다.
⑤ 상대의 기분을 생각합니다.

🖊 대상에 따라 알맞은 높임 표현을 사용해 말하기

① 상황에 어울리는 말을 해야 합니다.
② 대상에 따라 알맞은 높임 표현을 사용해야 합니다.
③ 상대를 바라보고 상대의 말을 존중하며 대화해야 합니다.

🖊 전화할 때의 바른 대화 예절 알기

① 자신이 누구인지 밝히고 상대가 누구인지 확인합니다.
② 상대의 상황을 헤아려 봅니다.
③ 상대 얼굴을 보지 않고 이야기하므로 더 공손하게 말합니다.
④ 공공장소에서는 작은 목소리로 말합니다.
⑤ 상대의 기분을 생각합니다.
  예 「전화 대화」에서 잘못된 부분과 그 까닭

전화로 대화할 때에는 자신이 누구인지 밝혀야 합니다. 그리고 내용을 정확하고 구체적으로 표현해야 합니다.

잘못된 부분	그 까닭
'나는 예원이 언니인데…….'라고 생각함.	수진이가 자신이 누구인지 밝히지 않고 상대가 누구인지도 확인하지 않았기 때문에
'지수에게 내 생각을 언제 말하지?'라고 생각함.	지수가 나의 상황은 헤아리지 않고 계속 자신의 말만 해서
전화를 건 할머니께서 당황하심.	할머니께서 하실 말씀이 남아 있는데 유진이가 그것을 듣지 않고 갑자기 전화를 끊었기 때문에
주변 사람들의 표정이 좋지 않음.	공공장소에서 큰 소리로 통화를 해서

🖊 상황에 어울리는 표정, 몸짓, 말투로 대화하기

① 상황에 어울리는 표정, 몸짓, 말투로 대화합니다.
② 대상에 따라 알맞은 높임 표현을 사용해 대화합니다.
③ 언어 예절을 지키며 대화합니다.

✤ 웃어른과 대화할 때의 태도
• 공손한 태도로 말합니다.
• 높임 표현을 씁니다.
• 문장을 끝맺는 말로 '~습니다, ~어요, 해요'로 나타냅니다.

✤ 전화 대화의 특징
• 전화를 거는 사람과 받는 사람이 있습니다.
• "여보세요?"처럼 자주 사용하는 말이 있습니다.
• 듣고 있음을 나타내는 말을 해야 합니다.
• 상대가 상황을 볼 수 없기 때문에 정확하고 구체적으로 표현합니다.
• 직접 만나지 않아도 소식을 전할 수 있습니다.

✤ 마음을 전해야 하는 상황과 그때 전하는 마음

이웃집 아주머니께서 음식을 주실 때	고마운 마음
약속 시간에 늦었을 때	미안한 마음
현장 체험학습을 갈 때	기쁜 마음
아픈 친구가 걱정될 때	걱정하는 마음

낱말 풀이
❶ 높임 표현 웃어른을 공경하는 마음을 담은 표현.
❷ 상황 일이 되어 가는 과정이나 형편.
❸ 진심 거짓이 없는 참된 마음.

6. 마음을 담아 글을 써요

다른 사람에게 마음을 전해 본 경험 떠올리기

① 화가 났을 때에는 하고 싶은 말이 있어도 잠깐 멈춥니다.

② 말하기 전에 이 말을 하면 상대의 기분이 어떨지 생각합니다.

③ 말할 때에는 상대의 마음을 헤아리며 자신의 생각과 마음을 말합니다.

이야기를 듣고 인물의 마음이 어떻게 변했는지 정리하기

인물이 겪은 일과 관련해서 인물의 마음이 어떻게 변했는지 생각해 봅니다.

예 「규리의 하루」에서 규리가 한 일과 그때의 마음 변화 알아보기

규리가 한 일이나 겪은 일	그때의 마음
더 자고 싶은데 억지로 일어남.	속상한 마음
발표할 차례가 다가옴.	걱정스러운 마음, 불안한 마음
민호에게 리코더 연주 방법을 가르쳐 줌.	자랑스러운 마음
수호네 강아지의 하얀 털을 쓰다듬어 줌.	행복한 마음

이야기 속 인물의 마음을 헤아리며 글 읽기

글의 내용에서 인물이 처한 상황을 떠올려 보고 그때 인물이 느꼈을 마음을 짐작해 봅니다.

예 「꼴찌라도 괜찮아!」에서 기찬이의 마음

기찬이가 심술이 나서 찬 돌멩이가 친구의 책가방을 맞혔을 때	기찬이는 운동을 잘 못해서 속상하고, 친구들에게 사과를 제대로 못 해서 당황했을 것입니다.
기찬이가 이어달리기 제비를 뽑았을 때	이어달리기가 가장 점수가 높은데 달리기를 잘하지 못해 마음이 무거웠을 것 같습니다.
이호에게 배턴을 넘겨 줄 때	최선을 다해서 결과와 상관없이 뿌듯한 마음일 것 같습니다.

읽을 사람을 생각하며 마음을 전하는 글 쓰기

① 어떤 일이 있었는지 씁니다.

② 자신의 감정을 솔직하게 씁니다.

③ 앞으로 바라는 점이나 자신의 다짐을 씁니다.

④ 상대에게 하고 싶은 말을 진심을 담아 부드럽게 씁니다.

5. 바르게 대화해요

1~3

가 수정: 여보세요?

진수: 수정이니? 나, 진수야. 수정아, 내일 준비물이 뭐야?

수정: 풀이랑 가위야.

진수: 그리고…….

수정: (전화를 뚝 끊는다.)

나 (문구점 안. 남녀 학생들이 시끄럽게 떠드는 소리가 들린다.)

진수: 아저씨, 이 풀 얼마예요?

문구점 주인아저씨: 뭐라고? 시끄러워서 잘 안 들리는데 다시 한번 말해 줄래?

다 여자아이: 진수야, 내가 가위를 깜빡하고 안 가져왔어. 가위 좀 빌려줄래?

진수: 안 돼. 내가 쓸 거야. 나도 가위가 계속 필요하거든.

1 가의 대화 상황으로 알맞은 것은 무엇입니까?
(   )

① 약속에 늦은 상황

② 친구와 전화하는 상황

③ 친구가 아파서 걱정하는 상황

④ 친구에게 준비물을 빌려주는 상황

⑤ 문구점 주인아저씨와 대화하는 상황

2 나에서 대화가 잘 이루어지지 **않은** 까닭은 무엇인지 쓰시오.

_____

잘 틀려요

3 다에서 남자아이가 대화할 때에 고려해야 할 점으로 알맞은 것에 ○표 하시오.

(1) 얼굴을 볼 수 없으니 더 정확하게 말한다.
(   )

(2) 상대의 기분을 생각해서 준비물을 빌려주지 못하는 까닭을 말한다. (   )

4 다음 대화 상황 가운데 대상에 높임 표현을 써야 하는 상황의 기호를 쓰시오.

(1)

사과주스 한 잔 주세요.

사과주스 _____.

(2)

할아버지 지금 뭐 하시니?

할아버지께서 사과주스를 _____.

(   )

잘 틀려요

5 다음 ㉠과 ㉡에서 다르게 대답한 까닭은 무엇인지 쓰시오.

㉠ 승민아, 지난 주말에 뭐 했니? / 응. 책을 사러 서점에 갔어.

㉡ 승민아, 지난 주말에 뭐 했니? / 네. 책을 사러 서점에 갔습니다.

_____

_____

6~7

가 (전화벨이 울린다.)

민지: 여보세요?

지원: 여보세요, 민지 있나요?

민지: ㉠제가 민지인데, 누구신가요?

지원: 나, 지원이야.

나 지원: 나, 아까 학교 앞 문구점에서 미술 준비물을 샀는데 망가져 있어.

민지: 뭐가? 물감에 구멍이 났니? 아니면 물통?

지원: 아니, 물통에 물이 샌다고.

민지: 아, 물통을 말하는 거구나.

6 민지가 ㉠이라고 말한 까닭은 무엇입니까?
( )

① 전화를 잘못 걸어서

② 전화를 먼저 끊어서

③ "여보세요?"라고 말하지 않아서

④ 지원이가 아무 말도 하지 않아서

⑤ 지원이가 자신이 누구인지 밝히지 않아서

중요

7 **나**의 전화 대화에 생긴 문제를 해결하기 위한 방법은 무엇입니까? ( )

① 높임 표현을 쓴다.

② 알맞은 표정을 짓는다.

③ 자신이 누구인지 밝힌다.

④ 공공장소이므로 작은 목소리로 말한다.

⑤ 상황을 정확하고 구체적으로 표현한다.

8~10

가 호영 / 약속 시간에 늦어서 뛰어가는 상황

나 은영 / 아픈 친구를 걱정하는 상황

8 **가**와 **나**의 빈 말주머니에 들어갈 말을 찾아 선으로 이으시오.

(1) **가** •　　　• ㉠　정말 미안해.

(2) **나** •　　　• ㉡　빨리 나아야 해.

잘 틀려요

9 **가**에서 호영이의 마음은 어떠하겠습니까?
( )

① 미안한 마음

② 지겨운 마음

③ 얄미운 마음

④ 쓸쓸한 마음

⑤ 걱정하는 마음

서술형

10 **나**에서 은영이의 마음은 어떠한지 쓰고, 그런 마음이 들었던 자신의 경험을 쓰시오.

_____

_____

11~13

가 나는 음악 시간 내내 민호의 리코더 선생님이 되었다.

"규리야, '솔' 음은 어떻게 소리 내니?"

"응, 내가 가르쳐 줄게."

민호는 가르쳐 주는 대로 잘 따라 했다.

"아, 이렇게 하는 거구나. 고마워, 규리야."

민호가 잘하자 나도 덩달아 기분이 좋아졌다.

나 수업이 모두 끝났다. 집으로 가는 길에 놀이터를 지나게 되었다.

"멍멍!"

어디선가 강아지 소리가 들려왔다.

자세히 보니 옆집 수호네 엄마께서 강아지를 데리고 산책을 나오셨다. 너무너무 반가웠다. 수호네 강아지는 털이 하얗고 조그만 강아지여서 내가 아주 귀여워한다. 나는 수호 엄마께 반갑게 인사한 뒤에 수호네 강아지의 하얀 털을 조심조심 쓰다듬어 주었다. 구름을 만지는 기분이 이런 기분일까?

수호네 강아지 덕분에 오늘 하루가 행복하게 마무리되었다.

11 글 **가**에서 규리가 겪은 일은 무엇입니까?

( )

① 리코더 대회에서 상을 받았다.

② 선생님께 리코더 연주 방법을 배웠다.

③ 민호에게 리코더 연주 방법을 배웠다.

④ 민호에게 리코더 연주 방법을 알려 주었다.

⑤ 음악 시간에 노래를 잘 불러 칭찬을 받았다.

12 글 **나**는 언제 일어난 일인지 쓰시오.

( )

13 글 **가**와 **나**에서 규리의 마음이 어떻게 변했는지 빈칸에 알맞은 말을 쓰시오.

자랑스러운 마음 ➡ ( )

14 다음 글에서 기찬이의 마음은 어떠하겠는지 헤아려 쓰시오.

운동회가 코앞으로 다가왔지만 기찬이는 멀찍이 앉아 물끄러미 친구들을 쳐다보았어요.

'치, 하나도 재미없어!'

기찬이는 운동에 자신이 없었거든요. 심술이 나 돌멩이를 발로 뻥 차 버렸어요. 그런게 기찬이가 찬 돌멩이가 그만 책가방을 맞혀 버렸어요.

"으악!"

공책과 연필이 친구들의 머리 위로 우수수 쏟아졌어요.

"나기찬, 방해하지 말고 집에나 가!"

머리에 혹이 난 친구들이 화가 나서 한마디씩 거들었어요. 기찬이는 사과를 하려고 했지만 할 말이 생각나지 않았어요.

"난 운동회가 정말 싫어!"

기찬이는 교문 밖으로 후다닥 달려 나갔어요.

「꼴찌라도 괜찮아!」, 유계영

_____

_____

15 사과하는 쪽지를 쓰는 방법으로 알맞은 것을 모두 고르시오. (, ,)

① 어떤 일이 있었는지 쓴다.

② 자신의 감정을 솔직하게 쓴다.

③ 상대의 잘못을 자세하게 쓴다.

④ 앞으로 바라는 점이 무엇인지 쓴다.

⑤ 사과를 받아주지 않으면 생기는 일을 쓴다.

1 다음 그림에서 밑줄 그은 상황에 어울리는 표정, 몸짓, 말투에
○표를 하시오.

(1) 팔짱을 낀 채로 눈을 흘기며   (   )
(2) 미안해하며 걱정하는 목소리로   (   )

> **▪ 상황에 어울리는 표정, 몸짓, 말투로 대화하기**
> • 상황에 어울리는 표정, 몸짓, 말투로 대화합니다.
> • 대상에 따라 알맞은 높임 표현을 사용해 대화합니다.
> • 언어 예절을 지키며 대화합니다.

2 이야기에서 인물의 마음을 알 수 있는 방법으로 빈칸에 들어갈
알맞은 말은 무엇인지 쓰시오.

(1) 인물이 (   )이나 겪은 일을 찾아본다.
(2) 인물의 생각, (   )이나 행동을 살펴본다.

3 다른 사람의 감정을 그대로 인정해 주는 말끼리 짝지어진 것의
기호를 쓰시오.

가	나
시끄럽게 왜 우니? 에이, 뭐 그런 일로 짜증을 내니?	많이 우는 걸 보니 많이 속상한가 보구나. 그렇게 짜증을 내는 걸 보니, 그 일이 너를 많이 속상하게 했구나.

(   )

> **▪ 읽을 사람을 생각하며 자신의 마음을 전하는 글을 쓰는 방법**
> • 어떤 일이 있었는지 사실대로 씁니다.
> • 자신의 감정을 솔직하게 씁니다.
> • 앞으로 바라는 점이나 자신의 다짐을 씁니다.
> • 상대에게 하고 싶은 말을 진심을 담아 부드럽게 씁니다.

4 다른 사람의 마음을 생각하며 자신의 마음을 전하는 말로 고쳐
쓰시오.

> 너는 왜 그렇게 준비물을 안 가져오니?

(   )

7. 글을 읽고 소개해요

📖 글을 읽고 다른 사람에게 ❶소개하면 좋은 점

① 다른 사람에게 새로운 지식을 알려 줄 수 있습니다.

② 새로운 지식을 알 수 있어서 좋습니다.

③ 소개해 준 친구와 많은 이야기를 나눌 수 있어서 좋습니다.

④ 읽은 글의 내용을 잘 정리할 수 있습니다.

⑤ 자신이 관심 있는 분야를 더 다양하게 생각할 수 있어서 좋습니다.

📖 여러 가지 방법으로 책 소개하기

책 보여 주며 말하기	책 표지를 보여 주며 가장 인상 깊은 부분과 그 까닭을 소개함.
노랫말을 바꾸어 소개하기	노랫말을 책을 소개하는 내용으로 바꾸어 부름.
새롭게 안 내용을 그림으로 보여 주며 소개하기	책을 읽고 새롭게 안 내용을 정리해 그림으로 보여 주며 책을 소개함.
책갈피를 만들어 소개하기	책을 읽고 기억에 남는 문장을 책갈피 앞쪽에 쓰고 책갈피 뒤쪽에 그 까닭을 써서 책을 소개함.
책 보물 상자를 만들어 소개하기	책 내용과 관련된 물건을 책 보물 상자에 넣고 하나씩 꺼내며 소개함.

📖 독서 감상문에 대해 알기
책을 읽은 뒤에 책을 읽게 된 까닭, 책 내용, 인상 깊은 부분, 책을 읽은 뒤에 든 생각이나 느낌 따위를 쓴 글

예 「바위나리와 아기별의 우정」을 읽고 독서 감상문의 특징 알아보기

독서 감상문의 내용	독서 감상문의 특징
앞표지에 있는 바위나리와 아기별 그림이 무척 예뻐서 내용이 궁금했기 때문이다.	책을 읽게 된 까닭 그 책을 어떻게 읽게 되었는지를 말함.
아기별을 기다리던 바위나리는 점점 시들다가 그만 바람이 세게 불어 바다로 날려갔다.	책 내용 책에 있는 이야기의 줄거리나 책에 담긴 중요한 정보
나는 이 책에서 바위나리를 그리워하며 울다가 빛을 잃은 아기별이 하늘 나라에서 쫓겨나 바다로 떨어진 장면이 가장 기억에 남는다.	❷인상 깊은 부분 책 내용 가운데에서 가장 기억에 남는 부분
아기별과 같은 친구가 되어야겠다는 생각이 들었다. 책을 읽고 나서 읽은 사람이 떠올린 생각이나 느낌	책을 읽은 뒤에 든 생각이나 느낌

왼쪽 단 (사이드바)

❖ '책 보여 주며 말하기'로 책 소개하는 방법

• 책 표지를 보여 주며 제목을 말하고 책 앞표지나 뒤표지에 있는 글과 그림을 소개합니다.

• 책 내용 가운데에서 친구들에게 소개하고 싶은 부분을 말합니다.

• 가장 인상 깊은 부분과 그 까닭을 말합니다.

❖ 시간 흐름에 따라 내용을 파악하면 좋은 점

• 사건이 일어난 차례대로 정리할 수 있습니다.

• 전체 내용을 잘 이해할 수 있습니다.

• 내용이 한눈에 들어옵니다.

• 사건의 원인과 결과가 잘 파악됩니다.

❖ 흐름에 따라 내용을 간추릴 때 주의할 점

• 시간 표현을 사용합니다.

• 차례를 나타내는 말을 사용합니다.

• 이어 주는 말을 사용합니다.

• 중요한 부분을 메모합니다.

📎 **낱말 풀이**

❶ 소개 잘 알려지지 아니하였거나, 모르는 사실이나 내용을 잘 알도록 하여 주는 설명.

❷ 인상 어떤 대상에 대하여 마음속에 새겨지는 느낌.

❸ 흐름 한 줄기로 잇따라 진행되는 현상을 비유적으로 이르는 말.

8. 글의 흐름을 생각해요

✿ 시간 흐름을 생각하며 이야기 읽기 → '다음 날 밤', '오늘 낮'과 같이 직접 시간을 말하는 시간 표현 외에도 '수업 시작종이 친 뒤' '식사하기 전', '숙제를 마치자마자'와 같이 직접 시간이 들어가지 않아도 시간을 짐작할 수 있게 해 주는 말을 넣어 만들 수도 있습니다.

① 시간을 나타내는 말을 넣어 내용을 간추립니다.

② 시간 흐름에 따라 내용을 파악하면 좋은 점

• 사건이 일어난 차례대로 정리할 수 있습니다.

• 전체 내용을 잘 이해할 수 있습니다.

• 내용이 한눈에 들어옵니다.

• 사건의 원인과 결과가 잘 파악됩니다.

✿ 일하는 방법에 따라 내용을 파악하며 글 읽기

① 차례를 나타내는 말과 그 차례와 관련되는 중요한 내용을 간추립니다.

② 일하는 방법을 설명하는 글에는 차례가 있어서 반드시 지켜야 할 때가 많지만 일할 때 주의할 점이나 도구를 설명하는 글에는 차례가 없을 수도 있습니다.

예 「실 팔찌 만들기」에서 중요한 내용을 차례대로 간추리기

> ❶ 먼저, 준비물을 준비한다.
>
> ❷ 첫 번째, 서로 다른 색깔 실 세 가닥을 함께 잡고 매듭을 짓는다.
>
> ❸ 두 번째, 셀로판테이프로 매듭 위쪽을 책상에 붙인다.
>
> ❹ 세 번째, 실 세 가닥을 잡고 세 가닥 땋기를 한다.
>
> ❺ 네 번째, 땋은 실 끝 쪽에 매듭을 짓는다.
>
> ❻ 마지막으로, 양쪽 끝을 연결한다.

✿ 장소 변화에 따라 글의 내용 간추리기

장소 변화에 따라 사건이 달라지는 이야기는 어떤 장소에서 어떤 일이 일어났는지 주의하며 간추립니다.

예 「주말여행」에서 장소 변화에 따라 한 일 간추리기

장소	고인돌 박물관	동림 저수지	선운사
한 일	고인돌의 역사를 알았다.	가창오리들을 구경했다.	아름다운 동백나무 숲을 보았다.

✿ 글의 ③흐름에 따라 내용 간추리는 방법

① 시간 흐름에 따라 쓴 글은 시간 차례대로 간추립니다.

② 일 차례를 설명한 글은 일 차례가 잘 드러나게 간추립니다.

③ 장소가 바뀌면서 사건이 변하는 글은 이동한 장소와 각 장소에서 겪은 일을 중심으로 간추립니다.

바로바로 체크

1 다음에서 말한 책 소개하는 방법의 기호를 쓰시오.

> 책 내용과 관련된 물건을 책 보물 상자에 넣고 하나씩 꺼내며 소개함.

> ㉠ 책 보여 주며 말하기
> ㉡ 책 보물 상자를 만들어 소개하기

(   )

2 독서 감상문은 책을 읽은 뒤에 책을 읽게 된 ☐☐, 책 내용, ☐☐ 깊은 부분, 책을 읽은 뒤에 든 생각이나 느낌 따위를 쓴 글입니다.

3 장소 변화에 따라 사건이 달라지는 이야기는 어떤 ☐ 에서 어떤 일이 일어났는지 주의하며 간추립니다.

4 장소 변화를 알 수 있는 부분에 밑줄을 그으시오.

> 점심시간이 끝난 오후 한 시, 소방서에서 병주가 가장 기대하던 소방관 체험으로 활동을 시작했다.

▶ 정답

1. ㉡   2. 까닭, 인상

3. 장소   4. 소방서에서

7. 글을 읽고 소개해요

1~2

'앉아서 하는 피구'는 공 하나로 교실에서 쉽게 즐길 수 있는 놀이이다. 먼저 교실에 있는 책상을 모두 뒤로 밀어 가로로 긴 네모 모양으로 피구장을 만든다. 그다음에는 학급 친구 전체를 두 편으로 나누고 두 편 대표가 가위바위보를 해서 먼저 공격할 쪽을 정한다.

규칙은 피구와 같지만 앉은 자세로 하는 것이 특징이다. 공을 굴리는 사람이나 피하는 사람 모두 앉은 자세로 해야 한다. 앉은 자세에서 무릎을 한쪽이라도 펴서 일어나는 자세가 되면 누구든 피구장 밖으로 나가야 한다.

1 소개한 놀이의 이름은 무엇입니까? (   )

① 피구
② 배구
③ 얼음땡
④ 공기놀이
⑤ 앉아서 하는 피구

2 이 글에서 소개한 내용을 두 가지 고르시오.

(,   )

① 규칙
② 준비할 내용
③ 놀이의 유래
④ 놀이를 하는 계절
⑤ 놀이의 다른 이름

3~4

국기에는 그 나라의 전설이 담겨 있어.
멕시코 국기 이야기를 들어 볼래?
어느 날, 아즈텍족이 신의 계시를 받았어.
"독사를 물고 날아가는 독수리가 선인장 위에 앉으면 그곳에 도시를 세워라!"
계시대로 독수리가 내려앉은 곳에 도시를 세웠더니 점점 강해져 아즈텍 제국으로 발전했고, 오늘날의 멕시코가 되었대.
그래서 나라를 세운 이야기를 국기에 그려 넣은 거야.

「온 세상 국기가 펄럭펄럭」, 서정훈

잘 틀려요

3 멕시코 국기에 담긴 것은 무엇인지 빈칸에 들어갈 알맞은 말을 쓰시오.

독수리와 독사와 선인장을 다룬 아즈텍족의 ☐☐이/가 담겨 있다.

(   )

서술형

4 이 글을 읽고 다음의 방법으로 소개할 때 소개할 내용을 쓰시오.

책갈피를 만들어 소개하기

책갈피 앞쪽	기억에 남는 문장	(1)
책갈피 뒤쪽	그 까닭	(2)

5 다음에서 책을 소개하는 방법은 무엇인지 ○표를 하시오.

㉮ 책 표지를 보여 주며 제목을 말하고 책 앞표지나 뒤표지에 있는 글과 그림을 소개합니다.
㉯ 책 내용 가운데에서 친구들에게 소개하고 싶은 부분을 말합니다.
㉰ 가장 인상 깊은 부분과 그 까닭을 말합니다.

(1) 책 보여 주며 말하기 (   )
(2) 노랫말을 바꾸어 소개하기 (   )
(3) 책 보물 상자를 만들어 소개하기 (   )

6~7

가 나는 이 책에서 바위나리를 그리워하며 울다가 빛을 잃은 아기별이 하늘 나라에서 쫓겨나 바다로 떨어진 장면이 가장 기억에 남는다. 왜냐하면 살아 있을 때에는 만나지 못하다가 죽은 뒤에야 같이 있을 수 있게 된 것이 너무 슬펐기 때문이다.

나 이 책을 읽고 주위에 바위나리처럼 외로운 친구가 있는지 생각해 보았다. 그리고 그 친구에게 아기별과 같은 친구가 되어야겠다는 생각이 들었다. 나는 바위나리와 아기별의 우정이 아름다우면서도 안타깝고 슬펐다.

6 독서 감상문의 특징 가운데에서 **가** 와 **나** 는 무엇에 해당하는 선으로 이으시오.

(1) **가** ·

· ㉠ 책 내용

· ㉡ 책을 읽게 된 까닭

· ㉢ 인상 깊은 부분

(2) **나** ·

· ㉣ 책을 읽은 뒤에 든 생각이나 느낌

7 글쓴이가 책을 읽고 난 뒤에 한 생각은 무엇입니까? ( )

① 바위나리와 아기별의 우정이 부러웠다.

② 아기별이 다시 하늘 나라로 돌아가서 다행이다.

③ 우정보다 부모님의 말씀을 듣는 것이 더 중요하다.

④ 바위나리와 아기별이 살아 있을 때 만나서 다행이다.

⑤ 외로운 친구에게 아기별과 같은 친구가 되어야겠다.

8~10

가 첫 번째, 서로 다른 색깔 실 세 가닥을 함께 잡고 매듭을 짓습니다. 실의 3~4센티미터를 남겨 두고 실 세 가닥을 한꺼번에 잡아 작은 원을 만듭니다. 그 뒤 짧은 쪽 실 세 가닥을 아까 만든 원 쪽으로 집어넣고 당기면 쉽게 매듭을 지을 수 있습니다.

나 두 번째, 셀로판테이프로 매듭 위쪽을 책상에 붙입니다. 셀로판테이프는 실 팔찌를 만드는 동안 실이 움직이거나 꼬이지 않게 고정하는 역할을 합니다.

다 세 번째, 실 세 가닥을 잡고 세 가닥 땋기를 합니다. 이때 자신이 원하는 길이보다 길게 땋아야 합니다. 손목 둘레의 두세 배 정도 길이로 땋는 것이 좋습니다.

8 이 글을 간추릴 때 주의할 부분을 골라 ○표를 하시오.

시간 흐름   장소 변화   일 차례   원인과 결과

중요

9 이 글 다음에 올 내용으로 알맞은 것의 기호를 쓰시오.

㉠ 네 번째, 땋은 실 끝 쪽에 매듭을 짓는다.
㉡ 실 팔찌 만들기의 준비물은 매우 간단하다.

( )

서술형

10 이 글의 중요한 내용을 간추려 쓰시오.

_____

_____

_____

11~12

가 다음으로 간 곳은 동림 저수지 야생 동식물 보호 구역이었다. 동림 저수지는 겨울 철새가 많이 찾는 곳으로 우리 가족도 혹시 철새 떼의 춤을 볼 수 있을까 하는 기대로 방문해 보았다. 그곳에서 여러 가지 설명을 읽어 보았는데, 고창군 전 지역은 2013년부터 유네스코 생물권 보존 지역으로 지정되어 환경을 해치는 행위를 해서는 안 된다는 안내도 있었다. 아주 많은 수의 철새는 아니었지만 간간이 물 위로 날아오르는 가창오리들을 구경할 수 있었다.

나 마지막으로 고창의 유명한 절인 선운사를 방문했다. 선운사는 삼국 시대 때부터 지어진 오래된 절이다. 오래된 절답게 웅장한 건물과 많은 관광객이 있었다. 선운사에서 가장 인상 깊었던 것은 선운사 뒤편의 동백나무 숲이었다. 푸른 동백나무잎 위로 하얀 눈이 소복이 쌓여 아름다운 풍경을 만들어 내고 있었다. 내가 본 가장 아름다운 숲이었다.

11 이 글을 간추리는 알맞은 방법은 무엇입니까?
( )

① 시간 차례대로 간추린다.
② 생각의 흐름에 따라 간추린다.
③ 일 차례가 드러나게 간추린다.
④ 인물이 만나는 인물에 따라 간추린다.
⑤ 이동한 장소와 각 장소에서 겪은 일을 중심으로 간추린다.

12 선운사에서 한 일은 무엇입니까? ( )

① 가창오리를 보았다.
② 동백나무의 종류를 알았다.
③ 선운사에서 스님을 만났다.
④ 동백나무를 그림으로 그렸다.
⑤ 아름다운 동백나무숲을 보았다.

13~15

가 디자이너 체험을 끝내자 거의 열한 시가 되었다. 우리는 제빵사 체험을 하려고 제빵 학원으로 갔다. 제빵 학원 앞에는 크게 '크림빵'이라고 적혀 있었다. 체험관 안으로 들어가자 체험관 선생님께서 밀가루를 나누어 주셨다. 체험관 선생님께서 알려 주시는 차례를 그대로 따라 해서 크림빵을 완성했다.

나 점심시간이 끝난 오후 한 시, 소방서에서 병주가 가장 기대하던 소방관 체험으로 활동을 시작했다. 소방관 복장을 하고, 소방차를 타고 출동하고, 불이 난 곳에 물도 뿌렸다. 원래 소방관에는 관심이 없었는데, 체험해 보니 내 적성에도 잘 맞고 보람도 있어서 미래에 소방관이 되어도 좋겠다고 생각했다.

13 소방관이 되어도 좋겠다고 생각한 까닭은 무엇입니까? ( )

① 소방관 복장이 멋있어서
② 가장 인기 있는 직업이어서
③ 소방차 타는 것이 재미있어서
④ 적성에 잘 맞고 보람도 있어서
⑤ 소방관이 되려고 하는 사람이 적어서

⭐중요

14 글 **가**와 **나**에서 이동한 장소를 차례대로 쓰시오.
( ) ➡ ( )

15 시간 흐름을 알 수 있는 부분을 두 가지 고르시오. (,)
① 한 시 ② 크림빵
③ 열한 시 ④ 체험관 선생님
⑤ 디자이너 체험

▶ 「산꼭대기에 열차가?」를 읽고 물음에 답해 보세요. [❶~❷]

> "좋아, 그럼 내가 먼저 대답하지. 난 이 열차, 그러니까 탐정 사무소의 주인인 명탐정 아인슈타인이란다."
>
> "이 기차가 탐정 사무소라고요?"
>
> 영롱이는 아저씨의 모습을 다시 살펴보았다.
>
> "여기에서 무슨 일을 하시는데요?"
>
> "잃어버린 물건, 도둑맞은 물건, 해결하지 못한 문제 등 어떤 일이든 해결해 줄 수 있어. 나는 명탐정 아인슈타인이니까."
>
> 「산꼭대기에 열차가?」, 김대조

❶ 명탐정 아인슈타인이 하는 일은 무엇인지 ○표를 하시오.

⑴ 새로운 과학 지식을 탐구한다. ( )

⑵ 잃어버린 물건, 해결하지 못한 문제를 해결해 준다. ( )

❷ 다음 책 보물 상자에 넣을 물건을 고른 까닭을 읽고 책 보물 상자에 넣을 물건은 무엇인지 쓰시오.

> 탐정 사무소가 [ ]에 있다는 게 신기해.

( )

▶ 다음 글을 읽고 물음에 답해 보세요. [❸~❹]

> **가** 두 번째, 소화기 안전 핀을 뽑습니다.
>
> **나** 먼저, 소화기의 손잡이를 잡고 불이 난 곳으로 가져갑니다.
>
> **다** 끝으로, 손잡이를 꽉 잡고 불을 향해 빗자루로 쓸 듯이 소화제를 뿌립니다.
>
> **라** 세 번째, 바람을 뒤로하고 소화기 호스를 불이 난 곳으로 향하게 잡습니다.

❸ 이 글에서 알려 주는 것은 무엇인지 쓰시오.

( )

❹ 흐름에 맞도록 글의 차례를 정리해 기호를 쓰시오.

( ) ➡ ( ) ➡ ( ) ➡ ( )

▪ 여러 가지 방법으로 책 소개하기

• 책 보여 주며 말하기: 책 표지를 보여 주며 가장 인상 깊은 부분과 그 까닭을 소개합니다.

• 노랫말을 바꾸어 소개하기: 노랫말을 책을 소개하는 내용으로 바꾸어 부릅니다.

• 새롭게 안 내용을 그림으로 보여 주며 소개하기: 책을 읽고 새롭게 안 내용을 정리해 그림으로 보여 주며 책을 소개합니다.

• 책갈피를 만들어 소개하기: 책을 읽고 기억에 남는 문장을 책갈피 앞쪽에 쓰고 책갈피 뒤쪽에 그 까닭을 써서 책을 소개합니다.

• 책 보물 상자를 만들어 소개하기: 책 내용과 관련된 물건을 책 보물 상자에 넣고 하나씩 꺼내며 소개합니다.

▪ 글의 흐름에 따라 내용 간추리는 방법

• 시간 흐름에 따라 쓴 글은 시간 차례대로 간추립니다.

• 일 차례를 설명한 글은 일 차례가 잘 드러나게 간추립니다.

• 장소가 바뀌면서 사건이 변하는 글은 이동한 장소와 각 장소에서 겪은 일을 중심으로 간추립니다.

9. 작품 속 인물이 되어

◈『토끼의 재판』이야기의 앞 부분 내용 정리하기

❶ 사냥꾼은 잡은 호랑이를 궤짝에 넣어 두고 물을 마시러 감.

❷ 호랑이가 나그네에게 잡아먹지 않을 테니 구해 달라고 부탁함.

❸ 나그네가 호랑이를 궤짝에서 꺼내 주자 호랑이는 나그네를 잡아먹겠다고 위협함.

❹ 호랑이와 나그네가 소나무에게 묻자 소나무는 호랑이가 옳다고 함.

❺ 호랑이와 나그네가 길에게 묻자 길은 호랑이가 옳다고 함.

◈ 연극을 볼 때 지켜야 할 예절

• 다른 친구들이 발표할 때 연습하지 않습니다.
• 발표를 끝낸 친구에게 박수를 보냅니다.
• 이야기를 하지 않습니다.
• 집중해서 봅니다.

📎 낱말 풀이

❶ 인물　이야기나 극본에서 이야기를 이끌어 가는 사물이나 사람.

❷ 성격　개인이 가지고 있는 고유의 성질이나 품성.

❸ 극본　연극이나 영화, 방송극을 만들려고 배우의 대사나 동작, 장면 차례, 무대 장치 따위를 구체적으로 적어 놓은 글.

🐦 글을 읽고 ❶인물에 대해 이야기하기

① 책 표지를 보고 이야기에 대해 말해 봅니다.

② 자신이 잘 아는 이야기를 떠올립니다.

　⑩『심청전』이 생각납니다. 인당수에 빠졌지만 살아 돌아온 심청이가 왕비가 된 뒤 아버지를 만나 기뻐하는 장면이 기억에 남습니다.

🐦 인물의 마음을 생각하며 이야기 읽기

① 인물의 말과 행동을 보고 인물의 ❷성격을 알아봅니다.

　⑩『대단한 줄다리기』에 나오는 인물의 성격

인물	인물의 말과 행동	인물의 성격
무툴라	• 투루에게 크게 소리를 치는 행동 • "쿠부, 그렇게 거만하게 굴 것까진 없잖아!"	용기가 있다.
	• "그럼 얼마나 내가 힘이 센지 알게 될 거야!" • "난 줄다리기를 하면 널 언제든 이길 수 있어!"	자신감이 있다.
	• 덤불숲에 숨어 투루와 쿠부가 줄다리기를 하게 만든 행동	꾀가 많다.
투루와 쿠부	• 무툴라가 한 인사를 듣고 아무 말 없이 물속으로 사라진 행동 • 무툴라의 인사를 듣고 대답을 하지 않은 행동	다른 사람이 하는 말을 잘 듣지 않는다.
	해가 질 때까지 줄다리기를 하는 행동	어리석다.
	• 밧줄을 가져온 무툴라를 보고도 못 본 척하는 행동 • "네가? 너 같은 꼬맹이가?"	잘난 체한다

② 이야기 속 인물의 성격을 짐작할 때에는 이야기 속 인물과 비슷한 말이나 행동을 하는 친구가 어떤 성격인지 생각해 보면 좋습니다.

③ 자신이 이야기 속 인물이라면 어떤 말이나 행동을 할지 생각해 봅니다.

④ 알맞은 표정, 몸짓, 말투로 표현해 봅니다.

　⑩『대단한 줄다리기』 알맞은 표정, 몸짓, 말투로 이야기 속 인물이 한 말 읽기

무툴라가 한 말	투루가 한 말
"감히 아침 식사 하는 나를 귀찮게 해?"	"네가? 너 같은 꼬맹이가?"
• 고개를 뒤로 젖히고 큰 목소리로 거들먹거리며 읽음.	• 가소롭다는 듯이 웃으며 읽음. • 다른 사람을 무시하고 비웃는 사람의 목소리를 떠올려 읽음.

🪶 인물의 성격을 생각하며 극본을 소리 내어 읽기

① 이야기의 내용을 정리해 봅니다.

② 인물의 성격과 상황에 알맞은 말투를 상상해 봅니다.

예『토끼의 재판』에 나오는 인물의 성격

인물	인물의 말과 행동	인물의 성격
호랑이	자신을 구해 준 나그네를 잡아먹으려고 하는 행동	고마움을 모른다.
	약속을 지키지 않고도 당당한 행동	뻔뻔하다.
나그네	호랑이의 부탁을 무시하지 못한 행동	남을 걱정하고 잘 돕는다.

예『토끼의 재판』에서 상황에 알맞은 말투

인물	상황	말투
호랑이	나그네를 부를 때	빠르고 급한 말투
	소나무와 길이 자기가 옳다고 할 때	뻔뻔한 말투
나그네	호랑이가 잡아먹으려고 할 때	억울한 말투

🪶 알맞은 표정, 몸짓, 말투를 생각하며 극본 읽기

괄호 안이나 인물이 행동을 설명한 부분을 찾아봅니다.

예『토끼의 재판』에서 상황에 알맞은 말투

상황	호랑이의 성격이나 마음	극본에서 찾은 부분
호랑이가 토끼에게 누가 옳은지 물어봄.	답답하다. / 화를 잘 낸다.	(답답하다는 듯이 화를 내며) 왜 이렇게 말귀를 못 알아듣지?
상상한 표정, 몸짓, 말투	답답하다는 표정으로 가슴을 치며 큰 소리로	

상황	호랑이의 성격이나 마음	극본에서 찾은 부분
토끼가 호랑이를 다시 궤짝에 들어가게 함.	통쾌하다. / 지혜롭다. / 꾀가 많다.	토끼가 얼른 달려들어 문고리를 걸어 잠근다.
상상한 표정, 몸짓, 말투	즐거운 표정으로 빠르게 움직이며 기쁜 말투로	

🪶 연극 준비하기

• 공연할 부분 정하기 ➡ 소품 준비하기 ➡ 역할 정하기 ➡ 무대에서 연극 발표회 준비하기(인물과 소품의 위치, 인물이 입장할 곳과 퇴장할 곳 정하기)

바로바로 체크

1 인물의 성격은 인물의 말과 ☐☐을/를 보면 알 수 있습니다.

2 다음에 알맞은 인물의 표정, 몸짓, 말투에 ○표를 하시오.

> "네가? 너 같은 꼬맹이가?"

(1) 가소롭다는 듯이 웃으며 ( )

(2) 고마워서 눈물을 글썽이며 ( )

3 극본을 실감 나게 읽으려면 ☐☐과/와 인물의 성격에 알맞은 표정, 몸짓, 말투로 읽습니다.

4 다음에서 알 수 있는 인물의 마음에 ○표를 하시오.

> (답답하다는 듯이 화를 내며) 왜 이렇게 말귀를 못 알아듣지?

(1) 답답하다. ( )

(2) 안심이 된다. ( )

▶ 정답

1. 행동   2. (1) ○
3. 상황   4. (1) ○

9. 작품 속 인물이 되어

1~3

"안녕, 투루."

투루는 질겅질겅 풀을 씹기만 할 뿐 아무 말도 하지 않았어요.

"안녕이라고 말했잖아. 투루!"

투루는 꼬리를 한 번 실룩 움직일 뿐 여전히 아무 말도 하지 않았어요.

"안녕이라고 말했잖아. 투루!"

무툴라는 이번에는 아주 크게 소리쳤어요.

"그래서 어쩌라고? 이 꼬맹이야! 감히 아침 식사 하는 나를 귀찮게 해?"

"투루, 그렇게 거만하게 굴 것까진 없잖아! 너는 몸집이 가장 크다고 네가 가장 힘이 센 줄 알지? 난 줄다리기를 하면 널 언제든 이길 수 있어!"

"네가? 너 같은 꼬맹이가? 흥, 푸우하하하!"

㉠"내일 아침, 내가 밧줄을 가져올게. 그럼 내가 얼마나 힘이 센지 알게 될 거야!"

「대단한 줄다리기」, 베벌리 나이두

1 이 글의 내용에 대해 바르게 말하지 <u>못한</u> 것은 어느 것입니까? (   )

① 투루는 아침을 먹고 있다.

② 투루는 무툴라를 무시했다.

③ 무툴라는 몸집이 크지 않다.

④ 투루는 무툴라를 반가워했다.

⑤ 무툴라는 투루에게 인사를 했다.

✿중요

2 투루의 성격은 어떠합니까? (   )

① 거만하다.

② 소심하다.

③ 예의가 있다.

④ 용기가 있다.

⑤ 자신감이 있다.

3 ㉠을 말할 때에 알맞은 무툴라의 표정, 몸짓 말투로 알맞은 것은 어느 것입니까? (   )

① 부끄러운 표정과 몸짓을 한다.

② 화가 나서 씩씩거리며 말한다.

③ 가늘고 떨리는 말투로 말한다.

④ 자신만만한 표정과 몸짓을 한다.

⑤ 실망스러운 표정과 몸짓을 한다.

4~5

가 무툴라는 가까이 가서 밧줄의 한쪽 끝을 투루에게 내밀었어요.

"이걸 잡아. 난 다른 쪽 끝을 잡고 저 너머로 달려갈게."

무툴라는 빽빽한 덤불숲을 가리켰어요.

"당길 준비가 되면 이렇게 휘파람을 불게. 휘이이이익!"

그다음, 무툴라는 파리처럼 재빠르게 움직여 빽빽한 덤불숲 쪽으로 깡충깡충 뛰어갔어요. 하지만 무툴라는 덤불숲에서 멈추지 않았어요. 무툴라에게는 물웅덩이까지 닿을 수 있는 긴 밧줄이 있었어요.

나 먼저 코끼리 투루가 영차영차 끙끙 밧줄을 잡아당기자 하마 쿠부는 몸을 부르르 떨며 버텼어요. 그다음엔 하마 쿠부가 영차영차 끙끙 밧줄을 잡아당기자 코끼리 투루가 몸을 부르르 떨며 버텼어요. 무툴라는 너무 재미있어서 깔깔 웃느라 배가 다 아팠어요.

4 줄다리기를 한 인물은 누구입니까? (   )

① 투루   ② 무툴라

③ 쿠부와 투루   ④ 쿠부와 무툴라

⑤ 투루와 무툴라

잘 틀려요

5 무툴라의 성격을 알 수 있는 말이나 행동과 그것으로 알 수 있는 무툴라의 성격을 쓰시오.

6~7

호랑이: 아! 뛰쳐나가고 싶어 못 견디겠다. 아이고, 배고파. (머리로 문짝을 떼밀어 보고) 안 되겠는걸! 여기서 나가기만 하면 먼저 저 사냥꾼을 잡아먹고, 사슴이나 토끼를 닥치는 대로 잡아먹어야지. (머리로 또 문을 밀어 보고) 아무리 해도 안 되겠는걸. (그냥 쭈그리고 앉는다.)

나그네가 지나간다.

호랑이: (㉠) 나그네님!
나그네: 누가 나를 부르나? (사방을 둘러본다.)
호랑이: 나그네님, 저를 좀 구해 주십시오.
나그네: (궤짝을 들여다보고) 이크, 호랑이구려! 무슨 일이오?

「토끼의 재판」, 방정환

6 이 글에서 호랑이가 처한 상황은 어떠합니까?
( )
① 궤짝에 갇혀 있다.
② 사슴을 쫓고 있다.
③ 고개를 넘어가고 있다.
④ 나그네를 잡아먹으려고 한다.
⑤ 사냥꾼에게 살려 달라고 사정을 하고 있다.

중요

7 ㉠에 들어갈 알맞은 호랑이의 표정, 몸짓, 말투는 무엇입니까? ( )
① 눈을 흘기며
② 팔짱을 끼고
③ 모른 척하며
④ 반가운 목소리로
⑤ 무서운 표정으로

8~10

나그네가 문을 열자, 호랑이가 뛰쳐나와서 나그네를 잡아먹으려고 덤빈다.

나그네: 이게 무슨 짓이오? 약속을 지키지 않고…….
호랑이: ㉠하하, 궤짝 속에서 한 약속을 궤짝 밖에 나와서도 지키라는 법이 어디 있어?
나그네: 조금 전에 은혜를 모를 리가 있겠느냐고 하면서 애걸복걸하지 않았소?
호랑이: 은혜 모르기는 사람이 더하지, 그러니까 사람은 보는 대로 잡아먹어도 괜찮아.

8 호랑이의 행동이 어떻게 변했는지 빈칸에 알맞은 말을 쓰시오.

살려 달라고 애걸복걸했다.

[ ]

9 나그네의 마음은 어떠하겠습니까? ( )
① 미안한 마음
② 행복한 마음
③ 억울한 마음
④ 고마운 마음
⑤ 기대하는 마음

잘 틀려요

10 ㉠에 알맞은 호랑이의 말투를 짐작해 쓰시오.

11~15

하얀 토끼가 지나간다.

나그네: 토끼님, 토끼님! 재판 좀 해 주세요. 이 궤짝 속에 갇힌 호랑이를 살려 준 나하고, 살려 준 나를 잡아먹으려는 호랑이하고 누가 옳습니까?

토끼: (귀를 기울이고 한참 생각하다) 누가 누구를 살려 주었어요? 누가 누구를 잡아먹으려 해요? 아, 당신이 이 호랑이를 잡아먹으려고 해요?

나그네: 아니지요. 내가 호랑이를 잡아먹으려 하는 게 아니라, 이 호랑이가 궤짝에 갇혀 있었는데 내가 살려 주었어요.

토끼: 네, 알았습니다. 그러니까 이 호랑이하고 당신이 궤짝 속에 갇혀 있었다고요?

나그네: 아니지요, 호랑이가…….

호랑이: ㉠(답답하다는 듯이 화를 내며) 왜 이렇게 말귀를 못 알아듣지? ㉡(궤짝 속으로 들어가며) 이 궤짝 속에 내가 이렇게 있었어. 내가 이렇게 갇혀 있었단 말이야. 알았지?

㉢토끼가 얼른 달려들어 문고리를 걸어 잠근다.

토끼: ㉣(웃으면서) 이제야 알았습니다. 설명하시지 않아도 잘 알겠습니다. 호랑이님이 어떻게 이 궤짝 속에 들어갔는지 잘 알았습니다. 그럼 저는 바빠서 이만 가 보겠습니다.

나그네: (토끼를 쫓아가며) 토끼님, 대단히 고맙습니다. 이 은혜를 어떻게 갚아야 할지…….

11 토끼가 웃으며 사라진 까닭은 무엇입니까?

( )

① 호랑이를 도와주었기 때문이다.
② 호랑이와 친구가 되었기 때문이다.
③ 나그네가 호랑이를 잡아먹어서 통쾌했기 때문이다.
④ 나그네와 호랑이가 계속 다투는 것이 재미있었기 때문이다.
⑤ 호랑이가 자신의 꾀에 속아 궤짝에 다시 갇혔기 때문이다.

12 토끼의 표정, 몸짓, 말투로 알맞은 것에 ○표를 하시오.

(1) 나그네가 재판을 해 달라고 할 때에는 이해가 잘되어서 편안한 말투로 말한다. ( )

(2) "이제야 알았습니다."라고 말할 때에는 문제를 해결해 기쁜 말투로 말한다. ( )

(3) 문고리를 걸어 잠글 때에는 자신의 계획대로 되어 기쁘면서도 위험한 순간이니 천천히 움직인다. ( )

13 ㉠~㉣ 가운데에서 호랑이의 표정, 몸짓, 말투를 알 수 있는 부분을 두 가지 찾아 기호를 쓰시오.

( )

14 13번의 답에서 알 수 있는 호랑이의 성격이나 마음은 어떠합니까? ( )

① 너그럽다. ② 지혜롭다.
③ 안심이 된다. ④ 화를 잘 낸다.
⑤ 밝고 명랑하다.

15 이 글을 연극으로 꾸밀 때 무대에 등장하는 인물이나 소품이 <u>아닌</u> 것은 무엇입니까? ( )

① 토끼 ② 궤짝
③ 호랑이 ④ 소나무
⑤ 나그네

▶ 다음 글을 읽고 물음에 답하시오. [1~2]

아내: (반가운 표정으로 마중을 나오며) 여보, 왜 이제야 오셨어요. 쌀
은 어디 있어요?

농부: (미안한 표정으로) 쌀은 가져오지 못했소. 미안하오. (바가지를
내밀며) 오다가 개구리가 불쌍해서 쌀과 바꾸었다오.

아내: (실망한 표정으로) ㉠이 바가지는 뭐예요? 당장 먹을 것도 없
는데……. (한숨을 쉬며 바가지를 들고 부엌으로 간다.)

잠시 뒤, 아내가 부엌에서 바가지를 들고 헐레벌떡 뛰어나온다.

아내: (흥분하여) 여보, 여보! 이것 좀 보세요. 바가지에 쌀이 가득
들었어요!

농부: 뭐라고요? (바가지를 들여다보고 깜짝 놀라며) 아니, 이게 웬 쌀
이오!

**인물의 성격을 생각하며 극본을
소리 내어 읽기**

• 인물이 한 말과 행동을 보면 그
인물의 성격을 알 수 있습니다.

• 주변에서 인물과 비슷한 성격의
사람을 떠올리거나 극본에서 (   )
안의 내용을 보면 말투를 짐작할
수 있습니다.

국어

1 ㉠에 알맞은 마음은 무엇인지 쓰시오.

(   )

2 ㉠에 알맞은 말투를 바르게 말한 친구는 누구인지 쓰시오.

밝고 희망적인 말투가 어울려.	걱정되는 말투가 어울려.	졸린 듯한 말투가 어울려.
수진	경석	연우

(   )

3 다음 인물의 말에 어울리는 표정과 몸짓을 알맞게 표현한 친구
를 찾아 ○표를 하시오.

'세상에, 어떻게 나를 싫어한단 말이야? 나만 보면 모두 신이
나서 즐거워하는데……. 나만 내리면 세상이 다 깨끗하고 예
뻐지는데…….'

「눈」, 박웅현

(1)    (2)    (3)

(   )   (   )   (   )

출제 예상 문제 분석 수학

단원명	주요 출제 내용	출제 빈도	공부한 날
1. 곱셈	• (세 자리 수)×(한 자리 수) 계산하기	★★★★★	월 일
	• (몇십)×(몇십), (몇십몇)×(몇십) 계산하기	★★★	
	• (몇)×(몇십몇) 계산하기	★★★★	
	• (몇십몇)×(몇십몇) 계산하기	★★★★★	
	• 곱셈을 활용하여 문제 해결하기	★★★★★	
2. 나눗셈	• (몇십)÷(몇) 계산하기	★★★	월 일
	• (몇십몇)÷(몇) 계산하기	★★★★	
	• 나머지가 있는 (몇십몇)÷(몇) 계산하기	★★★★★	
	• (세 자리 수)÷(한 자리 수) 계산하기	★★★★★	
	• 나머지가 있는 (세 자리 수)÷(한 자리 수) 계산하기	★★★★★	
	• 계산이 맞는지 확인해 보기	★★★★★	
3. 원	• 원의 중심, 반지름, 지름 알아보기	★★★★★	월 일
	• 원의 성질 알아보기	★★★★★	
	• 컴퍼스를 이용하여 원 그려 보기	★★★	
	• 원을 이용하여 여러 가지 모양 그려 보기	★★★★	

단원명	주요 출제 내용	출제 빈도	공부한 날
4. 분수	• 분수로 나타내어 보기 • 분수만큼은 얼마인지 알아보기 • 여러 가지 분수 알아보기 • 분모가 같은 분수의 크기 비교하기	★★★ ★★★★ ★★★★★ ★★★★★	월 일
5. 들이와 무게	• 들이와 무게 비교하기 • 들이와 무게의 단위 알아보기 • 들이와 무게를 어림하고 재어 보기 • 들이와 무게의 덧셈과 뺄셈하기	★★★★ ★★★★★ ★★★ ★★★★★	월 일
6. 자료의 정리	• 표를 읽고 다양하게 해석하기 • 자료를 수집하여 표로 나타내어 보기 • 그림그래프 알아보기 • 그림그래프로 나타내어 보기	★★★ ★★★★ ★★★★★ ★★★★★	월 일

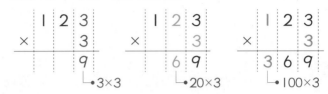

1. 곱셈

❖ 먼저 어림을 하고 계산한 후 자신이 어림한 값과 비교해 봅니다.

예) 198×3은 200×3으로 어림하여 계산한 후 어림한 값과 계산한 값을 비교해 봅니다.

어림한 값	600
계산한 값	594

❖ (몇십몇)×(몇십)의 계산

방법1 (몇십몇)×10을 먼저 계산하고 (몇)을 나중에 계산합니다.

예) 12×50=12×10×5
　　　　=120×5
　　　　=600

방법2 (몇십몇)×(몇)을 계산하고 곱의 뒤에 0을 1개 더 붙입니다.

예) 12×50=12×5×10
　　　　=60×10
　　　　=600

❖ 54×46의 계산

54×46
=54×40+54×6
=2160+324
=2484

❖ 문장으로 된 문제 해결하기

① 구하려는 것이 무엇인지 알아 봅니다.
② 주어진 조건이 무엇인지 알아 봅니다.
③ 문제에 알맞은 식을 만들고 계산하여 답을 구합니다.

✏ (세 자리 수)×(한 자리 수)를 구해 볼까요 ⑴

· 123×3의 계산 →올림이 없는 곱셈

```
  1 2 3        1 2 3        1 2 3
×     3      ×     3      ×     3
      9          6 9        3 6 9
    └3×3        └20×3      └100×3
```

✏ (세 자리 수)×(한 자리 수)를 구해 볼까요 ⑵

· 235×2의 계산 →일의 자리에서 올림이 있는 곱셈

```
    2 3 5                        1
  ×     2                      2 3 5
    1 0  … 5×2        ➡     ×     2
    6 0  … 30×2               4 7 0
  4 0 0  … 200×2
  4 7 0
```

✏ (세 자리 수)×(한 자리 수)를 구해 볼까요 ⑶

· 473×2의 계산 →십의 자리에서 올림이 있는 곱셈

```
    4 7 3                        1
  ×     2                      4 7 3
        6  … 3×2       ➡     ×     2
    1 4 0  … 70×2             9 4 6
  8 0 0  … 400×2
  9 4 6
```

✏ (몇십)×(몇십), (몇십몇)×(몇십)을 구해 볼까요

· 20×30의 계산

방법1 20과 30의 3을 먼저 곱한 다음 10을 곱해 줍니다.

20×30=20×3×10
　　　=60×10
　　　=600

방법2 20의 2와 30의 3을 먼저 곱한 다음 10을 두 번 곱해 줍니다.

20×30=2×3×10×10
　　　=6×100
　　　=600

(몇)×(몇십몇)을 구해 볼까요

· 7×23의 계산

```
      7
  ×  2 3
    2 1   … 7×3
  1 4 0   … 7×20
  1 6 1
```

➡

```
        2
        7
  ×   2 3
  1 6 1
```

(몇십몇)×(몇십몇)을 구해 볼까요(1)

· 25×12의 계산 → 올림이 한 번 있는 곱셈

```
    1
  2 5
× 1 2
    0
```
➡
```
    1
  2 5
× 1 2
  5 0
```
➡
```
  2 5
× 1 2
  5 0
  5 0
```
➡
```
  2 5
× 1 2
  5 0
2 5 0
```
➡
```
  2 5
× 1 2
  5 0
2 5 0
3 0 0
```

(몇십몇)×(몇십몇)을 구해 볼까요(2)

· 54×46의 계산 → 올림이 여러 번 있는 곱셈

```
    2
  5 4
× 4 6
3 2 4
```
➡
```
  5 4
× 4 6
3 2 4
2 1 6 0
```
➡
```
  5 4
× 4 6
3 2 4   … 54×6
2 1 6 0 … 54×40
2 4 8 4
```

곱셈을 활용할 수 있어요

예 양파가 한 상자에 37개씩 들어 있습니다. 24상자에 들어 있는 양파는 모두 몇 개인지 구해 보세요.

풀이 (24상자에 들어 있는 양파의 수)=(한 상자에 들어 있는 양파의 수) ×(상자 수)=37×24=888(개)입니다.

식 37×24=888

답 888개

1 계산해 보세요.

(1)
```
    3 4 2
  ×     2
```

(2)
```
    9 6 4
  ×     2
```

2 □ 안에 알맞은 수를 써넣으세요.

```
        6
  ×   3 2
      1 2   … 6×□
    1 8 0   … 6×□
    1 9 2
```

3 □ 안에 알맞은 수를 써넣으세요.

```
        6 5
  ×     3 8
  □ □ □
  □ □ □
□ □ □ □
```

1. (1) 684 (2) 1928
2. (위에서부터) 2, 30
3. 5, 2, 0 ; 1, 9, 5, 0 ;
   2, 4, 7, 0

수
학

1 수 모형을 보고 □ 안에 알맞은 수를 써넣으세요.

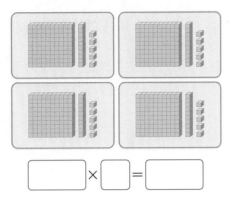

$$\boxed{} \times \boxed{} = \boxed{}$$

2 계산해 보세요.

(1)
```
    2 3 2
  ×     3
```

(2)
```
    4 3 7
  ×     2
```

3 두 수의 곱을 빈칸에 써넣으세요.

(1)

324	2

(2)

731	5

4 덧셈식을 곱셈식으로 계산해 보세요.

$$621+621+621+621$$

식 ....

답 ....

5 □ 안에 알맞은 수를 써넣으세요.

```
    1 3 □
  ×     2
  ───────
    2 7 6
```

6 계산 결과가 같은 것끼리 이어 보세요.

(1) 30×60 •

(2) 60×40 •

(3) 50×20 •

• ㉠ 48×50

• ㉡ 90×20

• ㉢ 25×40

7 빈칸에 알맞은 수를 써넣으세요.

×70

26	
34	
58	

8 계산 결과가 큰 것부터 순서대로 기호를 써 보세요.

| ㉠ 80×30 | ㉡ 52×40 |
| ㉢ 70×40 | ㉣ 93×30 |

(,   ,   ,   )

서술형

9 잘못 계산한 곳을 찾아 바르게 계산하고, 그 이유를 써 보세요.

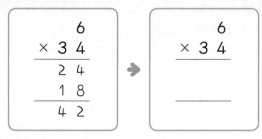

이유 _____

10 계산 결과를 비교하여 ○ 안에 >, =, <를 알맞게 써넣으세요.

$8 \times 67 \bigcirc 5 \times 96$

잘 틀려요

11 □ 안에 알맞은 수를 써넣으세요.

$$
\begin{array}{r}
4 \\
\times\ \ 3\ \square \\
\hline
1\ 5\ 6
\end{array}
$$

12 □ 안에 알맞은 수를 써넣으세요.

$21 \times 36 = 21 \times \boxed{} + 21 \times \boxed{}$

$= \boxed{} + \boxed{}$

$= \boxed{}$

13 계산해 보세요.

(1)
$$
\begin{array}{r}
2\ 5 \\
\times\ 4\ 1 \\
\hline
\end{array}
$$

(2)
$$
\begin{array}{r}
5\ 3 \\
\times\ 3\ 7 \\
\hline
\end{array}
$$

14 두 수의 곱을 구해 보세요.

(   )

15 가장 큰 수와 가장 작은 수의 곱을 구해 보세요.

| 46 | 35 | 64 | 59 |

( )

서술형

16 어떤 수에 53을 곱해야 할 것을 잘못하여 더했더니 82가 되었습니다. 바르게 계산하면 얼마인지 풀이 과정을 쓰고 답을 구해 보세요.

_____

_____

( )

잘 틀려요

17 수 카드 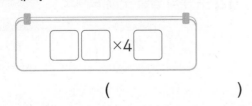 을 한 번씩만 사용하여 계산 결과가 가장 큰 곱셈식을 만들고 답을 구해 보세요.

( )

중요

18 어느 날 오스트레일리아 돈 1달러는 우리나라 돈 831원과 같았습니다. 이날 오스트레일리아 돈 6달러는 우리나라 돈으로 얼마인가요?

( )

19 조기 한 두름은 20마리입니다. 조기 40두름은 모두 몇 마리인가요?

( )

20 준영이는 전체가 184쪽인 동화책을 하루에 12쪽씩 14일 동안 읽었습니다. 앞으로 몇 쪽을 더 읽어야 모두 읽을 수 있나요?

( )

탐·구·서·술·형·평·가

1 혜준이는 450원짜리 연필 5자루를 사고 5000원을 냈습니다. 혜준이가 받아야 할 거스름돈은 얼마인지 풀이 과정을 쓰고 답을 구해 보세요.

① 연필 5자루의 값을 구합니다.
② 혜준이가 받아야 할 거스름돈을 구합니다.

풀이

답

2 빨간색 구슬은 한 상자에 30개씩 20상자가 있고, 파란색 구슬은 한 상자에 25개씩 26상자가 있습니다. 빨간색 구슬과 파란색 구슬 중 어떤 색 구슬이 몇 개 더 많은지 풀이 과정을 쓰고 답을 구해 보세요.

① 빨간색 구슬의 수를 구합니다.
② 파란색 구슬의 수를 구합니다.
③ 어떤 색 구슬이 몇 개 더 많은지 구합니다.

풀이

답 ,

2. 나눗셈

❖ 80÷4의 계산

(몇십)÷(몇)은 (몇)÷(몇)을 계산한 다음, 구한 몫에 0을 한 개 더 붙입니다.

예 8÷4= 2

➡ 80÷4=20

❖ 나누어지는 수와 나누는 수

```
나누는 수
  ↓        3 ← 몫
  5) 1 9 ← 나누어지는 수
      1 5
        4 ← 나머지
```

➡ 19÷5=3…4

❖ 나눗셈의 나머지 알아보기

① 나머지는 항상 나누는 수보다 작아야 합니다.

예 나누는 수가 5이면 나머지는 5보다 작은 0, 1, 2, 3, 4 중의 하나가 됩니다.

② 나머지가 0일 때, 나누어떨어진다고 합니다.

❖ 나눗셈 계산 결과가 맞는지 확인하기

① 나누는 수와 몫의 곱에 나머지를 더하면 나누어지는 수가 됩니다.

② 나눗셈의 나머지가 나누는 수보다 클 때는 몫을 1 크게 하여 다시 계산합니다.

✏ (몇십)÷(몇)을 구해 볼까요⑴

- 80÷4의 계산 → 내림이 없는 (몇십)÷(몇)의 계산

① 수 모형으로 알아보기: 십 모형 8개를 똑같이 네 묶음으로 나누면 십 모형 2개씩 나누어집니다.

② 나눗셈식으로 나타내기: 80÷4=20

✏ (몇십)÷(몇)을 구해 볼까요⑵

- 80÷5의 계산 → 내림이 있는 (몇십)÷(몇)의 계산

① 수 모형으로 알아보기: 십 모형 8개를 일 모형 80개로 바꿔서 5개씩 묶어 보면 16번을 묶을 수 있습니다. →십 모형 1개를 일 모형 10개로 바꿀 수 있습니다.

② 나눗셈식으로 나타내기: 80÷5=16

✏ (몇십몇)÷(몇)을 구해 볼까요⑴

- 36÷3의 계산 → 나머지가 없는 (몇십몇)÷(몇)의 계산

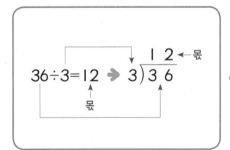

✏ (몇십몇)÷(몇)을 구해 볼까요⑵

- 48÷3의 계산 → 내림이 있고 나머지가 없는 (몇십몇)÷(몇)의 계산

① 십의 자리 계산하기

```
      1
  3) 4 8
     3 0 ← 3×10
```

② 일의 자리 계산하기

```
      1 6
  3) 4 8
     3 0
     1 8
     1 8 ← 3×6
         0
```

✎ 나머지가 있는 (몇십몇)÷(몇)을 구해 볼까요

• 58÷8의 계산

```
      7 ← 몫
8)5 8
  5 6
    2 ← 나머지
```

• 67÷4의 계산

```
      1 6 ← 몫
4)6 7
  4
  2 7
  2 4
    3 ← 나머지
```

✎ (세 자리 수)÷(한 자리 수)를 구해 볼까요

• 300÷3의 계산

```
      1           1 0          1 0 0
3)3 0 0  ➡  3)3 0 0  ➡  3)3 0 0
  3            3              3
  0            0              0
```

✎ 나머지가 있는 (세 자리 수)÷(한 자리 수)를 구해 볼까요

• 289÷3의 계산

```
                    9              9 6
3)2 8 9  ➡  3)2 8 9  ➡  3)2 8 9
                  2 7            2 7
                    1            1 9
                                 1 8
                                   1
```

✎ 계산이 맞는지 확인해 볼까요

• 계산 결과가 맞는지 확인해 보기: 나누는 수와 몫의 곱에 나머지를 더하면 나누어지는 수가 되어야 합니다.

예)

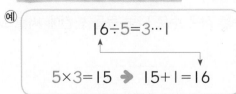

$16÷5=3\cdots1$

$5×3=15$ ➡ $15+1=16$

1 수 모형을 보고 □ 안에 알맞은 수를 써넣으세요.

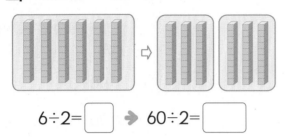

$6 \div 2 =$ □ ➡ $60 \div 2 =$ □

2 계산해 보세요.

(1) $80 \div 4$

(2) $70 \div 2$

3 연필 50자루를 한 명에게 5자루씩 나누어 주려고 합니다. 연필을 몇 명에게 나누어 줄 수 있나요?

( )

4 □ 안에 알맞은 수를 써넣으세요.

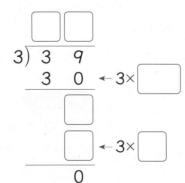

5 계산해 보세요.

(1)
$3 \overline{\smash{)}4\ 2}$

(2)
$6 \overline{\smash{)}7\ 2}$

6 몫의 크기를 비교하여 ○ 안에 >, =, <를 알맞게 써넣으세요.

$60 \div 5$ ◯ $44 \div 4$

7 큰 수를 작은 수로 나눈 몫을 빈칸에 써넣으세요.

56	4

8 몫이 큰 것부터 순서대로 기호를 써 보세요.

> ㉠ 80÷5 ㉡ 68÷4
> ㉢ 36÷2 ㉣ 57÷3

(,   ,   ,   )

11 나눗셈의 몫과 나머지를 구해 보세요.

(1) 4)3 1   (2) 7)5 8

몫 ....   몫 ....

나머지 ....   나머지 ....

9 한 봉지에 9개씩 들어 있는 도넛이 8봉지 있습니다. 한 명이 4개씩 먹으면 모두 몇 명이 먹을 수 있는지 풀이 과정을 쓰고 답을 구해 보세요.

_____

_____

_____

_____

(   )

중요

12 나머지가 5가 될 수 <u>없는</u> 식을 찾아 기호를 써 보세요.

> ㉠ □÷7 ㉡ □÷6
> ㉢ □÷5 ㉣ □÷9

(   )

10 나눗셈식을 보고 □ 안에 알맞은 말을 써넣으세요.

> 27÷6=4…3

27을 6으로 나누면 □은/는 4이고 3이 남습니다. 이때 3을 27÷6의 □ (이)라고 합니다.

13 빈칸에 알맞은 수를 써넣으세요.

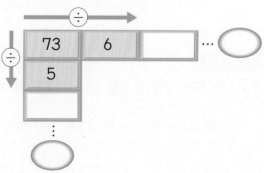

14 잘못 계산한 곳을 찾아 바르게 계산해 보세요.

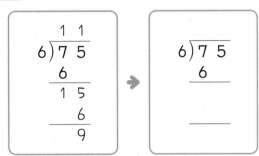

15 어느 놀이공원의 놀이 기구의 정원은 6명입니다. 이 놀이 기구를 타려고 77명이 줄을 섰습니다. 모두 다 타려면 적어도 몇 번 운행해야 하나요?

(   )

서술형

16 4장의 수 카드 6 , 8 , 2 , 5 중 3장을 골라 한 번씩 사용하여 세 자리 수를 만들었습니다. 이 수를 남은 한 장의 수로 나누었을 때, 나올 수 있는 가장 작은 몫은 얼마인지 풀이 과정을 쓰고 답을 구해 보세요.

_____

_____

_____

_____

(   )

잘 틀려요

17 나머지가 가장 큰 것을 찾아 기호를 써 보세요.

| ㉠ 716÷9 | ㉡ 512÷6 | ㉢ 628÷8 |

(   )

18 팔찌를 한 개 만드는 데 구슬 8개가 필요합니다. 구슬 245개로 만들 수 있는 팔찌는 몇 개이고, 구슬은 몇 개가 남나요?

(,   )

19 계산해 보고 계산 결과가 맞는지 확인해 보세요.

⑴ $33÷7=$ ☐ ⋯ ☐

확인 ☐ $×$ ☐ $=28$

➡ $28+$ ☐ $=33$

⑵ $52÷8=$ ☐ ⋯ ☐

확인 ☐ $×$ ☐ $=48$

➡ $48+$ ☐ $=$ ☐

20 나눗셈을 하고 맞게 계산했는지 확인한 식이 보기 와 같습니다. 계산한 나눗셈식을 쓰고 몫과 나머지를 구해 보세요.

보기
$4×16=64$ ➡ $64+2=66$

식 _____

몫 _____

나머지 _____

탐·구·서·술·형·평·가

1 도넛이 한 상자에 6개씩 들어 있습니다. 8상자에 들어 있는 도넛을 한 상자에 4개씩 다시 담으려면 상자는 몇 개 더 필요한지 풀이 과정을 쓰고 답을 구해 보세요.

풀이 ______________________

____

____

____

____

답 ______________

① 전체 도넛의 수를 구합니다.
② 도넛을 한 상자에 4개씩 담았을 때 필요한 상자의 수를 구합니다.
③ 더 필요한 상자의 수를 구합니다.

2 어떤 수를 6으로 나누어야 할 것을 잘못하여 5로 나누었더니 몫이 16이고, 나머지가 3이 되었습니다. 바르게 계산했을 때의 몫과 나머지는 각각 얼마인지 풀이 과정을 쓰고 답을 구해 보세요.

풀이 ______________________

____

____

____

몫 ______________ 나머지 ______________

① 잘못 계산한 식에서 맞게 계산했는지 확인하는 식을 이용하여 어떤 수를 구합니다.
② 바른 계산을 하여 몫과 나머지를 구합니다.

3. 원

✿ 원의 지름의 성질

① 원의 중심을 지나는 선분이 가장 깁니다.

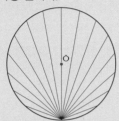

② 원의 중심을 지나는 선분을 무수히 많이 그을 수 있습니다.

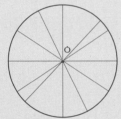

✿ 원의 지름과 반지름의 관계

① 원의 반지름이 3 cm이면 원의 지름은 6 cm입니다.
② 원의 지름이 4 cm이면 원의 반지름은 2 cm입니다.

✿ 원으로 여러 가지 모양 그리기

① 원의 중심을 어디에 두느냐에 따라 원에 생기는 무늬가 다양하게 바뀝니다.
② 원의 중심을 옮겨 가며 원의 일부를 그립니다.

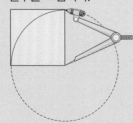

→ 원의 중심에 컴퍼스의 침을 꽂고 원을 그립니다.

🖉 원의 중심, 반지름, 지름을 알아볼까요

• 누름 못과 띠 종이를 이용하여 원 그리기: 누름 못이 꽂힌 점에서 원 위의 한 점까지의 길이는 항상 일정합니다.

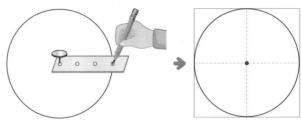

• 원의 중심: 원을 그릴 때에 누름 못이 꽂혔던 점 ㅇ을 원의 중심이라고 합니다. →한 원에서 원의 중심은 1개뿐입니다.

• 원의 반지름: 원의 중심 ㅇ과 원 위의 한 점을 이은 선분을 원의 반지름이라고 합니다. →선분 ㅇㄱ과 선분 ㅇㄴ은 원의 반지름입니다.

• 원의 지름: 원 위의 두 점을 이은 선분이 원의 중심 ㅇ을 지날 때, 이 선분을 원의 지름이라고 합니다. →선분 ㄱㄴ은 원의 지름입니다.

🖉 원의 성질을 알아볼까요

• 원의 지름의 성질 알아보기
① 원의 지름은 무수히 많습니다.
② 원의 중심을 지나는 선분입니다.
③ 원의 지름은 원을 똑같이 둘로 나눕니다.
④ 원 안에서 그을 수 있는 가장 긴 선분입니다.
⑤ 원의 중심을 지나는 선분들의 길이는 모두 같습니다.
• 원의 지름과 반지름의 관계 알아보기
① 한 원에서 지름의 길이는 반지름의 길이의 2배입니다. →(지름)=(반지름)×2
② 한 원에서 반지름의 길이는 지름의 길이의 반입니다. →(반지름)=(지름)÷2

예

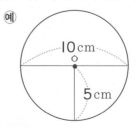

컴퍼스를 이용하여 원을 그려 볼까요

• 컴퍼스와 자를 이용하여 반지름이 2 cm인 원을 그리는 방법

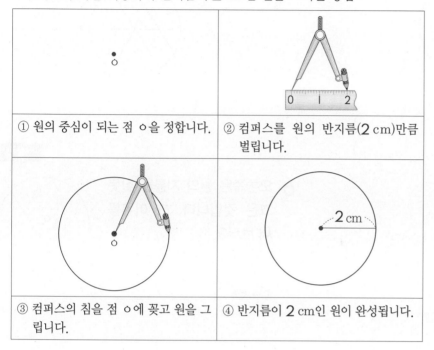

① 원의 중심이 되는 점 ㅇ을 정합니다.	② 컴퍼스를 원의 반지름(2 cm)만큼 벌립니다.
③ 컴퍼스의 침을 점 ㅇ에 꽂고 원을 그립니다.	④ 반지름이 2 cm인 원이 완성됩니다.

원을 이용하여 여러 가지 모양을 그려 볼까요

• 원을 이용하여 여러 가지 모양 그리기

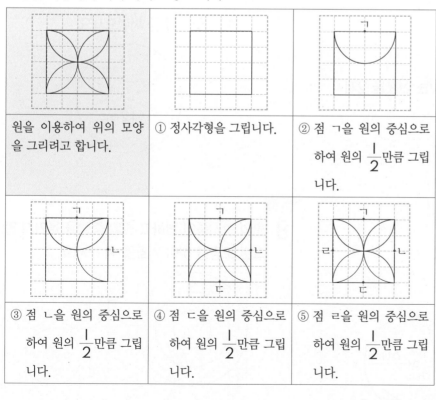

원을 이용하여 위의 모양을 그리려고 합니다.	① 정사각형을 그립니다.	② 점 ㄱ을 원의 중심으로 하여 원의 $\frac{1}{2}$만큼 그립니다.
③ 점 ㄴ을 원의 중심으로 하여 원의 $\frac{1}{2}$만큼 그립니다.	④ 점 ㄷ을 원의 중심으로 하여 원의 $\frac{1}{2}$만큼 그립니다.	⑤ 점 ㄹ을 원의 중심으로 하여 원의 $\frac{1}{2}$만큼 그립니다.

바로바로 체크

1 □ 안에 알맞은 말을 써넣으세요.

> 원 위의 두 점을 이은 선분이 원의 중심을 지날 때, 이 선분을 원의 □이라고 합니다.

2 지름의 성질에 해당하는 말에 ○표 하세요.

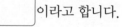

> 원 안에서 그을 수 있는 가장 (긴 , 짧은) 선분입니다.

3 주어진 모양을 그리기 위하여 컴퍼스의 침을 꽂아야 할 곳은 모두 몇 군데인가요?

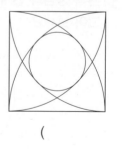

(   )

정답

1. 지름

2. 긴

3. 5군데

1 □ 안에 알맞은 말을 구해 보세요.

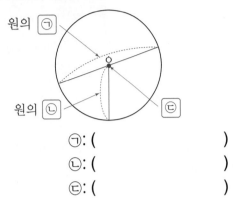

원의 ㉠

원의 ㉡   ㉢

㉠: (   )
㉡: (   )
㉢: (   )

2 다음 원에서 원의 중심을 찾아 써 보세요.

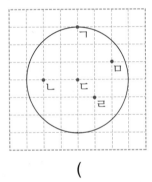

(   )

3 원의 중심과 원 위의 한 점을 잇는 선분을 2개 그어 보세요.

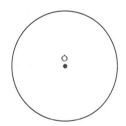

4 오른쪽 원의 반지름은 몇 cm인가요?

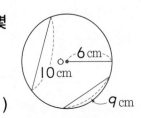

(   )

5 원의 지름을 모두 찾아 써 보세요.

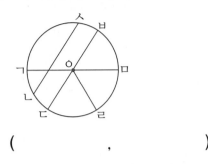

(,   )

서술형

6 오른쪽은 원의 지름을 잘못 그은 것입니다. 그 이유를 써 보세요.

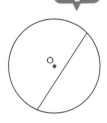

이유 _____

_____

_____

7 □ 안에 알맞은 수를 써넣으세요.

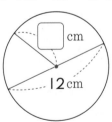

□ cm

12 cm

중요

8 원의 반지름이 변하고 원의 중심을 옮기지 않고 그린 모양을 찾아 기호를 써 보세요.

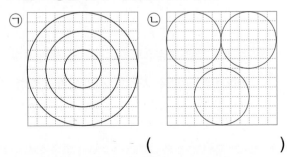

㉠   ㉡

(   )

수
학

9 다음과 같이 컴퍼스를 벌려 그린 원의 반지름은 몇 cm인가요?

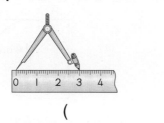

(   )

10 반지름이 2 cm인 원을 그려 보세요.

11 컴퍼스를 이용하여 반지름이 3 cm인 원을 그리는 순서대로 기호를 써 보세요.

> ⊙ 컴퍼스를 3 cm가 되게 벌립니다.
> ⊙ 원의 중심이 되는 점 ㅇ을 정합니다.
> ⊙ 컴퍼스의 침을 점 ㅇ에 꽂고 원을 그립니다.

(ⓒ ,   ,   )

잘 틀려요

12 규칙에 따라 원을 그린 방법을 설명한 것입니다. ☐ 안에 알맞은 수를 써넣으세요.

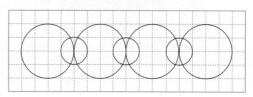

원의 중심은 오른쪽으로 모눈 ☐칸씩 옮겨 가고, 원의 반지름의 길이가 모눈 ☐칸인 원과 모눈 ☐칸인 원이 반복하여 나타나는 규칙입니다.

중요

13 주어진 모양을 그리기 위하여 컴퍼스의 침을 꽂아야 할 곳은 모두 몇 군데인가요?

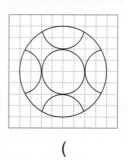

(   )

14 주어진 모양과 똑같이 그려 보세요.

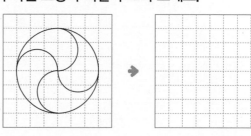

15 더 큰 원을 찾아 기호를 써 보세요.

> ㉠ 지름이 26 cm인 원
> ㉡ 반지름이 14 cm인 원

(   )

16 선분 ㄱㄴ의 길이는 몇 cm인가요?

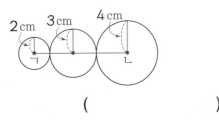

(   )

서술형

17 작은 원의 반지름이 3 cm일 때, 큰 원의 지름은 몇 cm인지 풀이 과정을 쓰고 답을 구해 보세요.

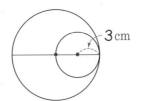

_____

_____

_____

_____

(   )

잘 틀려요

18 다음 그림에서 사각형 ㄱㄴㄷㄹ의 네 변의 길이의 합은 몇 cm인가요?

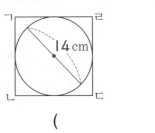

(   )

19 선분 ㄱㄴ의 길이는 몇 cm인가요?

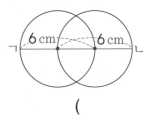

(   )

20 직사각형 안에 크기가 같은 원 6개를 맞닿게 그렸습니다. 직사각형의 네 변의 길이의 합이 70 cm일 때, 원의 지름은 몇 cm인가요?

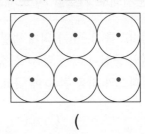

(   )

1 다음 그림에서 삼각형 ㄱㄴㄷ의 세 변의 길이의 합은 22 cm 입니다. 원의 반지름은 몇 cm인지 풀이 과정을 쓰고 답을 구해 보세요.

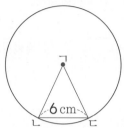

풀이 _____

_____

_____

_____

답 _____

① 삼각형 ㄱㄴㄷ에서 반지름과 길 이가 같은 변을 찾아봅니다.

② 삼각형 ㄱㄴㄷ의 세 변의 길이의 합을 이용하여 원의 반지름을 구 합니다.

2 크기가 같은 원 3개를 다음과 같이 맞닿게 그린 후 세 원의 중 심을 이었습니다. 삼각형 ㄱㄴㄷ의 세 변의 길이의 합은 몇 cm 인지 풀이 과정을 쓰고 답을 구해 보세요.

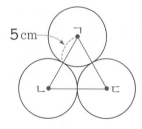

풀이 _____

_____

_____

_____

 _____

① 삼각형의 각 변의 길이를 구합니 다.

② 삼각형의 세 변의 길이의 합을 구합니다.

❖ 분수로 나타내기
전체는 '분모'에, 부분은 '분자'에 표현하므로 $\frac{(부분\ 묶음\ 수)}{(전체\ 묶음\ 수)}$와 같이 나타낼 수 있습니다.

❖ 진분수의 개수 알아보기
분모가 5인 진분수의 개수는 (5−1)개인 4개입니다.
➡ $\frac{1}{5}$, $\frac{2}{5}$, $\frac{3}{5}$, $\frac{4}{5}$ (총 4개)

❖ 가분수 알아보기
가분수에서 분자가 분모와 같은 경우를 빼먹지 않도록 주의합니다.
(예) $\frac{4}{4}$, $\frac{5}{5}$, $\frac{6}{6}$ 등은 가분수에 속합니다.

❖ 대분수를 가분수로 나타내기
자연수를 가분수로 나타내고 가분수와 진분수에서 단위분수가 몇 개인지 나타내면 됩니다.

❖ 가분수를 대분수로 나타내기
가분수에서 자연수로 표현되는 가분수를 자연수로 나타내고 나머지는 진분수로 나타내면 됩니다.

분수로 나타내어 볼까요

• 부분은 전체의 얼마인지 분수로 나타내기

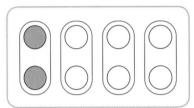

① 색칠한 부분은 4묶음 중에서 1묶음이므로 전체의 $\frac{1}{4}$입니다.

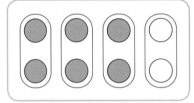

② 색칠한 부분은 4묶음 중에서 3묶음이므로 전체의 $\frac{3}{4}$입니다.

분수만큼은 얼마일까요(1)

• 전체에 대한 분수만큼은 얼마인지 알아보기

① 6의 $\frac{2}{3}$ 알아보기

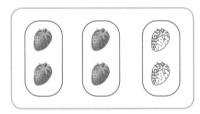

6을 3으로 나눈 것 중의 1은 2이고, 2는 2배이므로 4입니다.

② 12의 $\frac{3}{4}$ 알아보기

12를 4로 나눈 것 중의 1은 3이고, 3은 3배이므로 9입니다.

분수만큼은 얼마일까요(2)

• 6 cm의 $\frac{1}{3}$ 알아보기

6 cm를 3으로 나눈 것 중의 1은 2 cm입니다.

• 100 cm의 $\frac{4}{5}$ 알아보기

100 cm를 5로 나눈 것 중의 1은 20 cm이고, 4는 4배이므로 80 cm입니다.

• 1시간의 $\frac{2}{4}$ 알아보기

1시간을 4로 나눈 것 중의 1은 15분이고, 2는 2배이므로 30분입니다.

여러 가지 분수를 알아볼까요(1)

- 진분수: 분자가 분모보다 작은 분수를 진분수라고 합니다.
- 가분수: 분자가 분모와 같거나 분모보다 큰 분수를 가분수라고 합니다.
- 자연수: 1, 2, 3과 같은 수를 자연수라고 합니다.

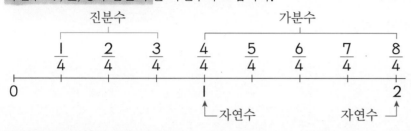

여러 가지 분수를 알아볼까요(2)

- 대분수: 자연수와 진분수로 이루어진 분수를 대분수라고 합니다.

  ㉠ $1\frac{1}{2}$, $2\frac{2}{3}$, $3\frac{1}{4}$ 등

  └ 1과 2분의 1이라고 읽습니다.

- 대분수 $1\frac{1}{3}$을 가분수로 나타내기: 대분수 $1\frac{1}{3}$에서 1을 $\frac{3}{3}$으로 나타내면

  $\frac{3}{3}$과 $\frac{1}{3}$은 $\frac{1}{3}$이 4개입니다. ➡ $1\frac{1}{3}=\frac{4}{3}$

- 가분수 $\frac{5}{2}$를 대분수로 나타내기: 가분수 $\frac{5}{2}$에서 자연수로 표현되는 가분수

  $\frac{4}{2}$를 자연수 2로 나타내고, 나머지 $\frac{1}{2}$은 진분수로 나타내면 $2\frac{1}{2}$이 됩니다. ➡ $\frac{5}{2}=2\frac{1}{2}$

분모가 같은 분수의 크기를 비교해 볼까요

- 분모가 같은 가분수의 크기 비교: 분자가 클수록 큰 분수입니다.

  ㉠ $\frac{13}{5}$ ⊙ $\frac{11}{5}$

- 분모가 같은 대분수의 크기 비교: 자연수 부분이 클수록 큰 분수입니다.

  ㉠ $2\frac{1}{5}$ ⊙ $3\frac{1}{5}$ → 자연수 부분이 같으면 분자가 클수록 큰 분수입니다.

- 분모가 같은 가분수와 대분수의 크기 비교: 둘 다 가분수 또는 대분수로 나타내어 분수의 크기를 비교합니다.

  ㉠ $2\frac{3}{5}$ ⊙ $\frac{11}{5}$ → ① 둘 다 가분수로 나타내면 $\frac{13}{5}>\frac{11}{5}$입니다.

  ② 둘 다 대분수로 나타내면 $2\frac{3}{5}>2\frac{1}{5}$입니다.

바로바로 체크

1 □ 안에 알맞은 수를 써넣으세요.

(1) 16의 $\frac{3}{8}$은 □ 입니다.

(2) 10 m의 $\frac{3}{5}$은 □ m입니다.

(3) 24 cm의 $\frac{4}{6}$는 □ cm입니다.

(4) 1시간의 $\frac{1}{3}$은 □ 분입니다.

2 대분수는 가분수로, 가분수는 대분수로 나타내어 보세요.

(1) $1\frac{2}{7}$

(2) $\frac{15}{8}$

3 두 분수의 크기를 비교하여 ○ 안에 >, =, <를 알맞게 써넣으세요.

(1) $2\frac{2}{6}$ ○ $2\frac{3}{6}$

(2) $2\frac{3}{5}$ ○ $\frac{12}{5}$

정답

1. (1) 6 (2) 6 (3) 16 (4) 20

2. (1) $\frac{9}{7}$ (2) $1\frac{7}{8}$

3. (1) < (2) >

1 그림을 보고 □ 안에 알맞은 수를 써넣으세요.

12를 3씩 묶으면 □ 묶음이 됩니다.

3은 12의 $\frac{□}{□}$ 입니다.

2 □ 안에 알맞은 수를 써넣으세요.

14의 $\frac{4}{7}$ 는 □ 입니다.

3 떡을 12조각으로 나누었습니다. 이 중에서 $\frac{2}{3}$ 를 수민이가 먹었다면 수민이가 먹은 떡은 몇 조각인가요?

(   )

4 ㉠과 ㉡의 합을 구해 보세요.

㉠ 16의 $\frac{3}{4}$ ㉡ 28의 $\frac{1}{2}$

(   )

5 오른쪽 그림을 보고 □ 안에 알맞은 수를 써넣으세요.

1시간의 $\frac{3}{4}$ 은 □ 분입니다.

✿ 분수를 보고 물음에 답하세요. [6~7]

$\frac{3}{6}$ $\frac{11}{6}$ $\frac{1}{2}$ $\frac{3}{2}$

6 분수를 수직선 위에 각각 나타내어 보세요.

0   1   2

7 크기가 같은 분수를 찾아 써 보세요.

(,   )

8 분모가 5인 진분수입니다. □ 안에 들어갈 수 있는 자연수들의 합을 구해 보세요.

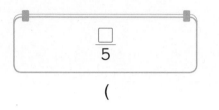

$\dfrac{\square}{5}$

(   )

9 가분수를 모두 찾아 기호를 써 보세요.

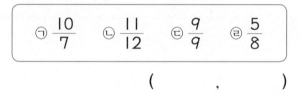

㉠ $\dfrac{10}{7}$ ㉡ $\dfrac{11}{12}$ ㉢ $\dfrac{9}{9}$ ㉣ $\dfrac{5}{8}$

(,   )

서술형

10 주머니 속에서 수 카드 2장을 뽑아 분수를 만들 때 2보다 큰 가분수를 몇 개 만들 수 있는지 풀이 과정을 쓰고 답을 구해 보세요.

2 3 4 5
6 7 8 9

_____

_____

_____

_____

(   )

11 색칠한 부분을 대분수로 나타내어 보세요.

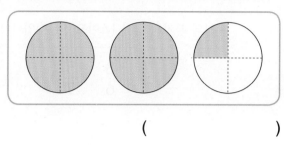

(   )

12 대분수는 가분수로, 가분수는 대분수로 나타내어 보세요.

(1) $2\dfrac{1}{4} = \dfrac{\square}{\square}$ (2) $\dfrac{19}{7} = \square\dfrac{\square}{\square}$

13 대분수 $6\dfrac{2}{9}$는 $\dfrac{1}{9}$이 몇 개인 수인가요?

(   )

14 수영이가 가진 색 테이프의 길이는 $\dfrac{29}{9}$ cm입니다. 수영이가 가진 색 테이프의 길이를 대분수로 나타내어 보세요.

(   )

잘 틀려요

15 조건에 맞는 분수에 ○표 해 보세요.

분모와 분자의 합이 14이고 진분수입니다.

($\dfrac{7}{7}$, $\dfrac{8}{6}$, $\dfrac{5}{9}$)

16 어떤 대분수를 가분수로 나타내었더니 $\dfrac{35}{18}$ 이었습니다. 어떤 대분수를 구해 보세요.

(   )

17 두 분수의 크기를 비교하여 ○ 안에 >, =, < 를 알맞게 써넣으세요.

$\dfrac{12}{5}$ ○ $2\dfrac{3}{5}$

잘 틀려요

18 자연수가 3이고 분모가 6인 대분수 중에서 가장 큰 대분수를 구해 보세요.

(   )

19 가장 작은 분수부터 차례대로 기호를 써 보세요.

⊙ $2\dfrac{8}{9}$ ⓒ $\dfrac{23}{9}$ ⓔ $3\dfrac{1}{9}$

(,   ,   )

서술형

20 윤성이의 책가방의 무게는 $3\dfrac{5}{8}$ kg이고, 대현이의 책가방의 무게는 $\dfrac{27}{8}$ kg입니다. 누구의 책가방이 더 무거운지 풀이 과정을 쓰고 답을 구해 보세요.

_____

_____

_____

_____

(   )

탐·구·서·술·형·평·가

1 ㉮는 어떤 수인지 풀이 과정을 쓰고 답을 구해 보세요.

> - ㉮는 가분수입니다.
> - 분모와 분자의 합은 **9**입니다.
> - 분모와 분자의 차는 **3**입니다.

① 합이 **9**인 두 수를 구합니다.
② 차가 **3**인 두 수를 구합니다.
③ 가분수 ㉮를 구합니다.

 풀이 _____

_____

_____

_____

답 _____

2 □ 안에 들어갈 수 있는 수 중 가장 큰 수를 구하려고 합니다. 풀이 과정을 쓰고 답을 구해 보세요.

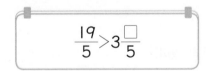

$$\frac{19}{5} > 3\frac{\square}{5}$$

① $\frac{19}{5}$ 를 대분수로 나타냅니다.
② 두 수의 크기를 비교하여 □ 안에 들어갈 수 있는 수를 모두 구합니다.
③ □ 안에 들어갈 수 있는 수 중 가장 큰 수를 구합니다.

풀이 _____

_____

_____

_____

답 _____

❖ | 리터

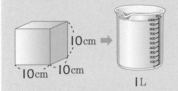

|0cm → |0cm |0cm

| L

❖ 들이의 덧셈과 뺄셈

① 받아올림이 있는 들이의 덧셈:
mL끼리의 합이 1000 mL
보다 크거나 같으면
1000 mL를 | L로 받아올
림합니다.

```
    4 L    800 mL
+   2 L    500 mL
─────────────────
    6 L   1300 mL
    | L ← 1000 mL
─────────────────
    7 L    300 mL
```

② 받아내림이 있는 들이의 뺄셈:
mL끼리 뺄 수 없을 때에는
| L를 1000 mL로 받아내
림합니다.

```
    6    1000
    7 L    100 mL
−   3 L    600 mL
─────────────────
    3 L    500 mL
```

❖ 무게의 덧셈

• 받아올림이 있는 무게의 덧셈:
g끼리의 합이 1000 g보다
크거나 같으면 1000 g을
| kg으로 받아올림합니다.

```
    2 kg    600 g
+   | kg    500 g
─────────────────
    3 kg   1100 g
    | kg ← 1000 g
─────────────────
    4 kg    100 g
```

들이를 비교해 볼까요

• 물병의 들이를 여러 가지 단위로 비교하기

(예) 노란색 물병에는 빨간색 물병보다 종이컵 |개만큼 물이 더 많이 들어갑니다. ➡ 노란색 물병의 들이가 더 큽니다.

(예) 노란색 물병은 종이컵으로 7개만큼, 빨간색 물병은 요구르트 병으로 ||개만큼 들어갑니다. ➡ 들이를 비교할 때 사용하는 단위(예 종이컵, 요구르트 병)가 다르면 들이가 어느 것이 더 많은지 비교하기 어렵습니다.

들이의 단위는 무엇일까요

• 들이의 단위: 리터(L), 밀리리터(mL) 등이 있습니다.

① | 리터는 | L라고 쓰고, | 밀리리터는 | mL라고 씁니다.

② | L는 1000 mL와 같습니다.

| | L = 1000 mL | → | mL가 |000개 모이면 | L가 됩니다.

들이를 어림하고 재어 볼까요

• 여러 가지 물건의 들이를 어림하고 재어 보기

물건	어림한 들이	직접 잰 들이
(예) 기름병	(예) 200 mL	(예) |80 mL

• 알맞은 단위 선택하기

약병의 들이	기름병의 들이	간장병의 들이	욕조의 들이
(예) 약 35 mL	(예) 약 200 mL	(예) 약	L	(예) 약 300 L

들이의 덧셈과 뺄셈을 해 볼까요

• 들이의 덧셈: L는 L끼리 더하고, mL는 mL끼리 더합니다.

(예) | L 300 mL + 2 L 400 mL
=3 L 700 mL

```
    | L    300 mL
+   2 L    400 mL
─────────────────
    3 L    700 mL
```

• 들이의 뺄셈: L는 L끼리 빼고, mL는 mL끼리 뺍니다.

(예) 5 L 700 mL − 3 L 200 mL
=2 L 500 mL

```
    5 L    700 mL
−   3 L    200 mL
─────────────────
    2 L    500 mL
```

무게를 비교해 볼까요

• 저울을 사용하여 과일의 무게를 여러 가지 단위로 비교하기

단위	사과	귤
예 바둑돌	19개	14개

• 바둑돌, 공깃돌, 클립, 동전 등의 수로 물건의 무게를 비교할 수 있습니다.
• 단위의 수가 많은 것이 더 무겁습니다.

무게의 단위는 무엇일까요

• 무게의 단위: 킬로그램(kg), 그램(g), 1톤(t) 등이 있습니다.

① 1 킬로그램은 1 kg이라고 쓰고, 1 그램은 1 g이라고 씁니다.

② 1 kg은 1000 g과 같습니다.

$$1\,kg = 1000\,g$$

→ 1 g이 1000개 모이면 1 kg이 됩니다.

③ 1톤은 1 t이라고 쓰고 1000 kg과 같습니다.

$$1\,t = 1000\,kg$$

→ 1 kg이 1000개 모이면 1 t이 됩니다.

무게를 어림하고 재어 볼까요

• 여러 가지 물건의 무게를 어림하고 재어 보기

물건	어림한 무게	직접 잰 무게
예 책가방	예 3 kg	예 2 kg 950 g

• 알맞은 단위 선택하기

지우개의 무게	오이의 무게	책가방의 무게	소방차의 무게
예 약 35 g	예 약 350 g	예 약 3 kg	예 약 30 t

무게의 덧셈과 뺄셈을 해 볼까요

• 무게의 덧셈: kg은 kg끼리 더하고, g은 g끼리 더합니다.

예 3 kg 400 g + 2 kg 500 g
= 5 kg 900 g

```
    3  kg   400  g
+   2  kg   500  g
─────────────────
    5  kg   900  g
```

• 무게의 뺄셈: kg은 kg끼리 빼고, g은 g끼리 뺍니다.

예 4 kg 800 g − 3 kg 200 g
= 1 kg 600 g

```
    4  kg   800  g
−   3  kg   200  g
─────────────────
    1  kg   600  g
```

1 □ 안에 알맞은 수를 써넣으세요.

(1) 6 L 400 mL

= [   ] mL

(2) 5600 mL

= 5 L [   ] mL

2 □ 안에 알맞은 수를 써넣으세요.

(1)
```
    5  L   500  mL
+   2  L   300  mL
──────────────────
  [  ] L  [  ] mL
```

(2)
```
    8  L   500  mL
−   5  L   300  mL
──────────────────
  [  ] L  [  ] mL
```

3 □ 안에 알맞은 수를 써넣으세요.

(1)
```
    4  kg   600  g
+   3  kg   300  g
──────────────────
  [  ] kg  [  ] g
```

(2)
```
    8  kg   500  g
−   2  kg   200  g
──────────────────
  [  ] kg  [  ] g
```

▶ 정답

1. (1) 6400 (2) 600

2. (1) 7, 800 (2) 3, 200

3. (1) 7, 900 (2) 6, 300

1 들이가 많은 것부터 순서대로 기호를 써 보세요.

(,   ,   )

2 수조에 들어 있는 물의 양은 몇 L 몇 mL인가요?

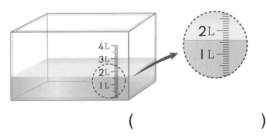

(   )

3 ☐ 안에 알맞은 수를 써넣으세요.

(1) 4 L 700 mL = ☐ mL

(2) 6100 mL = ☐ L ☐ mL

4 들이를 비교하여 ○ 안에 >, =, <를 알맞게 써넣으세요.

4400 mL ◯ 4 L 40 mL

5 들이가 가장 적은 것을 찾아 기호를 써 보세요.

| ㉠ 2 L | ㉡ 1580 mL |
| ㉢ 1 L 70 mL | ㉣ 1 L 450 mL |

(   )

서술형

6 다음 중 단위를 잘못 사용한 것을 찾아 기호를 쓰고 문장을 바르게 고쳐 보세요.

㉠ 어항의 들이는 약 2 L입니다.
㉡ 주스병의 들이는 약 300 L입니다.

(   )

잘 틀려요

7 두 수조에 담긴 물의 양의 합과 차를 각각 구해 보세요.

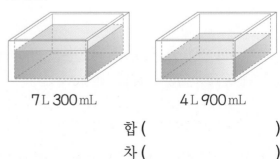

7 L 300 mL   4 L 900 mL

합 (   )

차 (   )

★중요★

8 □ 안에 알맞은 수를 써넣으세요.

(1) 3200 mL+5000 mL

= ☐ mL

= ☐ L ☐ mL

(2) 6 L 800 mL−2 L 300 mL

= ☐ L ☐ mL

9 충호네 가족은 우유를 어제는 2 L 700 mL를 마셨고, 오늘은 1 L 900 mL를 마셨습니다. 어제와 오늘 마신 우유의 양은 모두 몇 L 몇 mL인가요?

( )

10 물통에 물이 4 L 500 mL 들어 있습니다. 이 물통에서 물을 1 L 300 mL 사용했다면 남아 있는 물은 몇 L 몇 mL인가요?

( )

11 사과와 감의 무게를 다음과 같이 저울과 100 원짜리 동전으로 비교했습니다. □ 안에 알맞은 말과 수를 써넣으세요.

사과 동전 10개 감 동전 8개

☐ 이/가 ☐ 보다 100원짜리 동전

☐ 개만큼 더 무겁습니다.

★중요★

12 책가방의 무게는 몇 kg 몇 g인가요?

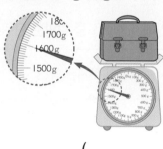

( )

13 무게를 비교하여 ○ 안에 >, =, <를 알맞게 써넣으세요.

5050 g ○ 5 kg 500 g

14 □ 안에 알맞은 수를 써넣으세요.

(1) 4 kg 300 g= ☐ g

(2) 2800 g= ☐ kg ☐ g

수학 **67**

★중요★

15 무게가 가장 무거운 것부터 차례대로 기호를 써 보세요.

> ㉠ 3400 g ㉡ 4150 g
> ㉢ 4 kg 50 g ㉣ 3 kg 600 g

(, , ,)

16 □ 안에 g, kg, t 중 알맞은 단위를 써넣으세요.

> 트럭의 무게는 약 3 □ 입니다.

17 □ 안에 알맞은 수를 써넣으세요.

(1)
```
    4  kg    700  g
+   3  kg    900  g
─────────────────
   □  kg  □      g
```

(2)
```
    7  kg    800  g
−   4  kg    300  g
─────────────────
   □  kg  □      g
```

18 어머니의 몸무게는 52 kg 300 g이고, 아기의 몸무게는 4 kg 500 g입니다. 어머니가 아기를 안고 저울에 올라가면 몸무게는 몇 kg 몇 g이 되나요?

( )

잘 틀려요

19 여행 가방의 무게가 7 kg을 넘지 않도록 짐을 넣으려고 합니다. 빈 가방의 무게가 1 kg 200 g이라면 가방에 넣을 수 있는 짐의 무게는 몇 kg 몇 g까지인가요?

( )

서술형

20 영수의 책가방의 무게는 3 kg 300 g이고 진호의 책가방의 무게는 영수보다 900 g 가볍습니다. 두 사람의 책가방의 무게의 합은 몇 kg 몇 g인지 풀이 과정을 쓰고 답을 구해 보세요.

_____

_____

_____

_____

( )

1 들이가 가장 많은 것과 가장 적은 것의 차를 구하려고 합니다. 풀이 과정을 쓰고 답을 구해 보세요.

| ㉠ 3500 mL | ㉡ 30 L 500 mL | ㉢ 30050 mL |

① 같은 단위로 나타냅니다.
② 들이가 가장 많은 것과 가장 적은 것을 찾습니다.
③ 들이가 가장 많은 것과 가장 적은 것의 차를 구합니다.

풀이 _____

_____

_____

_____

답 _____

2 사과 2개를 바구니에 담아 무게를 재어 보니 1 kg 150 g이었고, 똑같은 바구니에 귤 5개를 담아 무게를 재어 보니 1 kg 350 g이었습니다. 귤 1개의 무게가 180 g이라면 사과 1개의 무게는 몇 g인지 풀이 과정을 쓰고 답을 구해 보세요.

① 귤 5개의 무게를 구합니다.
② 바구니의 무게를 구합니다.
③ 사과 1개의 무게를 구합니다.

1 kg 150 g

1 kg 350 g

 풀이 _____

_____

_____

_____

답 _____

수
학

6회

✤ 표와 그림그래프의 장단점

① 표는 각각의 수와 합계를 쉽게 알 수 있습니다.

② 그림그래프는 각각의 자료의 수와 크기를 쉽게 비교할 수 있습니다.

✤ 표와 그림그래프의 다른 점

표	① 그림을 일일이 세지 않아도 됩니다. ② 조사한 양의 크기를 바로 알 수 있습니다. ③ 각각의 자료를 서로 비교하기 불편합니다.
그림그래프	① 표보다 재미있습니다. ② 한눈에 비교가 잘됩니다. ③ 어느 정도 많은지 쉽게 비교가 됩니다.

✤ 그림그래프 알아보기

① 먼저 그림이 몇 가지로 되어 있는지 알아봅니다.

② 각 그림이 나타내는 수량을 알아봅니다.

✤ 그림그래프 그리기

그림그래프를 그릴 때 십의 자리와 일의 자리 숫자를 잘 보고 그림을 그립니다.

✐ 표에서 무엇을 알 수 있을까요

• 표를 보고 알 수 있는 내용

예

현장 체험 학습으로 가고 싶은 장소별 학생 수

장소	놀이공원	박물관	과학관	수영장	합계
1반 학생 수(명)	8	7	9	6	30
2반 학생 수(명)	10	6	5	9	30

① 1반 학생은 과학관으로 가고 싶은 학생이 가장 많고, 2반 학생은 놀이공원으로 가고 싶은 학생이 가장 많습니다.

② 1반과 2반 학생 전체 중에서 가장 많은 학생이 가고 싶은 장소는 놀이공원입니다.

③ 장소를 한 곳으로 정해야 한다면 놀이공원으로 정하는 것이 좋을 것 같습니다.

✐ 자료를 수집하여 표로 나타내어 볼까요

• 실생활 자료를 수집하여 표로 나타내기

① 조사할 내용 정하기: 예 재경이네 반 학생들이 운동회 때 마실 음료를 조사하려고 합니다.

② 자료 수집 방법 정하기: 예 붙임딱지 붙이기로 자료를 수집합니다.

③ 자료 수집하기 └ 질문을 듣고 직접 손들기로 자료를 수집할 수도 있습니다.

예

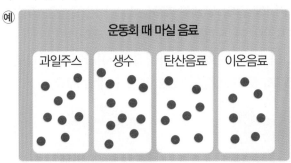

운동회 때 마실 음료

과일주스 생수 탄산음료 이온음료

④ 조사한 결과를 표로 정리하기

예

운동회 때 마실 음료

음료	과일주스	생수	탄산음료	이온음료	합계
학생 수(명)	9	11	8	7	35

• 표로 정리할 때 유의할 점

① 조사 내용에 알맞은 제목을 정합니다.

② 조사 항목의 수에 맞게 칸을 나눕니다.

③ 조사 내용에 맞게 빈칸을 채웁니다.

④ 합계가 맞는지 확인합니다.

그림그래프를 알아볼까요

- 그림그래프: 알려고 하는 수(조사한 수)를 그림으로 나타낸 그래프를 그림그래프라고 합니다.
- 그림그래프를 보고 알 수 있는 내용

(예)

사과 생산량

마을	생산량
진달래	
백합	
동백	
장미	

🍎10상자 🍎1상자

① 진달래 마을의 사과 생산량은 36상자입니다.
② 사과 생산량이 가장 많은 마을은 장미 마을입니다. →51상자
③ 사과 생산량이 가장 적은 마을은 백합 마을입니다. →18상자

그림그래프로 나타내어 볼까요

① 표를 보고 그림그래프로 나타내기

(예)

좋아하는 놀이 기구별 학생 수

놀이 기구	회전목마	회전 컵	바이킹	합계
학생 수(명)	16	37	15	68

⬇

좋아하는 놀이 기구별 학생 수

놀이 기구	학생 수
회전목마	◎ ○ ○ ○ ○ ○ ○
회전 컵	◎◎◎ ○ ○ ○ ○ ○ ○ ○
바이킹	◎ ○ ○ ○ ○ ○

◎10명 ○1명

② 10명, 5명, 1명을 단위로 그림그래프로 나타내기

좋아하는 놀이 기구별 학생 수

놀이 기구	학생 수
회전목마	◎ △ ○
회전 컵	◎◎◎△ ○ ○
바이킹	◎ △

◎10명 △5명 ○1명

---

1 □ 안에 알맞은 말을 써넣으세요.

> 알려고 하는 수(조사한 수)를 그림으로 나타낸 그래프를 [ ] 라고 합니다.

2 표에 대한 설명이면 '표', 그림그래프에 대한 설명이면 '그'를 써 보세요.

(1) 각각의 수와 합계를 쉽게 알 수 있습니다.
( )

(2) 각각의 자료의 수와 크기를 그림으로 쉽게 비교할 수 있습니다.
( )

3 그림그래프로 나타낼 때 다음을 ◎는 10명, △는 5명, ○는 1명으로 나타내어 보세요.

(1) 26명 ( )
(2) 17명 ( )

정답

1. 그림그래프
2. (1) 표 (2) 그
3. (1) ◎◎△○ (2) ◎△○○

수학

❀ 유나네 반 학생들이 좋아하는 음식을 조사하여 나타낸 표입니다. 물음에 답하세요. [1~4]

좋아하는 음식

음식	햄버거	자장면	라면	피자	합계
남학생 수(명)	3	3		2	12
여학생 수(명)	4		2	3	12

1 빈칸에 알맞은 수를 써넣으세요.

2 가장 많은 남학생들이 좋아하는 음식은 무엇인가요?

(   )

3 유나네 반 학생들이 가장 좋아하는 음식을 한 가지만 정해야 한다면 어떤 음식인지 써 보세요.

(   )

서술형

4 여학생과 남학생의 조사 내용이 어떻게 다른지 써 보세요.

_____

_____

❀ 정은이네 반 학생들의 취미 활동을 조사한 것입니다. 물음에 답하세요. [5~7]

학생들의 취미 활동

정은	민기	시은	수아	예서	철진
독서	게임	피아노	운동	독서	게임
형인	태경	은아	현아	유진	혜나
운동	게임	독서	독서	운동	피아노

5 조사한 학생은 모두 몇 명인가요?

(   )

6 조사한 자료를 보고 표를 완성해 보세요.

학생들의 취미 활동

취미 활동	독서	게임	운동	피아노	합계
학생 수(명)					

중요

7 가장 많은 학생들의 취미 활동을 찾아 써 보세요.

(   )

✿ 자연 체험 학습에서 모둠별로 관찰한 나비의 수를 조사하여 나타낸 그림그래프입니다. 물음에 답하세요. [8~11]

모둠별 관찰한 나비 수

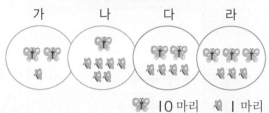

가   나   다   라

🦋 10 마리   🦋 1 마리

8 그림 🦋 과 🦋 은 각각 몇 마리를 나타내나요?

🦋 (   )

🦋 (   )

9 나 모둠에서 관찰한 나비는 몇 마리인가요?

(   )

10 나비를 가장 많이 관찰한 모둠은 어느 모둠인가요?

(   )

11 다 모둠은 가 모둠보다 몇 마리 더 많이 관찰했나요?

(   )

✿ 세진이네 마을 어린이들이 다니는 학교별 학생 수를 조사하여 나타낸 그림그래프입니다. 물음에 답하세요. [12~14]

학교별 학생 수

학교	학생 수
가	👤👤👤🧒🧒
나	👤👤👤🧒
다	👤👤👤👤👤👤👤
라	👤👤👤🧒🧒🧒🧒

👤 100명
🧒 10명

12 나 학교의 학생 수는 몇 명인가요?

(   )

잘 틀려요

13 학생 수가 두 번째로 많은 학교는 어디인가요?

(   )

서술형

14 학생 수가 가장 많은 학교와 가장 적은 학교의 학생 수의 차는 몇 명인지 풀이 과정을 쓰고 답을 구해 보세요.

_____

_____

_____

_____

(   )

✿ 화원별 장미 생산량을 조사하여 나타낸 표와 그림 그래프입니다. 물음에 답하세요. [15~17]

화원별 장미 생산량

화원	사랑	행복	소원	자연	합계
생산량 (상자)		210		310	1150

화원별 장미 생산량

화원	생산량
사랑	🌹🌹🌹🌹🌹🌹🌹🌹
행복	
소원	🌹🌹🌹🌹🌹🌹🌹🌹
자연	

🌹 100 상자
🌹 10 상자

15 사랑 화원의 장미 생산량은 모두 몇 상자인가요?

( )

16 소원 화원보다 장미 생산량이 더 많은 화원을 모두 찾아 써 보세요.

(,)

17 장미 생산량이 적은 화원부터 차례대로 이름을 써 보세요.

(, , ,)

✿ 도시별 병원 수를 조사하여 나타낸 그림그래프입니다. 물음에 답하세요. [18~20]

도시별 병원 수

도시	병원 수
가	
나	+++ +++++
다	++++
라	+++ ++

+ 10개
+ 1개

18 나 도시의 병원 수는 모두 몇 개인가요?

( )

19 가 도시의 병원 수는 라 도시의 병원 수의 $\frac{1}{2}$이라고 합니다. 가 도시에 알맞은 병원 수를 그려 넣으세요.

20 병원이 가장 많은 도시와 가장 적은 도시의 병원 수의 차는 몇 개인가요?

( )

1 그림그래프를 보고 표를 완성하려고 합니다. 풀이 과정을 쓰고 표를 완성하세요.

친구들이 가지고 있는 구슬 수

친구	민준	진아	보민	수영	합계
구슬 수(개)					114

① 그림그래프를 보고 민준, 진아, 수영이가 가지고 있는 구슬 수를 구합니다.
② 보민이가 가지고 있는 구슬 수를 구합니다.
③ 표를 완성합니다.

친구들이 가지고 있는 구슬 수

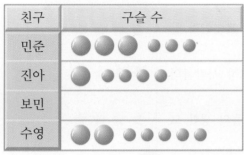

친구	구슬 수
민준	
진아	
보민	
수영	

⬤ 10개   ● 1개

풀이 _____

_____

2 마을별 쌀 생산량을 조사하여 나타낸 그림그래프입니다. 쌀을 가장 많이 생산한 마을과 가장 적게 생산한 마을의 생산량의 차는 몇 kg인지 풀이 과정을 쓰고 답을 구해 보세요.

① 쌀을 가장 많이 생산한 마을의 생산량을 구합니다.
② 쌀을 가장 적게 생산한 마을의 생산량을 구합니다.
③ 두 마을의 쌀 생산량의 차를 구합니다.

마을별 쌀 생산량

마을	생산량
매화	
난초	
국화	
대나무	

▦ 100kg
▪ 10kg

풀이 _____

_____

_____

답 _____

출제 예상 문제 분석

사회

단원명	주요 출제 내용	출제 빈도	공부한 날
1. 환경에 따라 다른 삶의 모습	• 자연환경과 인문환경이 무엇인지 알아보기	★★★★★	월 일
	• 땅의 생김새에 따른 고장 사람들의 생활 모습 살펴보기	★★★★	
	• 계절에 따른 고장 사람들의 생활 모습 살펴보기	★★★★	
	• 고장 사람들이 하는 일 살펴보기	★★★★★	
	• 고장 사람들의 여가 생활 모습 살펴보기	★★★	
	• 의식주가 무엇인지 알아보기	★★★★	
	• 우리 고장 사람들과 다른 고장 사람들의 의생활 모습 비교하기	★★★★★	
	• 우리 고장 사람들과 다른 고장 사람들의 식생활 모습 비교하기	★★★★★	
	• 우리 고장 사람들과 다른 고장 사람들의 주생활 모습 비교하기	★★★★★	
2. 시대마다 다른 삶의 모습	• 자연에서 얻은 도구를 사용하던 옛날의 생활 모습 알아보기	★★★★	월 일
	• 새로운 도구를 만들어 사용하던 옛날의 생활 모습 알아보기	★★★★★	
	• 농사 도구의 변화로 달라진 사람들의 생활 모습 알아보기	★★★★	

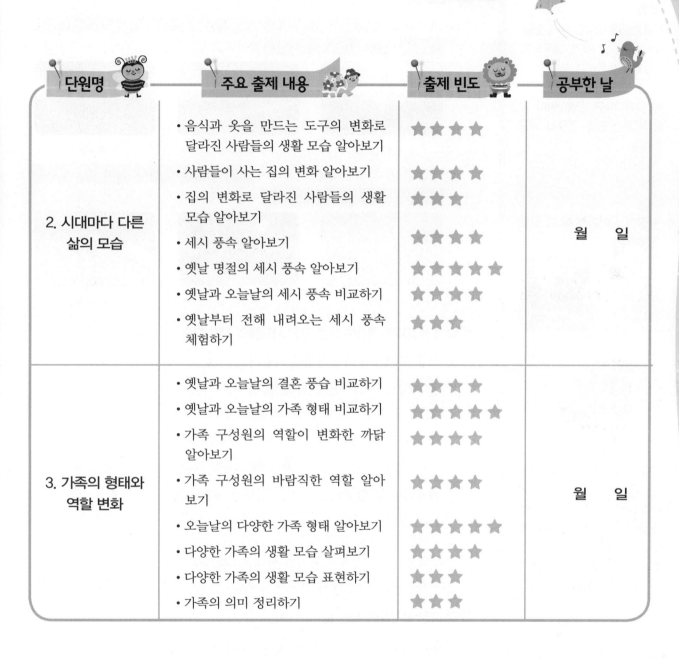

단원명	주요 출제 내용	출제 빈도	공부한 날
2. 시대마다 다른 삶의 모습	• 음식과 옷을 만드는 도구의 변화로 달라진 사람들의 생활 모습 알아보기	★★★	월 일
	• 사람들이 사는 집의 변화 알아보기	★★★★	
	• 집의 변화로 달라진 사람들의 생활 모습 알아보기	★★★	
	• 세시 풍속 알아보기	★★★★	
	• 옛날 명절의 세시 풍속 알아보기	★★★★★	
	• 옛날과 오늘날의 세시 풍속 비교하기	★★★★	
	• 옛날부터 전해 내려오는 세시 풍속 체험하기	★★★	
3. 가족의 형태와 역할 변화	• 옛날과 오늘날의 결혼 풍습 비교하기	★★★★	월 일
	• 옛날과 오늘날의 가족 형태 비교하기	★★★★★★	
	• 가족 구성원의 역할이 변화한 까닭 알아보기	★★★★	
	• 가족 구성원의 바람직한 역할 알아보기	★★★★	
	• 오늘날의 다양한 가족 형태 알아보기	★★★★★	
	• 다양한 가족의 생활 모습 살펴보기	★★★★	
	• 다양한 가족의 생활 모습 표현하기	★★★	
	• 가족의 의미 정리하기	★★★	

❶ 우리 고장의 환경과 생활 모습

자연환경과 인문환경
환경은 인간을 둘러싸고 있는 모든 것을 말하는 데 그중에서 인간이 만들지 않은 자연적인 것들을 자연환경이라고 합니다.

① 자연환경: 산, 들, 하천, 바다와 같은 땅의 생김새와 날씨에 영향을 주는 눈, 비, 바람. 기온 등을 자연환경이라고 합니다.

 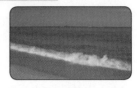 

▲ 산   ▲ 바다   ▲ 비

② 인문환경: 자연환경을 이용하여 고장 사람들이 만든 논과 밭, 과수원, 다리, 도로, 공장 등을 인문환경이라고 합니다.

▲ 논   ▲ 과수원   ▲ 도로

땅의 생김새와 계절에 따른 고장 사람들의 생활 모습

① 고장 사람들이 자연환경을 이용하는 모습

산	공원이나 등산로를 만들어 이용함.
들	농사를 짓거나 도로와 주택 등을 만듦.
하천	하천의 물을 생활용수와 공업용수로 이용함. → 주변에 공원을 만들어 이용하기도 합니다.
바다	바다에서 물고기를 잡거나 염전을 만들어 소금을 얻음.

② 계절에 따라 달라지는 고장 사람들의 생활 모습
- 봄: 주변의 산이나 공원으로 꽃구경을 갑니다.
- 여름: 더위를 피해 해수욕을 즐깁니다. → 얇은 옷을 입고 에어컨과 온풍기를 사용합니다.
- 가을: 논과 밭에서 곡식과 열매를 수확합니다.
- 겨울: 눈썰매장에서 신나게 썰매를 탑니다. → 두꺼운 옷을 입고 난로나 온풍기 등을 사용합니다.

각 고장 사람들이 하는 일

바다가 있는 고장	• 주로 물고기를 잡거나 김과 미역을 기르는 일을 함. • 물고기를 잡는 기구를 팔거나 수리하는 일을 함.
논과 밭이 있는 고장	• 주로 곡식과 채소 등을 재배함. • 가축을 기르는 일, 농기계를 팔거나 수리하는 일을 함.
도시	• 공장에서 물건을 만들거나 회사에 다님. • 백화점이나 할인점에서 물건을 팔고, 버스나 택시를 운전함.
산이 많은 고장	• 산비탈에 논과 밭을 만들어 벼와 채소를 재배함. • 목장에서 소를 키우기도 하고, 버섯을 기르기도 함.

→ 눈이 많이 내리는 곳에서는 산비탈을 이용해 스키장을 만들고 그 주변에서 식당이나 숙박 시설을 운영하기도 합니다.

❖ 고장 사람들의 여가 생활 모습
- 자연환경을 이용한 여가 생활: 낚시하기, 등산하기, 캠핑하기, 래프팅하기 등
- 인문환경을 이용한 여가 생활: 책 읽기, 야구 관람, 영화 감상, 박물관 관람, 컴퓨터 게임하기 등

❖ 사람이 살아가는 데 꼭 필요한 의식주

▲ 의   ▲ 식

▲ 주

사람이 살아가려면 몸을 보호하는 옷과 영양분을 얻기 위한 음식이 필요합니다. 또한 안전하고 편안하게 쉴 수 있는 집도 필요합니다. 이와 같은 것들을 '의식주'라고 합니다.

낱말 풀이

❶ **염전** 소금을 만들기 위하여 바닷물을 끌어들여 논처럼 만들어 놓은 곳.

❷ **소재** 어떤 것을 만드는 데 바탕이 되는 재료.

❸ **터** 집이나 건물을 지었거나 지을 자리.

❷ 환경에 따른 의식주 생활 모습

🖋 우리 고장 사람들과 다른 고장 사람들의 의생활 모습

① 우리 고장 사람들의 의생활 모습

여름	더위를 피하려고 바람이 잘 통하는 소재로 만든 옷을 입거나 햇볕을 막는 모자를 쓰기도 함.
겨울	추위를 막기 위해 두꺼운 옷을 입고 장갑을 끼거나 목도리를 두르기도 함.

② 세계 각 고장 사람들의 의생활 모습 → 낮과 밤의 기온차가 큰 고장에서는 낮의 뜨거운 햇볕을 막고 밤의 추위를 견디려고 망토와 같은 긴 옷을 걸치고 모자를 씁니다.

▲ 사우디아라비아

▲ 베트남

▲ 캐나다

🖋 우리 고장 사람들과 다른 고장 사람들의 식생활 모습

① 고장의 자연환경에 맞게 발달한 음식 → 강원도 영월에서는 감자 옹심이와 같은 음식이 유명한데 산지가 많아서 감자를 많이 재배하기 때문입니다.
- 평양냉면: 날씨가 서늘하고 비가 많이 내리지 않아 메밀을 많이 재배하며, 이 메밀로 면발을 만듭니다. → 안동은 바다와 멀어 생선을 운반하는 동안 상하지 않도록 소금에 절인 간고등어가 유명합니다.
- 전주비빔밥: 넓은 들과 산에서 쌀과 채소를 쉽게 구할 수 있고, 장맛도 좋습니다. → 서산 근처의 바닷가에서는 굴이 잘 자라서 어리굴젓을 많이 담습니다.

② 세계 여러 고장의 자연환경과 식생활

날씨가 덥고 습한 고장	바다로 둘러싸인 고장	산지가 있는 고장
파인애플, 바나나, 망고와 같은 열대 과일을 이용한 음식이 많음.	바다에서 해산물이 많이 잡히기 때문에 생선을 이용한 음식이 많음.	젖소를 많이 키워 여러 종류의 치즈를 이용한 음식이 많음.

🖋 우리 고장 사람들과 다른 고장 사람들의 주생활 모습

① 고장의 자연환경에 영향을 받은 집 → 고장마다 집의 형태가 다른 까닭은 날씨, 땅의 생김새에 따라 자연환경을 이용하거나 극복하는 모습이 다르기 때문입니다.

터돋움집	우데기집	너와집
여름철 홍수로 집이 물에 잠길 위험이 있는 고장에서는 땅 위에 터를 돋우어 높은 곳에 집을 지었음.	겨울철 눈이 많이 내리는 고장에서는 눈이 많이 와도 집 안을 자유롭게 다닐 수 있도록 우데기를 만들었음.	나무를 쉽게 구할 수 있는 고장에서는 나뭇조각으로 지붕을 얹은 집을 지었음.

② 세계 여러 고장의 자연환경과 주생활
- 러시아 이즈바: 추변에서 쉽게 구할 수 있는 통나무로 집을 지었습니다.
- 터키 동굴집: 화산 폭발이 있었던 고장에서는 화산 폭발로 만들어진 단단하지 않은 바위의 속을 파서 집을 지었습니다.

바로바로 체크

1 인문환경에 해당하는 것을 다음에서 찾아 쓰시오.

• 비	• 기온
• 도로	• 바다

(   )

2 고장 사람들이 하는 일에 대한 설명으로 바른 것에 ○표, 바르지 않은 것에 ×표 하시오.

(1) 바다가 있는 고장에 사는 사람들은 주로 물고기를 잡는다. (   )

(2) 도시에 사는 사람들은 가축을 기르고 농기계를 수리하는 일을 한다.
(   )

3 여름에는 □□를 피하려고 바람이 잘 통하는 소재로 만든 옷을 입습니다.

4 겨울철에 눈이 많이 내리는 고장에서 볼 수 있는 다음 집은 무엇인지 쓰시오.

(   )

🔹 정답

1. 도로 2. (1) ○ (2) × 3.
더위 4. 우데기집

사회

☆중요☆

1 다음 보기에서 자연환경에 속하는 것을 모두 찾아 기호를 쓰시오.

보기

㉠   ㉡   ㉢

㉣   ㉤   ㉥

(   )

2 다음 중 날씨에 영향을 주는 자연환경은 어느 것입니까? (   )

① 산   ② 들
③ 눈   ④ 하천
⑤ 바다

3 다음은 고장 사람들이 어떤 자연환경을 이용하는 모습입니까? (   )

① 산   ② 들
③ 하천   ④ 바다
⑤ 기온

✿경상북도 포항시의 평균 기온과 평균 강수량을 나타낸 다음 그래프를 보고, 물음에 답하시오. [4~5]

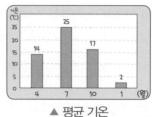 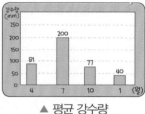

▲ 평균 기온   ▲ 평균 강수량

4 위 그래프를 보고, 바르게 설명한 것은 어느 것입니까? (   )

① 기온이 가장 낮은 달은 4월이다.
② 기온이 가장 높은 달은 10월이다.
③ 강수량이 가장 많은 달은 7월이다.
④ 강수량이 가장 적은 달은 10월이다.
⑤ 기온이 가장 높은 달에는 강수량이 가장 적다.

서술형

5 위와 같은 기온과 강수량을 나타내는 경상북도 포항시의 여름 날씨 특징은 무엇인지 쓰시오.

_____

_____

☆중요☆

6 고장 사람들의 가을철 생활 모습으로 알맞은 것은 어느 것입니까? (   )

① 썰매를 탄다.
② 꽃구경을 간다.
③ 해수욕을 즐긴다.
④ 단풍 구경을 간다.
⑤ 에어컨을 사용한다.

7 다음 속담과 관련 있는 계절은 언제인지 쓰시오.

> 오뉴월 소나기는 쇠등을 두고 다툰다.

(   )

8 고장 사람들이 주로 겨울에 사용하는 물건은 어느 것입니까? (   )

① 부채   ② 난로
③ 선풍기   ④ 에어컨
⑤ 물안경

9 다음과 같은 일을 하는 사람들이 모여 사는 고장과 가장 관계 깊은 자연환경은 어느 것입니까? (   )

① 산   ② 들
③ 하천   ④ 바다
⑤ 울창한 숲

10 도시에서 찾아보기 <u>어려운</u> 환경은 어느 것입니까? (   )

① 공장   ② 회사
③ 도로   ④ 아파트
⑤ 스키장

11 다음 여가 생활의 공통점은 무엇인지 쓰시오.

_____

_____

12 면담 조사를 통해 우리 고장 사람들이 즐기는 여가 생활 모습을 알아보려고 합니다. 가장 먼저 해야 할 일은 어느 것입니까? (   )

① 면담 계획을 세운다.
② 면담 대상자를 방문한다.
③ 상대방에게 조사 목적을 알린다.
④ 상대방에게 방문 계획을 알린다.
⑤ 면담 결과를 표나 그래프로 나타낸다.

13 다음 중 식생활에 포함되는 것은 어느 것입니까? (   )

① 빵   ② 옷
③ 한옥   ④ 장갑
⑤ 아파트

14 고장 사람들의 겨울철 의생활 모습으로 알맞은 것은 어느 것입니까? (   )

① 샌들을 신는다.
② 목도리를 두른다.
③ 얇은 옷을 입는다.
④ 햇볕을 막는 모자를 쓴다.
⑤ 바람이 잘 통하는 소재로 만든 옷을 입는다.

15 다음과 같은 의생활 모습을 볼 수 있는 고장의 기후에 대한 설명으로 알맞은 것은 어느 것입니까? (　　　)

① 춥고 눈이 많이 온다.
② 춥고 비가 많이 온다.
③ 덥고 비가 적게 내린다.
④ 덥고 비가 많이 내린다.
⑤ 낮과 밤의 기온 차가 크다.

16 넓은 들이 있고 장맛도 좋은 전주에서 발달한 음식은 어느 것입니까? (　　　)

①  ②

③  ④

17 각 고장마다 발달한 음식이 다른 까닭을 쓰시오.

_____

_____

18 치즈를 이용한 음식이 발달한 고장의 자연환경에 대한 설명으로 가장 알맞은 것은 어느 것입니까? (　　　)

① 산지가 있다.
② 날씨가 덥고 습하다.
③ 날씨가 춥고 건조하다.
④ 바다로 둘러싸여 있다.
⑤ 넓은 들이 펼쳐져 있다.

19 홍수로 인한 피해를 막기 위해 만든 집과 가장 관계 깊은 것은 무엇입니까? (　　　)

①  ②

③  ④

20 러시아에서 오른쪽과 같은 집을 지었던 까닭으로 알맞은 것은 어느 것입니까? (　　　)

① 눈이 오지 않기 때문에
② 날씨가 덥고 습하기 때문에
③ 여름철에 비가 많이 내리기 때문에
④ 주변 숲에서 나무를 쉽게 구할 수 있기 때문에
⑤ 화산 폭발로 만들어진 단단하지 않은 바위가 많기 때문에

1 우리 주변에서 볼 수 있는 다음 환경을 보고, 물음에 답하시오.

(가) 　　　(나)

(다) 　　　(라)

■ 환경
- 인간을 둘러싸고 있는 모든 것입니다.
- 인간이 만들지 않은 자연적인 것들을 자연환경이라고 하고, 인간이 자연을 토대로 만들어 낸 환경을 인문환경이라고 합니다.

(1) 위의 (가)~(라)는 자연환경과 인문환경 중 어디에 속하는지 쓰시오.

(가)	(나)	(다)	(라)

(2) 위 (1)의 구분을 참고하여 자연환경과 인문환경의 차이점은 무엇인지 쓰시오.

_____

_____

2 다음 사진을 보고, 물음에 답하시오.

(가)　　　　　(나)　　　　　(다)

■ 세계 각 고장의 의생활 모습

사우디 아라비아	긴 옷을 입고 머리에는 천을 둘러 감는다.
베트남	바람이 잘 통하는 긴 옷을 입고 챙이 넓은 모자를 쓴다.
캐나다	동물의 털과 가죽으로 만든 두꺼운 옷을 입고 발목까지 감싸는 부츠를 신는다.

(1) 위의 (가)~(다) 중에서 사막의 뜨거운 햇볕과 모래바람을 막는 데 알맞은 옷차림을 찾아 기호를 쓰시오.

(　　　　　　)

(2) 페루 사람들이 위 (다)와 같은 옷차림을 하는 까닭을 쓰시오.

_____

사
회

❶ 옛날과 오늘날의 생활 모습
• 옛날 사람들의 생활 모습은 박물관이나 유적지에서 엿볼 수 있습니다.

자연에서 얻은 도구를 사용하던 옛날의 생활 모습

돌을 깨뜨려서 만든 도구를 사용하던 시대	돌을 갈아서 만든 도구를 사용하던 시대
• 동물의 가죽이나 풀잎으로 옷을 만들어 입었음. • 열매를 따거나 동물을 사냥해 먹을거리를 얻었음. • 주로 동굴이나 바위 그늘에서 살았음.	• 먹을거리가 풍부한 강가나 해안가에 모여 살기 시작했음. • 강에서 물고기와 조개를 잡았으며, 농사를 짓고 가축을 길렀음. • 흙으로 그릇을 만들고 돌과 뼈를 다듬어 더 좋은 도구를 만들었음.

새로운 도구를 만들어 사용하던 옛날의 생활 모습
• 일상생활에서나 농사를 지을 때에는 여전히 돌과 나무로 만든 도구를 사용했습니다.

① 청동으로 도구를 만들던 시대의 생활 모습: 청동은 귀하고 다루기 어려워서 무기나 장신구, 제사를 지내는 도구를 만드는 데 주로 쓰였습니다.
② 사람들은 점차 청동보다 훨씬 단단한 철로 도구를 만들기 시작했습니다.
③ 철로 도구를 만들던 시대의 생활 모습
  • 철은 생활 도구와 무기로 널리 사용되었습니다.
  • 철로 만든 농사 도구를 사용하면서 농업은 크게 발달했고, 철로 만든 무기를 가진 사람들은 전쟁에서 쉽게 이길 수 있었습니다.

다양한 도구의 발달로 달라진 사람들의 생활 모습
① 농사 도구의 발달 — 농사 도구의 발달 덕분에 한 사람이 농사지을 수 있는 논밭의 넓이가 커졌고 수확하는 곡식의 양이 늘어났습니다.
  • 땅을 가는 도구: 돌괭이 → 철로 만든 괭이 → 쟁기 → 트랙터
  • 곡식을 수확하는 도구: 반달 돌칼 → 철로 만든 낫 → 탈곡기 → 수확기
  • 농사 도구가 발달하면서 사람들은 더 다양하고 많은 양의 곡식과 채소, 과일을 얻을 수 있게 되었습니다.
② 음식과 옷을 만드는 도구의 발달
  • 음식을 만드는 도구: 토기 → 시루 → 가마솥 → 전기밥솥
  • 옷을 만드는 도구: 가락바퀴 → 베틀 → 재봉틀, 방직기
  • 도구가 발달하면서 사람들은 음식을 편리하고 다양하게 만들어 먹을 수 있게 되었고, 다양한 종류의 옷을 쉽고 빠르게 만들 수 있게 되었습니다.

사람들이 살았던 집의 모습 변화

동굴	추위와 더위를 피하고 동물의 공격으로부터 몸을 보호했음.
움집	땅을 파서 기둥을 세우고 그 위에 풀과 짚을 덮어 만들었음.
귀틀집	통나무를 네모 모양으로 쌓아 올리고 진흙을 발라 만들었음.
초가집	나무와 흙으로 만들었으며, 해마다 볏짚을 엮어 지붕을 덮었음.
기와집	흙을 구워 만든 기와로 지붕을 덮었음.
아파트	여러 층으로 높게 지어 좁은 땅에도 많은 사람이 모여 살 수 있음.

• 기와집의 기와는 썩지 않아 초가집과 달리 지붕을 바꾸지 않고 오래 살 수 있었습니다.

❖ **박물관이나 유적지를 견학하면 좋은 점**
• 실제 유물의 생생한 모습을 볼 수 있습니다.
• 옛날 사람들의 생활 모습을 더 자세하게 알 수 있습니다.
• 다양한 체험 활동에 참여할 수 있습니다.

❖ **계절마다 나타나는 세시 풍속**

봄	한식에는 농사가 잘되기를 기원하며 조상들의 산소에 성묘했음.
여름	삼복에는 더운 날씨를 이겨 낼 수 있도록 영양이 풍부한 음식을 먹었음.
가을	추석에는 추수한 곡식과 과일로 차례를 지냈음.
겨울	새해에는 복을 받기를 기원하고, 정월 대보름에는 큰 보름달을 보며 풍년을 빌었음.

❖ **윷놀이와 관련된 세시 풍속**
• 옛날부터 설날과 정월 대보름 사이에 가정이나 마을에서 여럿이 함께 즐기던 놀이입니다.
• 옛날에는 마을 사람들이 함께 윷놀이를 하면서 마을의 평안과 풍년을 빌었습니다.

낱말 풀이

❶ **청동** 구리와 주석을 섞어 단단하게 만든 금속.
❷ **부럼** 정월 대보름의 이른 아침에 먹는 땅콩, 잣, 밤, 호두 등과 같은 딱딱한 열매.
❸ **야광귀** 설날 밤에 아이들 신발을 훔쳐 달아난다는 귀신.

❷ 옛날과 오늘날의 세시 풍속

🍃 명절과 세시 풍속

• 명절날 아침에는 조상들께 음식을 올리고 차례를 지냅니다.

① 명절은 사람들이 해마다 일정하게 지키어 즐기거나 기념하는 때를 말합니다. 설날과 추석은 우리나라의 대표적인 명절입니다.

② 설날, 추석 등 명절날에 하는 일과 놀이, 먹는 음식, 입는 옷과 같이 해마다 일정한 시기에 되풀이하여 행해 온 고유의 풍속을 '세시 풍속'이라고 합니다.

🍃 옛날 명절의 세시 풍속

• 음력으로 새해 첫 둥근 보름달이 뜨는 날입니다.

정월 대보름	쥐불놀이와 달집태우기를 하면서 나쁜 기운을 좇아내고 새해 소원을 빌었으며, 오곡밥을 먹고 ❷부럼을 깨물기도 했음.
한식	한 해 농사가 잘 되기를 기원하며 조상들의 산소에 성묘를 했음.
단오	여름을 시원하게 지내라는 의미로 서로 부채를 주고받았으며, 그네뛰기와 씨름 등 다양한 놀이를 즐겼음.
삼복	닭백숙이나 육개장처럼 영양이 풍부한 음식을 먹으면서 더위를 이겨 냈음.
추석	조상들께 감사의 의미로 차례를 지내고, 마을 사람들이 모여 줄다리기와 강강술래를 하며 풍년을 기원했음.
중양절	단풍이 든 산에 올라가 국화로 만든 술과 떡을 먹으며 건강을 기원했음.
동지	나쁜 기운을 좇는 의미로 팥죽을 만들어 먹었음.

• 일 년 중에 밤이 가장 긴 날입니다.

🍃 옛날과 오늘날의 세시 풍속 비교하기(예 설날)

• 오늘날에는 재미있는 전통 놀이로 윷놀이를 하지만 옛날에는 윷놀이로 한 해의 운세를 점쳤습니다.

옛날	• 윷놀이를 하며 한 해의 운세를 점치기도 했음. • 복조리를 걸어 놓고 복이 들어오기를 빌었음. • ❸야광귀에게 빼앗기지 않도록 신발을 방 안에 두었음.
오늘날	• 어른들께 세배를 드리고 멀리 사는 친척 집을 방문함. • 여러 가지 전통 놀이를 체험함.

⇨ 옛날이나 오늘날 모두 설날에는 차례를 지내고 어른들께 세배를 하며, 서로의 복을 기원합니다.

🍃 세시 풍속이 많이 바뀐 까닭

① 오늘날에는 옛날보다 교통과 통신, 과학의 발달로 직업이 다양해졌기 때문입니다.

② 옛날보다 농사를 짓는 사람들이 줄었기 때문에 농사와 관련된 풍속은 많이 사라졌습니다.

• 오늘날에는 대부분 사람들이 회사나 공장에서 일해서 날씨와 계절의 영향을 적게 받기 때문입니다.

③ 계절과 날씨의 영향을 적게 받으면서 계절별로 하던 세시 풍속을 오늘날에는 언제든지 할 수 있기 때문입니다.

④ 대부분 설날이나 추석과 같은 큰 명절을 중심으로 한 세시 풍속만 이어져 내려오고 있습니다.

바로바로 체크

1 다음 도구 중 사람들이 가장 먼저 사용한 것은 무엇인지 쓰시오.

• 돌	• 철
• 청동	• 플라스틱

(   )

2 ☐☐은 귀하고 다루기 어려워서 주로 무기나 장신구, 제사를 지내는 도구를 만드는 데 주로 쓰였습니다.

3 옛날 명절의 세시 풍속에 대한 설명으로 알맞은 것에 ○표 하시오.

(1) 정월 대보름에는 쥐불놀이와 달집태우기를 했다.
(   )

(2) 단오 때에는 국화로 만든 술과 떡을 먹었다.
(   )

(3) 동지에는 나쁜 기운을 좇는다는 의미로 팥죽을 먹었다. (   )

4 윷놀이를 하며 한 해의 운세를 점친 것은 (옛날, 오늘날) 설날의 세시 풍속입니다.

● 정답

1. 돌   2. 청동   3. (1) ○ (3) ○
4. 옛날

사회

1 옛날 사람들이 주로 동굴이나 바위 그늘에서 살았던 까닭을 두 가지 고르시오. (,   )

① 농사를 짓기 위해서
② 추위를 피하기 위해서
③ 물고기를 잡아먹기 위해서
④ 동물들의 공격을 막기 위해서
⑤ 먹을거리를 쉽게 구하기 위해서

중요

2 오른쪽과 같은 생활 도구를 사용하던 시대의 생활 모습으로 알맞지 <u>않은</u> 것은 어느 것입니까? (   )

① 가축을 길렀다.
② 농사를 지었다.
③ 흙으로 그릇을 만들었다.
④ 강에서 낚시 도구로 물고기를 잡았다.
⑤ 돌을 깨뜨려서 만든 도구를 사용하였다.

서술형

3 옛날 사람들의 생활 모습을 알기 위해 박물관이나 유적지를 견학했을 때의 좋은 점은 무엇인지 쓰시오.

_____

_____

중요

4 자연에서 얻은 돌과 나무로 도구를 만들어 사용하던 옛날 사람들이 금속으로 도구를 만들 때 처음으로 사용한 재료는 무엇입니까? (   )

① 금   ② 납
③ 철   ④ 은
⑤ 청동

5 다음과 같은 농경문 청동기에 새겨진 모습은 어느 것입니까? (   )

① 농사짓는 모습
② 전쟁을 하는 모습
③ 무기를 만드는 모습
④ 동물을 사냥하는 모습
⑤ 동굴에 모여 사는 모습

6 철로 만든 농사 도구를 사용하면서 달라진 점은 어느 것입니까? (   )

① 전쟁이 사라졌다.
② 수확량이 줄어들었다.
③ 농업이 크게 발달하였다.
④ 농사를 짓기가 어려워졌다.
⑤ 농사지을 땅이 줄어들었다.

7 처음으로 농사를 짓기 시작한 사람들이 땅을 갈 때 사용한 농사 도구는 무엇인지 쓰시오.

(   )

8 농사 도구의 발달에 대한 설명으로 알맞은 것은 어느 것입니까? (   )

① 트랙터 대신 쟁기를 사용한다.
② 탈곡기 대신 수확기를 사용한다.
③ 쟁기 대신 반달 돌칼을 사용한다.
④ 반달 돌칼 대신 돌괭이를 사용한다.
⑤ 철로 만든 낫 대신 청동으로 만든 낫을 사용한다.

✿ 다음 사진을 보고, 물음에 답하시오. [9~10]

(가)   (나)

(다)    (라)

9 위 사진의 도구가 발달한 순서에 맞게 기호를 쓰시오.

(   )

10 위 도구들의 공통적인 쓰임새로 알맞은 것은 어느 것입니까? (   )

① 옷을 만든다.   ② 집을 짓는다.
③ 음식을 만든다.   ④ 농사를 짓는다.
⑤ 가축을 기른다.

11 식물에서 얻은 실로 옷감을 만들 때 사용한 오른쪽 도구는 무엇인지 쓰시오.

(   )

12 귀틀집에 대한 설명으로 알맞은 것은 어느 것입니까? (   )

① 땅을 파고 기둥을 세워서 만들었다.
② 풀이나 짚, 갈대를 사용해 만들었다.
③ 흙을 구워 만든 기와로 지붕을 덮었다.
④ 쌓아 올린 통나무 사이에 진흙을 발라 만들었다.
⑤ 한 해 농사가 끝나면 볏짚을 새로 엮어 지붕을 덮었다.

13 다음 그림과 같은 온돌의 장점은 무엇인지 쓰시오.

_____

_____

14 기와집에서 살았던 사람들의 생활 모습으로 알맞은 것은 어느 것입니까? (   )

① 집 가운데에 불을 피웠다.
② 신분이 낮은 사람들이 살았다.
③ 집의 안채에서는 주로 여자들이 생활했다.
④ 거실과 주방이 연결되어 있고 화장실이 집 안에 있었다.
⑤ 집의 넓은 마당에서는 동물을 기르거나 농사와 관련된 여러 가지 일을 했다.

중요

15 설날이나 추석과 같은 명절에 대한 설명으로 알맞지 <u>않은</u> 것은 어느 것입니까? (   )

① 친척들을 만나 안부를 나눈다.

② 멀리 떨어진 다른 나라로 여행을 간다.

③ 한복을 입거나 깨끗한 새 옷을 입는다.

④ 아침에 조상들께 음식을 올리고 차례를 지낸다.

⑤ 해당 계절에 많이 나는 재료로 음식을 만들어 먹는다.

16 다음 빈칸에 들어갈 알맞은 말을 쓰시오.

> 설날, 추석 등 명절날에 하는 일과 놀이, 먹는 음식, 입는 옷과 같이 해마다 일정한 시기에 되풀이하여 행해 온 고유의 풍속을 (   )이라고 한다.

(   )

서술형

17 음력 1월 15일인 정월 대보름에 다음과 같은 세시 풍속을 행한 까닭을 쓰시오.

▲ 쥐불놀이   ▲ 달집태우기

_____

_____

18 다음 설명과 관계있는 명절은 어느 것입니까? (   )

> 불을 사용하지 않고 찬 음식을 먹는 풍속이 있었으며, 한 해 농사가 잘되기를 기원하며 조상들의 산소에 성묘를 했다.

① 설날   ② 동지

③ 단오   ④ 한식

⑤ 추석

중요

19 동지에 대한 설명으로 알맞은 것은 어느 것입니까? (   )

① 음력 8월 15일이다.

② 서로 부채를 나누었다.

③ 팥죽을 만들어 먹었다.

④ 창포물에 머리를 감았다.

⑤ 더위를 피해 시원한 계곡이나 산으로 놀러 갔다.

20 옛날부터 전해 내려오는 세시 풍속이 시간이 흐르면서 많이 바뀐 까닭으로 알맞지 <u>않은</u> 것은 어느 것입니까? (   )

① 과학 기술의 발달로 직업이 다양해졌기 때문에

② 옛날보다 농사를 짓는 사람들이 많아졌기 때문에

③ 오늘날에는 옛날보다 교통과 통신이 발달했기 때문에

④ 옛날에는 계절별로 하던 세시 풍속을 오늘날에는 언제든지 할 수 있기 때문에

⑤ 오늘날에는 대부분의 사람들이 회사나 공장 등에서 일하여 날씨와 계절의 영향을 적게 받기 때문에

1 다음과 같은 집에 사는 사람들의 생활 모습을 보고, 물음에 답하시오.

(가)

(나)

(1) 옛날에 사람들이 살았던 위 집의 이름은 무엇인지 쓰시오.

(가)	(나)

(2) 위 (가), (나) 집에 살았던 사람들의 특징적인 생활 모습은 무엇인지 쓰시오.

• (가): _____

_____

• (나): _____

_____

2 옛날 설날에 다음 (가), (나)와 같은 세시 풍속을 행했던 까닭은 무엇인지 쓰시오.

(가)

(나)

• (가): _____

• (나): _____

여러 가지 집의 특징

움집	땅을 파서 기둥을 세우고 비바람을 막으려고 그 위에 풀과 짚을 덮어 움집을 만들었다.
초가집	농사를 짓던 사람들이 나무와 흙으로 만들었으며, 한 해 농사가 끝나면 볏짚을 엮어 새로 지붕을 덮었다.
기와집	흙을 구워 만든 기와로 지붕을 덮어 튼튼하고 불에 탈 걱정이 없었다.

옛날의 설날 세시 풍속

• 오늘날에는 재미로 윷놀이를 하지만 옛날에는 윷놀이를 하면서 한 해의 운세를 점치기도 했습니다.

• 야광귀에게 빼앗기지 않도록 신발을 방 안에 두었습니다.

• 설빔을 입고 어른께 세배를 하고, 복조리를 걸어 놓고 복이 많이 들어오기를 빌었습니다.

사
회

3. 가족의 형태와 역할 변화

❶ 가족의 구성과 역할 변화

옛날의 결혼식과 오늘날의 결혼식 → 옛날에는 신랑의 집에서 신랑의 부모님께 폐백을 드렸지만, 오늘날에는 결혼식장에 있는 폐백실에서 신랑과 신부의 부모님께 폐백을 드립니다.

구분	사는 곳	특징
장소	신부의 집	결혼식장
입는 옷	한복	턱시도, 웨딩드레스
결혼식 순서	신부의 집으로 가기 → 혼례 치르기 → 신랑의 집으로 이동하기 → 폐백 드리기	신랑, 신부 입장 → 혼인 서약 → 결혼반지 주고받기 → 폐백 드리기 → 신혼여행 가기
주고받는 것	나무 기러기	결혼반지
결혼식 후에 하는 일	신부의 집에서 혼례를 마친 후 신랑의 집으로 감.	신혼여행을 감.

옛날과 오늘날의 가족 형태

① 확대 가족과 핵가족 → 확대 가족은 가족의 수가 많은 편이지만 핵가족은 가족의 수가 상대적으로 적습니다.

확대 가족	핵가족
결혼한 자녀와 부모가 함께 사는 가족	결혼하지 않은 자녀와 부모가 함께 사는 가족

② 옛날과 오늘날의 가족 형태: 농사를 주로 짓던 옛날에는 확대 가족이 대부분이었지만, 오늘날에는 핵가족이 더 많습니다.

③ 오늘날 핵가족이 많은 까닭
- 취업이나 자녀 교육을 위해 다른 지역으로 이사를 가기 때문입니다.
- 개인 생활을 위해 독립하는 경우가 늘어났기 때문입니다.

가족 구성원의 역할이 변화한 까닭

① 옛날에는 집안일은 주로 여자가 하고 바깥일은 주로 남자가 하는 등 가족 구성원의 역할이 구분되어 있었습니다.

② 오늘날 가족 구성원의 역할 변화 → 오늘날의 여성은 옛날에 비해 다양한 사회 분야에 진출해 다양한 직업을 가지고 일하고 있습니다.
- 부모가 모두 일하는 경우가 많아졌고, 부모가 함께 자녀를 돌봅니다.
- 집안일을 가족 구성원이 함께 나누어합니다.
- 집안의 중요한 일을 가족 구성원이 함께 의논해 결정합니다.

③ 가족 구성원의 역할이 변화하게 된 까닭
- 교육 받을 기회가 동등해지면서 여성의 사회 진출이 활발해졌습니다.
- 남녀 평등 의식이 높아지면서 가족 구성원의 역할도 변화했습니다.

❖ 옛날과 오늘날의 결혼식에서 변하지 않는 점
- 가족과 친척이 모여 신랑과 신부의 행복한 미래를 축복해 줍니다.
- 신랑, 신부가 오랫동안 행복하기를 바라는 마음입니다.
- 두 사람이 부부가 되는 것을 많은 사람에게 알리는 점입니다.
- 신랑과 신부가 서로를 지켜줄 것이라는 약속입니다.

❖ 가족 간의 갈등을 해결하기 위해 필요한 자세
- 자신의 편안함을 추구하기보다 가족 안에서 자신의 역할을 바로 알고 실천합니다.
- 갈등을 피하려고만 하지 말고 대화를 하면서 서로의 생각을 나누는 것이 필요합니다.
- 사랑하는 마음을 전하려면 다정하게 말하고 서로 존중하는 태도를 지녀야 합니다.
- 가족 모두가 서로 존중하고 배려해야 합니다.

낱말 풀이

❶ 혼례 남녀가 부부 관계를 맺는 서약을 하는 의식으로 결혼식을 가리킴.

❷ 취업 일정한 직업을 잡아 직장에 나감.

❸ 입양 혈연관계가 아닌 사람들이 법률적으로 친부모와 친자식의 관계를 맺음.

❷ 다양한 가족이 살아가는 모습

주변에서 볼 수 있는 다양한 가족 형태 → 우리 사회에는 우리 가족과 같거나 비슷한 형태의 가족도 있고, 다른 형태의 가족도 있습니다.

▲ 조손 가족

▲ 재혼 가족

▲ 한 부모 가족

▲ 입양 가족

▲ 다문화 가족

▲ 맞벌이 가족

다양한 가족의 생활 모습 살펴보고 표현하기 → 가족마다 그 형태나 구성원이 다르기 때문에 살아가는 모습도 다양합니다.

① 다양한 가족의 생활 모습 살펴보기(예 신문 기사)

20○○년 ○월 ○일

우리 가족 참 많죠?

김□□ 씨 부부의 자녀들은 모두 10명이다. 그 중에 8명은 가슴으로 낳은, 입양한 아이들이다. 몇 명의 아이에게 장애가 있지만, 김□□ 씨 부부는 모든 아이가 건강하게 자라도록 사랑으로 보살피고 있다. 아이들도 부모님처럼 다른 사람들을 도와주며 사는 것이 꿈이다.
└→ 많은 아이를 입양해서 키우고 있는 가족의 이야기입니다.

② 다양한 가족의 생활 모습을 표현하는 방법
  • 여러 가족이 사이좋게 지내는 모습을 그림으로 그려 봅니다.
  • 각 가족의 특징을 만화로 구성해 봅니다.
  • 다양한 형태의 가족이 서로 돕는 장면을 역할극으로 표현해 봅니다.
  • 살아가는 모습을 노랫말로 바꾸어 봅니다. └→ 직접 인물이 되어서 상황을 이해하기 좋습니다.

바람직한 가족의 역할

① 가족의 역할 → 가족의 형태가 달라도 그들의 가정은 그 가족 구성원들에게 중요한 보금자리입니다.
  • 가족은 우리가 실수했을 때에도 이해해 주고 자신감과 용기를 가질 수 있도록 항상 격려해 줍니다.
  • 가족과 생활하며 사회생활에 필요한 여러 가지 규칙과 예절을 배웁니다.
② 바람직한 가족의 모습 → 서로의 부족함을 채워주는 가족도 바람직한 가족의 모습입니다.
  • 서로 도와주고 자기 일을 스스로 하는 가족
  • 서로 이해하고 모든 일에 감사하는 가족

바로바로 체크

1 옛날과 오늘날 중 어느 때의 결혼식 모습을 나타낸 것인지 쓰시오.

(   )

2 옛날에는 주로 농사를 지어 일손이 많이 필요했기 때문에 □□□□이 대부분이었습니다.

3 옛날 가족 구성원의 모습에는 '옛', 오늘날 가족 구성원의 모습에는 '오'라고 쓰시오.
  (1) 가장인 아버지의 뜻에 따라 집안의 중요한 일을 결정한다. (   )
  (2) 가족 구성원의 의견을 존중하고 중요한 일은 함께 의논해 결정한다. (   )

4 부모님 중 한 분이 외국인인 가족의 형태는 무엇인지 다음에서 찾아 쓰시오.

  • 조손 가족
  • 다문화 가족

(   )

정답

1. 오늘날   2. 확대 가족   3. (1) 옛
(2) 오   4. 다문화 가족

사회

1 다음 결혼식 모습에 대한 설명으로 알맞은 것은 어느 것입니까? (   )

① 결혼식장에서 결혼식을 한다.
② 옛날에 볼 수 있는 결혼식 모습이다.
③ 공원, 정원 등 야외에서 결혼식을 한다.
④ 외국에서만 볼 수 있는 결혼식 모습이다.
⑤ 여러 쌍의 신랑, 신부가 함께 결혼식을 한다.

2 옛날의 결혼식 과정 중에서 가장 먼저 했던 일은 무엇입니까? (   )

① 폐백을 드린다.
② 신부의 집에서 며칠을 지낸다.
③ 신랑과 신부가 신랑의 집으로 간다.
④ 신랑과 신부가 마주 보고 큰절을 올린다.
⑤ 신랑이 신부 측에 나무 기러기를 건네준다.

중요

3 다음 중 옛날 결혼식과 관계 없는 것은 어느 것입니까? (   )

① 한복   ② 가마
③ 폐백   ④ 웨딩드레스
⑤ 나무 기러기

4 다음과 같이 결혼식을 마치고 신부가 신랑의 집안 어른들께 첫인사를 올리는 것을 무엇이라고 하는지 쓰시오.

(   )

중요

5 옛날과 오늘날의 결혼식 모습에서 달라지지 않은 것은 무엇입니까? (   )

① 결혼식 때 입는 옷
② 결혼식을 하는 장소
③ 결혼식을 축하해 주는 마음
④ 결혼식을 할 때 주고받는 것
⑤ 결혼식이 끝난 후에 하는 일

6 다음 보기 에서 확대 가족의 구성원끼리 묶인 것을 찾아 기호를 쓰시오.

보기
㉠ 아버지, 어머니, 나
㉡ 아버지, 어머니, 나, 동생
㉢ 아버지, 어머니, 오빠, 나, 동생
㉣ 할아버지, 할머니, 아버지, 어머니, 나

(   )

7 다음과 같이 가족 형태가 변한 까닭은 무엇인지 쓰시오.

> 옛날에는 확대 가족이 많았는데 오늘날에는 핵가족이 더 많아졌다.

_____

잘 틀려요

8 옛날 가족의 생활 모습에 대한 설명으로 알맞은 것은 어느 것입니까? (   )

① 여자아이는 글공부를 했다.
② 집안일은 주로 여자들이 담당했다.
③ 할머니는 농사일이나 바깥일을 하셨다.
④ 아버지는 아이를 돌보고 집안일을 하셨다.
⑤ 남자아이는 어머니를 도와 집안일을 했다.

중요

9 오늘날 가족 구성원의 역할이 변화한 까닭으로 알맞지 않은 것은 어느 것입니까? (   )

① 핵가족이 증가했기 때문에
② 남녀 평등 의식이 높아졌기 때문에
③ 교육 받을 기회가 동등해졌기 때문에
④ 여성의 사회 진출이 활발해졌기 때문에
⑤ 남녀의 역할 구분이 뚜렷해졌기 때문에

10 가족 구성원 사이의 갈등 상황을 역할극으로 꾸미는 순서에 맞게 기호를 쓰시오.

> ㉠ 문제 상황 인식하기
> ㉡ 역할에 따라 공연하기
> ㉢ 역할 분석 및 역할놀이 준비하기

(   )

11 가족 갈등이 발생하는 까닭으로 가장 알맞은 것은 어느 것입니까? (   )

① 가족 간의 대화가 많기 때문에
② 맞벌이 가정이 많아졌기 때문에
③ 가족 구성원들의 생각이 다르기 때문에
④ 가족 구성원들의 소득이 다르기 때문에
⑤ 가족회의를 열어 집안일을 의논하기 때문에

12 가족 간의 갈등을 해결하기 위해 필요한 자세로 알맞지 않은 것은 어느 것입니까? (   )

① 대화를 한다.
② 서로 이해한다.
③ 서로 배려한다.
④ 서로 협력한다.
⑤ 서로 관심을 갖지 않는다.

13 다음에서 설명하는 것은 무엇인지 쓰시오.

> 온 가족이 모여 이야기를 나누는 것으로, 가족이 가지고 있는 문제를 알고 행복한 가정을 만들기 위해 실천할 수 있는 구체적인 해결 방법을 찾기 위해 필요하다.

(   )

14 부부가 헤어진 뒤 다른 사람과 결혼하면서 만들어진 가족의 형태는 무엇입니까? (   )

① 핵가족   ② 입양 가족
③ 재혼 가족   ④ 확대 가족
⑤ 한 부모 가족

사회

15 다음과 같은 가족의 좋은 점은 무엇인지 쓰시오.

> 국적과 문화가 다른 남녀가 만나 이루어진 가족으로, 부모님 중 한 분이 외국인이다.

_____

_____

중요

16 다음 중 입양 가족에 대한 설명으로 알맞은 것은 어느 것입니까? (   )

① 자녀를 입양하여 만들어진 가족
② 자녀를 출산하여 만들어진 가족
③ 결혼한 자녀와 부모가 함께 사는 가족
④ 결혼하지 않은 자녀와 부모가 함께 사는 가족
⑤ 다른 나라에서 자녀와 함께 이민을 와 만들어진 가족

17 다음 빈칸에 공통으로 들어갈 말은 어느 것입니까? (   )

> 개, 고양이, 물고기 등 다양한 (   )동물과 함께 생활하는 사람들이 1,000만 명을 넘어섰다. 많은 사람들이 (   )동물을 가족 구성원으로 생각한다.

① 애완   ② 친구   ③ 반려
④ 동생   ⑤ 배우자

18 다음 자료는 가족의 생활 모습을 어떤 방법으로 나타낸 것입니까? (   )

> 20○○년 ○○월 ○○일
>
> **우리 가족 참 많죠?**
>
>  김□□ 씨 부부의 자녀들은 모두 10명이다. 그중에 8명은 가슴으로 낳은, 입양한 아이들이다. 몇 명의 아이에게 장애가 있지만, 김□□ 씨 부부는 모든 아이가 건강하게 자라도록 사랑으로 보살피고 있다.

① 시   ② 소설
③ 일기   ④ 만화
⑤ 신문 기사

19 다음 시에 나타난 가족 형태는 무엇인지 쓰시오.

> **우리 엄마**
>
> 우리가 서로 다른 나라 사람이래요.
> 엄마랑 나는 생긴 것도 비슷하고 같이 사는데
> 우리가 서로 다른 나라 사람이래요.
>
> 할머니는 중국에 계세요.
> 엄마는 할머니와 전화할 때
> 행복하게 웃어요.
> 나도 엄마랑 이야기하면 행복해서 웃어요.

(   )

20 다양한 가족의 모습을 보고, 우리들이 가져야 할 바람직한 태도는 무엇인지 쓰시오.

_____

_____

1 옛날과 오늘날의 행사 모습을 나타낸 다음 두 사진을 보고, 물음에 답하시오.

(가) 　　　(나)

(1) 위의 (가)와 (나)는 공통적으로 어떤 행사를 치르는 모습인지 쓰시오.

(　　　　　　)

(2) 위와 같이 옛날과 오늘날에 행사를 치르는 모습은 많이 달라졌지만 변하지 않은 점도 있습니다. 변하지 않은 점은 무엇인지 쓰시오.

_____

_____

- **결혼식**
  - 두 사람이 부부가 되어 새로운 가정을 이루는 중요한 의식입니다.
  - 남자와 여자가 만나 결혼을 하여 새로운 가족이 만들어집니다.
  - 오늘날의 결혼식 모습은 옛날과 달라졌지만, 그 속에 담긴 의미는 변함이 없습니다.

2 다음 자료를 보고, 물음에 답하시오.

제목: 알록달록 무지개 마을
설명: 일곱 빛깔이 어우러진 무지개가 아름다운 것처럼 다양한 형태의 가족이 어우러질 때 아름다운 사회를 이룰 수 있을 것이다.

(1) 위의 자료는 가족의 생활 모습을 어떤 방법으로 나타낸 것인지 쓰시오.

(　　　　　　)으로 표현하기

(2) 위의 자료에 무지개를 그려 넣은 까닭은 무엇인지 쓰시오.

_____

_____

- **다양한 가족의 생활 모습**
  - 가족마다 그 형태나 구성원이 다르기 때문에 살아가는 모습도 다양합니다.
  - 다양한 가족의 생활 모습은 만화, 신문 기사, 영화, 시, 퍼즐, 그림, 역할극 대본 등으로 나타낼 수 있습니다.
  - 다양한 형태의 가족이 어우러져 살아갈 때 아름다운 사회를 이룰 수 있습니다.

출제 예상 문제 분석 과학

단원명	주요 출제 내용	출제 빈도	공부한 날
1. 재미있는 나의 탐구	• 스스로 탐구하고 검증할 수 있는 탐구 문제 정하기	★★★★	월 일
	• 탐구 문제를 해결할 탐구 계획 세우기	★★★★	
	• 탐구 계획에 따라 탐구 실행하기	★★★★	
	• 탐구 결과를 정리하여 발표 자료 만들기	★★★★	
	• 발표 자료를 이용하여 탐구 결과를 발표하기	★★★★	
2. 동물의 생활	• 동물을 관찰하여 특징을 알고, 분류할 수 있는 기준 세우기	★★★★	월 일
	• 땅에서 사는 동물의 특징 알아보기	★★★★★	
	• 사막에서 사는 동물의 특징 알아보기	★★★★★	
	• 물에서 사는 동물의 특징 알아보기	★★★★★	
	• 날아다니는 동물의 특징 알아보기	★★★★★	
	• 동물의 특징을 활용한 예 알아보기	★★★★	
	• 동물의 특징을 활용한 로봇을 설계하기	★★★	
3. 지표의 변화	• 흙 언덕 깃발 지키기 놀이하기	★★★	월 일
	• 흙이 만들어지는 과정 알아보기	★★★★	
	• 운동장 흙과 화단 흙의 특징 비교하기	★★★★★	
	• 흐르는 물의 작용에 따른 지표의 변화 알아보기	★★★★★	
	• 강과 바닷가 주변의 모습 알아보기	★★★★★	
	• 흙을 보존하기 위한 시설물 만들기	★★★	

단원명	주요 출제 내용	출제 빈도	공부한 날
4. 물질의 상태	• 광고풍선 만들기	★★★	월 일
	• 나무 막대, 물, 공기의 특징 비교하기	★★★★	
	• 고체의 성질 알아보기	★★★★★	
	• 액체의 성질 알아보기	★★★★★	
	• 우리 주변에 공기가 있음을 알아보기	★★★★★	
	• 기체가 공간을 차지하는 성질 알아보기	★★★★★	
	• 기체가 다른 곳으로 이동하는 성질 알아보기	★★★★★	
	• 기체는 무게가 있음을 알아보는 실험하기	★★★★	
	• 고체, 액체, 기체를 이용해 장난감 만들기	★★★	
5. 소리의 성질	• '소리의 주인공 추리하기' 놀이하기	★★★	월 일
	• 물체에서 소리가 날 때의 공통점 알아보기	★★★★★	
	• 소리의 세기와 높낮이 알아보기	★★★★★	
	• 소리의 전달 알아보기	★★★★★	
	• 소리의 반사 알아보기	★★★★★	
	• 소음을 줄이는 방법 알아보기	★★★	
	• 다양한 소리로 인형극 꾸미기	★★★	

1. 재미있는 나의 탐구

✦ 자석에 붙은 클립의 개수 알아보기 예

▲ 막대자석 한 개를 클립 더미에 가까이 가져갔을 때

▲ 막대자석 두 개를 길게 이어 붙인 것을 클립 더미에 가까이 가져갔을 때

낱말 풀이

❶ **탐구** 필요한 것을 조사하여 찾아내거나 얻어 냄.

❷ **적절** 꼭 알맞음.

❸ **실행** 실제로 행함.

✐ 탐구 문제를 정해 볼까요?

① 탐구 문제 정하기

· 궁금한 것 기록하기: 수업 시간에 배운 내용과 우리 생활에서 관찰한 것 중에서 궁금했던 것을 떠올리고 기록합니다.

· 탐구 문제 정하기: 궁금한 것 중에서 한 가지를 골라 탐구 문제로 정합니다. → 스스로 해결할 수 있는 문제를 정합니다.

② 여러 가지 탐구 문제 예

· 막대자석 두 개를 길게 이어 붙이면 막대자석 한 개보다 클립이 더 많이 붙을까?

· 막대자석을 얼마나 가까이 가져가야 쇠구슬이 움직이기 시작할까?

· 달의 충돌 구덩이는 어떻게 만들어진 것일까?

③ 탐구 문제가 적절한지를 스스로 확인할 내용

· 탐구하고 싶은 내용이 문제에 분명하게 드러나 있는지 확인합니다.

· 스스로 탐구할 수 있는 문제인지 확인합니다.

✐ 탐구 계획을 세워 볼까요?

① 탐구 계획 세우기

· 탐구 문제를 해결할 방법 정하기: 탐구 문제를 해결하려면 실험을 어떻게 할지를 정해야 합니다. → 실험에서 다르게 해야 할 것과 그에 따라 바뀌는 것은 무엇일지 생각해야 합니다.

· 탐구 계획 세우기: 탐구 문제, 탐구 문제를 해결할 방법, 탐구 순서, 준비물, 예상되는 결과가 있어야 합니다.

· 탐구 계획 발표하기: 탐구 계획에 대한 친구들의 의견을 듣고 부족한 부분이 있다면 보충합니다.

② 탐구 계획을 세워 표로 정리하기 예

탐구 문제	막대자석 두 개를 길게 이어 붙이면 막대자석 한 개보다 클립이 더 많이 붙을까?	
탐구 문제를 해결할 방법	다르게 해야 할 것	자석의 개수
	그에 따라 바뀌는 것	자석에 붙은 클립의 개수
탐구 순서	❶ 막대자석 한 개를 클립 더미에 가까이 가져갔다가 들어 올려 자석에 붙은 클립의 개수를 센다. → 클립은 한 번 사용하면 자석의 성질을 띠게 되므로 한 번 사용했던 클립을 연속해서 사용하지 않습니다. ❷ 자석에 붙은 클립을 떼어 내 따로 두고, 과정 ❶을 두 번 더 반복한다. ❸ 막대자석 두 개를 길게 이어 붙인 것을 클립 더미에 가까이 가져갔다가 들어 올려 자석에 붙은 클립의 개수를 센다. ❹ 자석에 붙은 클립을 떼어 내 따로 두고, 과정 ❸을 두 번 더 반복한다. → 막대자석에 붙는 클립의 개수가 매번 다를 것이므로 세 번 반복해서 측정하는 것이 좋습니다.	
준비물	크기가 같은 막대자석 두 개, 클립 여러 통	
예상되는 결과	막대자석 두 개를 길게 이어 붙이면 막대자석 한 개보다 클립이 두 배 더 많이 붙을 것이다.	

🖋 탐구를 실행해 볼까요?

① 탐구 실행하기: 탐구 결과를 어떻게 기록할지를 정한 다음, 탐구 계획에 따라 탐구를 실행합니다.

② 탐구 계획에 따라 탐구를 실행한 결과 예

막대자석의 개수	자석에 붙은 클립의 개수(개)		
	1회	2회	3회
1개	32	30	31
2개	41	41	40

• 탐구를 실행하면서 나타나는 결과를 사실대로 빠짐없이 기록해야 합니다.

• 탐구를 하여 알게 된 것: 예 막대자석 두 개를 길게 이어 붙이면 막대자석 한 개보다 클립이 더 많이 붙습니다.

• 탐구를 하기 전에 예상한 결과와 실제 탐구 결과 비교하기: 예 예상한 대로 클립이 더 많이 붙었지만, 두 배만큼 많이 붙지는 않았습니다.

🖋 탐구 결과를 발표해 볼까요?

① 탐구를 실행한 다음에는 탐구한 내용을 정리하여 발표합니다.

② 탐구 결과 발표하기

• 발표 방법 정하기: 탐구 결과를 쉽게 전달할 수 있는 발표 방법을 정합니다.

• 발표 자료 만들기: 탐구 문제, 탐구한 사람, 탐구한 때와 장소, 준비물, 탐구 순서, 탐구 결과, 탐구를 하여 알게 된 것 등이 들어가도록 발표 자료를 만듭니다. ┐ 발표 자료는 표나 그래프, 사진 등을 이용하여 다른 사람이 이해하기 쉽게 만드는 것이 좋습니다.

• 탐구 결과 발표하기: 탐구 결과를 발표하고, 친구들의 질문에 대답합니다.

🖋 새로운 탐구를 시작해 볼까요?

① 생각그물을 이용해 우리 주변에서 궁금한 것 찾기

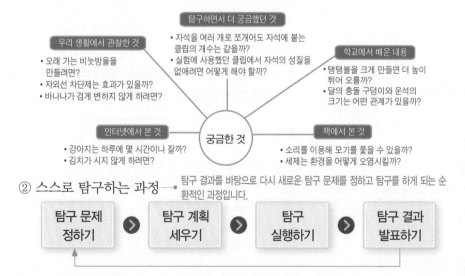

② 스스로 탐구하는 과정 → 탐구 결과를 바탕으로 다시 새로운 탐구 문제를 정하고 탐구를 하게 되는 순환적인 과정입니다.

1 ( ) 안에 알맞은 말을 쓰시오.

> 궁금한 것을 ( )로 정하고, 탐구를 시작한다.

( )

2 탐구 문제를 정한 다음 해야 할 일을 쓰시오.

_____

3 탐구를 실행하는 방법으로 바른 것은 ○표, 바르지 않은 것은 ×표 하시오.

(1) 탐구 계획에 따라 탐구를 실행합니다. ( )

(2) 탐구를 실행하면서 나타나는 결과 중 한 가지만 기록합니다. ( )

4 탐구 과정을 순서대로 기호를 쓰시오.

> ㉠ 탐구 실행하기
> ㉡ 탐구 결과 발표하기
> ㉢ 탐구 문제 정하기
> ㉣ 탐구 계획 세우기

(㉢)

● 정답

1. 탐구 문제 2. 탐구 계획을 세운다. 3. (1) ○ (2)× 4. ㉢ ㉣ ㉠ ㉡

과학

1 탐구 문제를 정할 때 궁금한 것을 잊지 않도록 하기 위해서는 어떻게 해야 합니까? (　　)

① 궁금한 것을 검색한다.
② 탐구 문제를 분류한다.
③ 궁금한 것을 기록한다.
④ 탐구 계획을 세워야 한다.
⑤ 탐구 문제를 친구에게 소개한다.

2 탐구 문제를 정하는 방법을 순서대로 기호를 쓰시오.

> ㉠ 탐구 문제를 정하기
> ㉡ 궁금했던 것을 떠올리기
> ㉢ 궁금한 것을 기록하기

（　　　　　　　　）

3 탐구 문제로 적절한 것이 <u>아닌</u> 것은 어느 것입니까? (　　)

① 이미 답을 알고 있어야 한다.
② 스스로 탐구할 수 있어야 한다.
③ 흥미와 호기심을 느낄 수 있어야 한다.
④ 탐구하고 싶은 내용이 탐구 문제에 드러나야 한다.
⑤ 다른 사람이 탐구 문제를 쉽게 이해할 수 있어야 한다.

4 탐구 문제로 알맞지 <u>않은</u> 것은 어느 것입니까?
（　　）

① 잃어버린 지갑을 어떻게 찾을 수 있을까?
② 어떻게 하면 잘 부서지지 않는 탱탱볼을 만들 수 있을까?
③ 막대자석을 얼마나 가까이 가져가야 쇠구슬이 움직이기 시작할까?
④ 막대자석 두 개를 길게 이어 붙이면 막대자석 한 개보다 클립이 더 많이 붙을까?
⑤ 떨어뜨리는 구슬의 크기와 높이에 따라 모래에 생기는 구덩이의 크기와 모양은 어떻게 다를까?

5 탐구 계획을 세울 때 정리해야 할 내용이 <u>아닌</u> 것은 어느 것입니까? (　　)

① 준비물
② 탐구 결과
③ 탐구 순서
④ 예상되는 결과
⑤ 탐구 문제를 해결할 방법

6 다음 탐구 문제를 해결하기 위해 다르게 해야 할 것과 그에 따라 바뀌는 것을 쓰시오.

> 막대자석 두 개를 길게 이어 붙이면 막대자석 한 개보다 클립이 더 많이 붙을까?

(1) 다르게 해야 할 것: ＿＿＿＿＿＿＿＿＿

(2) 그에 따라 바뀌는 것: ＿＿＿＿＿＿＿＿

＿＿＿＿＿＿＿＿＿＿＿＿＿＿＿＿

중요

7 탐구 계획을 세울 때 가장 나중에 해야 하는 것은 무엇인지 기호를 쓰시오.

> ㉠ 탐구 계획 세우기
> ㉡ 탐구 문제를 해결할 방법 정하기
> ㉢ 탐구 계획 발표하기

( )

잘 틀려요

8 탐구 계획이 적절한지를 확인하는 내용으로 바른 것을 모두 고르시오. ( )

① 탐구 순서가 자세한가요?
② 부모님의 의견을 들었나요?
③ 준비물의 가격이 얼마인가요?
④ 탐구 계획을 선생님이 세웠나요?
⑤ 탐구 계획이 탐구 문제를 해결하기에 적절한가요?

9 탐구를 실행하기 전에 해야 할 일을 바르게 이야기한 친구의 이름을 쓰시오.

> • 민수: 준비물은 없어도 돼.
> • 경일: 실험을 하면서 결과를 기록할 수 있는 기록장을 준비해야 해.
> • 자윤: 탐구 계획을 모두 세웠으니 탐구 계획서를 다시 확인할 필요는 없어.

( )

10 탐구를 실행하는 모습입니다. ( ) 안에 알맞은 말을 쓰시오.

> 탐구를 실행하면서 나타나는 ( )를 사실대로 빠짐없이 기록해야 한다.

( )

✿다음은 탐구 문제와 탐구를 실행한 결과입니다. [11~12]

> 탐구 문제: 막대자석 두 개를 길게 이어 붙이면 막대자석 한 개보다 클립이 더 많이 붙을까?

막대자석의 개수	자석에 붙은 클립의 개수(개)		
	1회	2회	3회
1개	32	30	31
2개	41	41	40

11 위 탐구 문제를 실행하는 모습으로 바르지 <u>않은</u> 것은 무엇입니까? ( )

① 측정한 결과를 바로 기록한다.
② 탐구 계획에 따라 탐구를 실행한다.
③ 각각 세 번 정도 반복하여 실험한다.
④ 한번 사용한 클립은 다시 사용하지 않는다.
⑤ 막대자석 한 개와 막대자석 두 개를 길게 이어 붙인 것을 동시에 클립 더미에 가까이 가져간다.

서술형

12 위 탐구 문제를 탐구하여 알게 된 것은 무엇인지 쓰시오.

_____

_____

13 탐구를 바르게 실행했는지를 확인하는 내용으로 바르지 <u>않은</u> 것은 어느 것입니까? ( )

① 계획대로 실행했나요?
② 탐구 순서가 자세한가요?
③ 탐구 결과를 사실대로 기록했나요?
④ 안전에 주의하며 탐구를 실행했나요?
⑤ 탐구를 하여 알게 된 것이 탐구 문제에 대한 답이 되었나요?

14 ( ) 안에 알맞은 말을 쓰시오.

> 탐구 결과는 다른 사람들이 탐구 내용을 쉽게 이해할 수 있도록 컴퓨터나 포스터 등을 이용해 ( )할 수 있다.

( )

중요

15 탐구 결과 발표 자료에 들어갈 내용으로 바르지 않은 것은 어느 것입니까? ( )

① 탐구 문제
② 탐구 순서
③ 탐구한 때와 장소
④ 탐구를 방해한 사람
⑤ 탐구를 하여 알게 된 것

잘 틀려요

16 탐구 결과 발표가 적절한지를 확인하는 내용으로 바른 것을 보기 에서 모두 골라 기호를 쓰시오.

> 보기
> ㉠ 발표 자료를 이해하기 쉽게 만들었나요?
> ㉡ 친구들의 질문에 대한 나의 대답이 적절했나요?
> ㉢ 탐구 결과를 사실대로 기록했나요?
> ㉣ 탐구 계획이 탐구 문제를 해결하기에 적절한가요?

( )

17 탐구 결과를 발표하는 모습으로 바른 것은 어느 것입니까? ( )

① 질문을 받지 않는다.
② 발표 자료를 매우 어렵게 만들었다.
③ 컴퓨터를 이용해 알기 쉽게 발표하였다.
④ 잘못 나온 탐구 결과는 발표하지 않았다.
⑤ 시끄럽지 않도록 작은 목소리로 발표했다.

18 막대자석의 개수에 따라 자석에 붙은 클립의 개수에 대한 실험 결과를 보고 바르게 발표한 친구의 이름을 쓰시오.

막대자석의 개수	자석에 붙은 클립의 개수(개)		
	1회	2회	3회
1개	32	30	31
2개	41	41	40

> • 희경: "막대자석 두 개를 길게 이어 붙인 것에 클립이 더 많이 붙었습니다."
> • 경일: "막대자석 두 개를 길게 이어 붙여도 자석에 붙는 클립의 개수는 변하지 않는 것을 알 수 있었습니다."
> • 보경: "클립의 개수가 많을수록 클립이 자석에 많이 붙었습니다."

( )

19 탐구 결과 발표에서 고쳐야 할 점을 이야기한 것은 어느 것입니까? ( )

① 탐구 문제가 매우 흥미로웠다.
② 탐구 계획에 맞게 잘 실행되었다.
③ 여러 번 반복해 측정하지 않아 아쉬웠다.
④ 쉽게 따라할 수 있도록 탐구 순서를 자세히 적었다.
⑤ 목소리가 적당히 커서 뒤쪽에 앉은 친구들도 내용을 잘 들을 수 있었다.

20 ( ) 안에 들어갈 말을 쓰시오.

> 새로운 탐구 ( )를 정할 때에는 우리 생활, 책, 인터넷 등에서 찾은 내용 중 궁금한 것이 있는지 생각해 본다.

( )

중요

21 새로운 탐구 문제를 정하여 스스로 탐구할 때 가장 먼저 해야 하는 것을 기호로 쓰시오.

> ㉠ 탐구 계획 세우기
> ㉡ 탐구 문제 정하기
> ㉢ 탐구 결과 발표하기
> ㉣ 탐구 실행하기

( )

22 자석에 대한 새로운 탐구 문제로 바르지 않은 것은 어느 것입니까? ( )

① 자석을 물속에 넣으면 가라앉을까?
② 자석을 보관할 때 왜 철에 붙여 둘까?
③ 자석의 크기가 클수록 클립이 많이 붙을까?
④ 막대자석을 옆으로 나란히 이어 붙이면 클립이 더 많이 붙을까?
⑤ 막대자석을 여러 개로 쪼개면 조각의 개수에 따라 자석에 붙는 클립의 개수가 달라질까?

23 다음과 같이 궁금한 것을 정리하는 방법을 무엇이라고 하는지 쓰시오.

탐구하면서 더 궁금했던 것
• 자석을 여러 개로 쪼개어도 자석에 붙는 클립의 개수는 같을까?
• 실험에 사용했던 클립에서 자석의 성질을 없애려면 어떻게 해야 할까?

우리 생활에서 관찰한 것
• 오래 가는 비눗방울을 만들려면?
• 자외선 차단제는 효과가 있을까?
• 바나나가 검게 변하지 않게 하려면?

학교에서 배운 내용
• 탱탱볼을 크게 만들면 더 높이 튀어 오를까?
• 달의 충돌 구덩이와 운석의 크기는 어떤 관계가 있을까?

궁금한 것

인터넷에서 본 것
• 강아지는 하루에 몇 시간이나 잘까?
• 김치가 시지 않게 하려면?

책에서 본 것
• 소리를 이용해 모기를 쫓을 수 있을까?
• 세제는 환경을 어떻게 오염시킬까?

( )

24 자외선 차단제의 효과에 대해 탐구를 하려고 합니다. 탐구 계획을 바르게 세운 친구는 누구인지 쓰시오.

> • 경일: 자외선 차단제를 물에 넣어 잘 녹는지 알아보았어.
> • 석주: 양쪽 팔에 모두 자외선 차단제를 바르고 며칠 후 두 팔의 상태를 비교하였어.
> • 현주: 한쪽 팔에는 자외선 차단제를 바르고 다른 한쪽 팔에는 자외선 차단제를 바르지 않은 후 며칠 후에 두 팔의 상태를 비교하였어.

( )

잘 틀려요

25 새로운 탐구 문제를 탐구하여 결과를 발표한 후에 결과를 바탕으로 다시 탐구를 하기 위해서 가장 먼저 해야 할 일은 무엇입니까? ( )

① 탐구 문제를 다시 정한다.
② 탐구 결과를 계속 분석한다.
③ 다른 친구와 탐구를 함께 한다.
④ 탐구 계획을 거꾸로 세워 본다.
⑤ 탐구 문제를 해결하기 위한 실험을 다시 한다.

2. 동물의 생활

✿ 땅에서 사는 동물 중 다리가 있는 동물과 다리가 없는 동물이 각각 이동하는 방법
• 다리가 있는 동물: 걷거나 뛰어다닙니다.
• 다리가 없는 동물: 기어 다닙니다.

✿ 그 외에 동물이 사막에서 잘 살 수 있는 까닭
• 뱀: 뜨거운 땅에 닿는 부분을 줄이기 위해 몸의 일부를 들고 옆으로 기어 다니는 것처럼 이동합니다.
• 도마뱀: 서 있거나 이동할 때 한 번에 두 발씩 번갈아 들어 올리며 열을 식힙니다.
• 전갈: 온몸이 딱딱한 껍데기로 되어 있어 몸에 있는 물이 밖으로 잘 빠져나가지 않습니다.
• 사막 거북: 앞다리로 땅을 잘 팔 수 있어서 땅굴을 만들어 뜨거운 낮에 쉴 수 있습니다.

✿ 여러 가지 동물의 특징을 활용한 탐사 로봇 ⑨

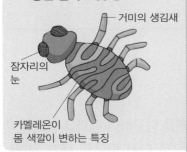

— 거미의 생김새
잠자리의 눈
카멜레온이 몸 색깔이 변하는 특징

📎 **낱말 풀이**

❶ **분류** 종류에 따라서 나눔
❷ **야행성** 밤에만 활동하는 동물의 성질
❸ **물갈퀴** 개구리, 오리 등의 발가락 사이에 있는 얇은 막

🐾 주변에는 어떤 동물이 살까요?

① 주변에서 사는 동물
• 집 주변에서는 개, 고양이 등을 볼 수 있습니다.
• 화단에서는 공벌레, 꿀벌, 개미, 잠자리 등을 볼 수 있습니다.
• 나무에서는 참새, 까치 등을 볼 수 있습니다.
② 화단이나 돌 밑에서 동물이 많이 사는 까닭: 눈에 잘 보이지 않도록 숨기 좋은 장소입니다. └ 먹이가 많고, 동물이 쉬거나 집을 지을 수 있는 장소입니다.

🐾 동물을 어떤 특징으로 분류할 수 있을까요?

구분		그렇다.	그렇지 않다.
분류 기준	날개가 있는가?	비둘기, 참새, 꿀벌, 메뚜기, 소금쟁이 등	뱀, 달팽이, 금붕어, 송사리, 거미, 토끼 등
	다리가 있는가?	비둘기, 참새, 잠자리, 공벌레, 개구리 등	뱀, 달팽이, 금붕어, 송사리 등
	물속에서 살 수 있는가?	금붕어, 송사리, 개구리 등	비둘기, 잠자리, 사슴벌레, 다람쥐, 거미 등

🐾 땅에는 어떤 동물이 살까요?

사는 곳	동물 이름	특징
땅 위 다람쥐, 너구리, 공벌레, 소	공벌레	• 다리는 일곱 쌍이 있고, 걸어 다닌다. • 몸이 여러 개의 마디로 되어 있고, 위험을 느끼면 몸을 둥글게 만든다.
땅속 두더지, 땅강아지, 지렁이	땅강아지	• 다리는 세 쌍이 있고, 걸어 다니며 날기도 한다. • 앞다리로 땅을 팔 수 있다.
땅 위와 땅속 뱀, 개미	뱀	• 배를 땅에 대고 기어 다닌다. → 몸통이 가늘고 길다. • 혀로 냄새를 맡아 먹이를 찾는다.

🐾 사막에는 어떤 동물이 살까요?

① 사막에 사는 동물: 뱀, 사막여우, 낙타, 도마뱀, 사막 딱정벌레, 전갈, 사막 거북 등 다양한 동물이 삽니다. └ 새벽에 땅 위로 나와 몸에 맺힌 이슬을 모아서 마십니다.
② 동물이 사막에서 잘 살 수 있는 까닭

낙타	• 등의 혹에 지방이 있어서 먹이가 없어도 며칠 동안 생활할 수 있다. • 발바닥이 넓어 모래에 발이 잘 빠지지 않는다. • 콧구멍을 여닫을 수 있어 모래바람이 불어도 콧속으로 모래가 잘 들어가지 않는다. → 낙타의 긴 다리는 땅바닥의 뜨거운 열기를 피할 수 있습니다.
사막여우	• 몸에 비해 큰 귀를 가지고 있어 체온 조절을 하며, 작은 소리도 잘 들을 수 있다. • 귓속의 털로 인해 모래바람이 불어도 귓속으로 모래가 잘 들어가지 않는다.

물에는 어떤 동물이 살까요?

① 물에서 사는 동물의 특징

사는 곳	특징
강가나 호숫가	수달이나 개구리 등이 땅과 물을 오가며 산다.
강이나 호수의 물속	• 붕어, 물방개, 메기 등이 헤엄을 치며 산다. • 다슬기처럼 기어 다니는 동물도 산다.
갯벌	게처럼 걸어 다니거나 조개처럼 기어 다니는 동물이 산다.
바닷속	• 가오리, 상어, 오징어, 고등어처럼 헤엄치는 동물이 산다. • 전복처럼 바위에 붙어서 기어 다니는 동물도 산다.

② 붕어와 같은 물고기가 물속에서 생활하기에 알맞은 점
  • 지느러미가 있어서 물속에서 헤엄을 잘 칠 수 있습니다.
  • 아가미가 있어서 물속에서 숨을 쉴 수 있습니다. ─ 몸이 부드러운 곡선 형태라서 물속에서 빨리 헤엄쳐 이동할 수 있습니다.

날아다니는 동물에는 어떤 것이 있을까요?
박새, 까치, 직박구리 등 ●──   ──● 매미, 나비, 잠자리 등
① 날개가 있는 새나 곤충은 날아다닐 수 있습니다.
② 날아다니는 동물의 특징 ─ 날개가 있고, 몸이 비교적 가볍습니다.

동물 이름	사는 곳	특징
까치	집 주변, 공원	몸이 검은색과 하얀색 깃털로 덮여 있고, 날개가 있다.
나방	집 주변, 산	대부분 야행성으로 빛에 모여들어 그 주위를 맴도는 것이 많다. → 나비보다 몸이 통통하고, 날개를 펴고 앉습니다.
잠자리	집 주변, 물가	날개는 두 쌍이 있고 다리는 세 쌍이 있다.

└─ 날개가 아주 얇아 빨리 날 수 있습니다.

우리 생활에서 동물의 특징을 어떻게 활용할까요?

① 문어 빨판의 특징을 활용한 칫솔걸이: 문어 빨판의 잘 붙는 특징을 칫솔걸이처럼 거울이나 유리에 붙이는 생활용품에 활용합니다.
② 오리 발의 특징을 활용한 물갈퀴: 물속에서 헤엄을 잘 치는 오리의 발 모양을 활용해 헤엄을 잘 치도록 도와주는 물갈퀴를 만들었습니다.
③ 수리 발의 특징을 활용한 집게 차: 수리의 발가락이 먹이를 잘 잡고 놓치지 않는 특징을 활용한 집게 차는 쓰레기를 잡아 원하는 곳으로 옮깁니다.

동물의 특징을 활용한 로봇 설계하기 (예 여러 가지 동물의 특징을 활용한 탐사 로봇)

① 거미의 생김새: 좁은 틈을 지나다닐 수 있고, 장애물도 자유롭게 넘어다닐 수 있습니다.
② 잠자리의 눈: 거의 모든 방향을 볼 수 있습니다.
③ 카멜레온의 특징: 주변 환경에 따라 몸 색깔이 변합니다.

바로바로 체크

1 비둘기, 참새, 뱀 중에서 다리가 없는 동물로 분류할 수 있는 것은 무엇인지 쓰시오.
（   ）

2 땅 위에 살고 위험을 느끼면 몸을 둥글게 만드는 동물을 쓰시오.
（   ）

3 낙타가 사막에서 잘 살 수 있는 까닭으로 (   ) 안에 들어갈 말을 쓰시오.

> 낙타는 등의 (   )에 지방이 있어서 먹이가 없어도 며칠 동안 생활할 수 있다.

（   ）

4 강이나 호수에 사는 동물은 '강'이라고 쓰고, 바다에 사는 동물은 '바'라고 쓰시오.
(1) 가오리　　　（   ）
(2) 물방개　　　（   ）
(3) 전복　　　　（   ）

5 까치와 잠자리의 공통적인 특징을 한 가지 쓰시오.

과학

▶ 정답
1. 뱀　2. 공벌레　3. 혹　4.
(1) 바 (2) 강 (3) 바　5. 예 날개
가 있다. 몸이 비교적 가볍다.

1 주변에서 사는 동물로 다음과 같은 특징이 있는 것은 어느 것입니까? (   )

> • 다리는 네 쌍이 있고, 걸어 다닌다.
> • 화단이나 나무, 건물 벽에서 볼 수 있다.

① 개미   ② 거미
③ 참새   ④ 잠자리
⑤ 달팽이

2 동물의 특징을 잘못 설명한 친구는 누구입니까? (   )

① 석주: 개는 다리가 네 개야.
② 자윤: 잠자리는 날개가 한 쌍이 있지.
③ 희경: 참새는 몸이 깃털로 덮여 있어.
④ 민수: 달팽이는 미끄러지듯이 움직이지.
⑤ 경일: 공벌레는 건드리면 몸을 공처럼 둥글게 만들어.

서술형

3 학교 화단에 동물이 많이 사는 까닭은 무엇인지 한 가지 쓰시오.

_____

_____

중요

4 다음 동물을 날개가 있는 동물과 날개가 없는 동물로 분류하여 기호를 쓰시오.

ㄱ
▲ 잠자리

ㄴ
▲ 달팽이

ㄷ
▲ 금붕어

ㄹ
▲ 참새

ㅁ
▲ 토끼

ㅂ
▲ 비둘기

(1) 날개가 있는 동물	(2) 날개가 없는 동물

5 다음과 같이 동물을 분류했을 때 분류 기준은 무엇인지 (   ) 안에 알맞은 말을 쓰시오.

> 분류 기준: (   )를(을) 낳는가?

그렇다.	그렇지 않다.
다람쥐, 고양이, 토끼	메뚜기, 뱀, 꿀벌

(   )

잘 틀려요

6 동물을 특징에 따라 분류했을 때 분류 기준으로 바르지 않은 것은 어느 것입니까? (   )

① 알을 낳는가?
② 크기가 큰가?
③ 다리가 있는가?
④ 더듬이가 있는가?
⑤ 물속에서 살 수 있는가?

점수

/ 20

7 땅에서 사는 동물의 사는 곳을 바르게 짝지은 것은 어느 것입니까? (   )

① 공벌레–땅속
② 지렁이–땅 위
③ 땅강아지–땅 위
④ 뱀–땅 위와 땅속
⑤ 다람쥐–땅 위와 땅속

8 땅에서 사는 다음 동물의 특징이 아닌 것은 무엇입니까? (   )

① 몸이 검은색이다.
② 다리는 세 쌍이 있다.
③ 땅 위와 땅속을 오가며 산다.
④ 몸이 머리, 가슴, 배로 구분된다.
⑤ 주둥이가 뾰족하고 몸이 털로 덮여 있다.

9 땅에서 사는 동물 중 다음 동물과 이동하는 방법이 같은 동물은 어느 것입니까? (   )

① 소   ② 개미
③ 너구리   ④ 지렁이
⑤ 공벌레

10 사막의 환경으로 바르지 않은 것은 어느 것입니까? (   )

① 그늘이 별로 없다.
② 낮보다 밤이 더 덥다.
③ 물과 먹이가 부족하다.
④ 모래바람이 심하게 분다.
⑤ 비가 거의 내리지 않아 건조하다.

11 사막에서 사는 동물 중 다음과 같은 특징을 가진 동물은 무엇인지 쓰시오.

> • 등의 혹에 지방이 있어서 먹이가 없어도 며칠 동안 살 수 있다.
> • 발바닥이 넓어서 모래에 발이 잘 빠지지 않는다.

(   )

잘 틀려요

12 사막에서 사는 동물의 특징으로 바르지 않은 것을 골라 기호를 쓰시오.

> ㉠ 도마뱀은 뜨거운 땅에 서 있을 때 한 번에 두 발씩 번갈아 들어 올리며 열을 식힌다.
> ㉡ 사막 거북은 새벽에 땅 위로 나와 몸에 맺힌 이슬을 모아 마신다.
> ㉢ 뱀은 뜨거운 땅에 닿는 부분을 줄이기 위해 몸의 일부를 들고 옆으로 기어서 이동한다.

(   )

서술형

13 사막여우가 몸에 비해 큰 귀를 가지고 있어서 사막에서 잘 살 수 있는 까닭은 무엇인지 한 가지 쓰시오.

과학

14 물에서 사는 동물이 <u>아닌</u> 것은 어느 것입니까?
( )

① 붕어   ② 상어
③ 물방개   ④ 다슬기
⑤ 너구리

15 다음 동물이 사는 곳을 보기 에서 골라 기호를 쓰시오.

보기

㉠ 강가나 호숫가   ㉡ 강이나 호수의 물속
㉢ 갯벌   ㉣ 바닷속

(1) 메기: ( )
(2) 조개: ( )
(3) 수달: ( )

잘 틀려요
16 두 동물의 공통점을 모두 고르시오.
( )

▲ 다슬기

▲ 전복

① 갯벌에 산다.
② 기어 다닌다.
③ 지느러미가 있다.
④ 아가미로 숨을 쉰다.
⑤ 몸이 비늘로 덮여 있다.

17 나비의 특징으로 바르지 <u>않은</u> 것은 어느 것입니까? ( )

① 앞다리로 맛을 본다.
② 날개가 젖지 않는다.
③ 날개는 두 쌍이 있다.
④ 나무에서 수액을 먹는다.
⑤ 앉을 때 날개를 붙여서 접는다.

18 다음 동물의 공통점으로 바른 것은 어느 것입니까? ( )

박새, 직박구리, 잠자리

① 더듬이가 있다.
② 몸이 비교적 가볍다.
③ 날개는 두 쌍이 있다.
④ 몸이 깃털로 덮여 있다.
⑤ 얇고 투명한 날개가 있다.

19 오른쪽과 같이 거울이나 유리에 붙이는 칫솔걸이는 어떤 동물의 특징을 활용한 것입니까? ( )

① 오리 발   ② 수리 발
③ 문어 빨판   ④ 상어 피부
⑤ 물총새 부리

20 다음과 같은 로봇은 어떤 동물의 특징을 활용하여 만들면 좋습니까? ( )

모든 방향으로 움직이며 물속을 탐사하는 로봇

① 뱀   ② 거미
③ 나비   ④ 물총새
⑤ 바다거북

1 다음 여러 동물을 분류 기준에 따라 분류했을 때 (가)에 들어갈 분류 기준과 (나)에 들어갈 분류 기준을 쓰시오.

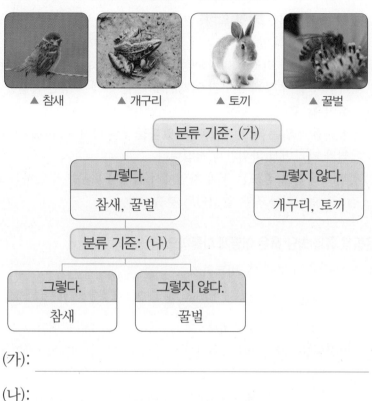

▲ 참새   ▲ 개구리   ▲ 토끼   ▲ 꿀벌

분류 기준: (가)

그렇다.	그렇지 않다.
참새, 꿀벌	개구리, 토끼

분류 기준: (나)

그렇다.	그렇지 않다.
참새	꿀벌

(가): _____

(나): _____

2 강가나 호숫가에서 사는 개구리와 수달의 공통점을 두 가지 쓰시오.

_____

3 오른쪽 집게 차에 활용한 동물의 특징은 무엇인지 쓰시오.

_____

• **동물을 특징에 따라 분류하기**
 • 동물을 분류할 때에는 먼저 공통점과 차이점을 찾아야 합니다.
 • 동물은 특징에 따라 날개가 있는 것과 날개가 없는 것, 다리가 있는 것과 다리가 없는 것, 물속에 살 수 있는 것과 물속에서 살 수 없는 것 등으로 분류할 수 있습니다.
 • 동물을 특징에 따라 분류해 보면 동물을 더 잘 이해할 수 있습니다.

• **개구리와 수달의 특징**
 • 개구리: 뒷다리에 물갈퀴가 있으며 땅에서는 폴짝폴짝 뛰어다니고 물속에서는 헤엄쳐서 이동합니다.
 • 수달: 몸이 가늘고 발가락에 물갈퀴가 있어서 헤엄을 잘 치며, 물가에서 물고기나 개구리를 잡아먹습니다.

• **수리 발의 특징**

수리 발은 발가락이 갈라져 있고, 발톱이 날카롭기 때문에 먹이를 잡고 놓치지 않습니다.

과학

흙은 어떻게 만들어질까요?

① 흙이 만들어지는 과정 알아보기: 얼음 설탕을 넣은 플라스틱 통을 흔들면 얼음 설탕의 알갱이 크기가 작아지고, 모양이 달라졌습니다.

② 자연에서 흙이 만들어지는 과정 → 바위나 돌은 오랜 시간에 걸쳐 여러 가지 과정으로 작게 부서집니다.
  • 바위나 돌이 작게 부서진 알갱이와 생물이 썩어 생긴 물질들이 섞여서 흙이 됩니다.
  • 바위틈에 있는 물이 얼었다 녹았다를 반복하거나, 바위틈에서 나무뿌리가 자라면서 바위가 부서집니다.

③ 플라스틱 통을 흔드는 것과 자연에서 물이나 나무뿌리가 하는 일의 공통점: 큰 덩어리를 작은 알갱이로 부숩니다.

운동장 흙과 화단 흙은 어떻게 다를까요?

① 운동장 흙과 화단 흙 비교하기 → 운동장 흙은 화단 흙보다 알갱이의 크기가 더 크기 때문에 물이 더 빠르게 빠집니다.

구분	운동장 흙	화단 흙
색깔	밝은 갈색	어두운 갈색
알갱이의 크기	비교적 크다.	큰 것도 있고 작은 것도 있다.
만졌을 때의 느낌	거칠다.	약간 부드럽다.
물 빠짐	화단 흙보다 물이 더 빠르게 빠진다.	운동장 흙보다 물이 더 느리게 빠진다.
기타	• 잘 뭉쳐지지 않는다. • 주로 모래나 흙 알갱이만 보인다.	• 잘 뭉쳐진다. • 식물의 뿌리나 죽은 곤충 등 여러 물질이 섞여 있다.

② 식물이 잘 자라는 흙의 특징
  • 화단 흙에는 운동장 흙보다 식물의 뿌리나 죽은 곤충, 나뭇잎 조각 등의 물에 뜨는 물질이 더 많이 섞여 있습니다. → 부식물은 식물의 뿌리나 죽은 곤충, 나뭇잎 조각 등이 썩은 것입니다.
  • 화단 흙은 부식물이 많아서 식물이 잘 자랍니다. → 운동장 흙은 부식물이 적어서 식물이 잘 자라지 않습니다.

흐르는 물은 지표를 어떻게 변화시킬까요?

→ 색 모래가 위쪽에서 아래쪽으로 이동했습니다.

① 흐르는 물에 의한 흙 언덕의 모습 변화: 주로 흙 언덕의 위쪽은 흙이 많이 깎였고, 흙 언덕의 아래쪽은 흙이 많이 쌓였습니다.

② 흐르는 물에 의한 지표의 모습 변화: 흐르는 물은 바위나 돌, 흙 등을 깎아 낮은 곳으로 ❶운반해 쌓아 놓습니다.

③ 침식 작용과 퇴적 작용
  • 침식 작용: 지표의 바위나 돌, 흙 등이 깎여 나가는 것입니다.
  • 퇴적 작용: 운반된 돌이나 흙이 쌓이는 것입니다.

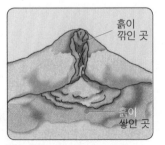

흙이 깎인 곳
흙이 쌓인 곳

▲ 흙 언덕의 모습 변화

❖ 흙이 만들어지는 과정

▲ 물이 얼었다 녹으면서 바위가 부서진 모습

▲ 나무뿌리가 자라면서 바위가 부서진 모습

❖ 운동장 흙과 화단 흙의 물에 뜬 물질의 양 비교하기

• 물에 뜬 물질이 거의 없습니다.

▲ 운동장 흙

• 식물의 뿌리, 작은 나뭇가지, 죽은 곤충, 나뭇잎 조각 등 물에 뜬 물질이 많습니다.

▲ 화단 흙

낱말 풀이

❶ 운반 강물이나 바람이 모래, 자갈, 흙 등을 옮겨 나름.

❷ 강폭 강의 가로 넓이.

❸ 경사 비스듬히 기울어짐.

❹ 보존 보호하여 남김.

강 주변의 모습을 알아볼까요? —→ 오랜 시간에 걸쳐 흐르는 강물은 지표의 모습을 서서히 변화시킵니다.

① 강 주변의 모습 알아보기

구분	모습	특징
강 상류 계곡이나 산을 많이 ← 볼 수 있습니다.		• 강폭이 좁고, 강의 경사가 급하다. • 바위나 큰 돌을 많이 볼 수 있다. • 퇴적 작용보다 침식 작용이 활발하다.
강 하류 ←넓은 평야나 들을 볼 수 있습니다.		• 강폭이 넓고 강의 경사가 완만하다. • 모래를 많이 볼 수 있다. • 침식 작용보다 퇴적 작용이 활발하다.

② 강의 상류보다 강 하류에 모래가 많은 까닭 : 강물은 강 상류에 있는 바위를 깎고 운반하고, 이 과정에서 만들어진 모래가 강 하류에 쌓이기 때문입니다.

바닷가 주변의 모습을 알아볼까요?

① 바닷가 지형 분류하기 —→ 바다 쪽으로 돌출된 부분에서 침식 작용이 활발히 일어나고, 안쪽으로 들어간 곳에서 퇴적 작용이 활발히 일어납니다.

구분	침식 작용으로 만들어진 지형		퇴적 작용으로 만들어진 지형	
모습				
특징	바닷물에 의해 바위가 깎이면서 바위 가운데 구멍이 뚫렸다.	바닷물이 바위와 만나는 부분을 계속 깎고 무너뜨려서 절벽이 만들어졌다.	바닷물이 모래를 쌓아서 만들어졌다.	바닷물이 고운 흙이나 가는 모래를 넓게 쌓아서 만들어졌다.

② 바닷가 지형은 오랜 시간에 걸쳐서 만들어집니다.

흙을 보존하기 위한 시설물 만들기

① 흙을 보존해야 하는 까닭 —→ 흙은 지표가 깎인 곳에서 흐르는 물에 의해 짧은 시간 동안 먼 곳으로 떠내려가기도 합니다.
  • 식물은 흙에서 양분을 얻어 살아갑니다.
  • 흙 속에는 많은 생물이 살아가고 있습니다. —→ 식물은 흙에서 양분을 얻어 살아갑니다.
  • 흙은 다시 만들어지기까지 오랜 시간이 걸립니다.

② 흙이 잘 보존되고 있는 곳의 특징: 나무나 풀이 흙을 덮고 있고, 사방 공사와 같이 구조물로 흙이 깎이지 않도록 합니다.

③ 흙이 깎여 나가는 것을 막을 수 있는 시설물의 특징: 흙을 덮어 주거나 고정하여 주는 구조물이 있습니다.

과 학

1 다음과 같이 얼음 설탕을 플라스틱 통에 넣고 흔들었을 때 생긴 변화가 <u>아닌</u> 것은 무엇입니까? (   )

① 가루가 생긴다.
② 얼음 설탕의 크기가 작아진다.
③ 얼음 설탕의 모양이 달라진다.
④ 얼음 설탕의 색깔이 어두워진다.
⑤ 얼음 설탕이 부서져서 작은 알갱이가 생긴다.

2 위 1번에서 얼음 설탕이 든 플라스틱 통을 흔든 뒤의 얼음 설탕의 모습은 자연에서 무엇을 나타냅니까? (   )

① 비
② 흙
③ 나무
④ 바위
⑤ 바닷물

서술형

3 자연에서 흙이 만들어지는 과정 중 다음과 같이 자연에서 바위나 돌을 부서지게 하는 것을 쓰시오.

4 (   ) 안에 들어갈 말을 순서대로 쓰시오.

> 플라스틱 통에 얼음 설탕을 넣고 흔드는 것과 자연에서 물이나 나무뿌리가 바위를 부수는 것은 (   ) 덩어리를 (   ) 알갱이로 부수는 공통점이 있다.

(   )

중요

5 보기 에서 화단 흙의 특징을 모두 골라 기호를 쓰시오.

보기
㉠ 밝은 갈색이다.
㉡ 알갱이의 크기가 비교적 크다.
㉢ 만져 보면 약간 부드럽다.
㉣ 식물의 뿌리나 나뭇잎 조각과 같은 여러 물질이 섞여 있다.

(   )

잘 틀려요

6 운동장 흙과 화단 흙의 물 빠짐을 비교하는 실험을 할 때 다르게 해야 할 조건은 어느 것입니까? (   )

① 흙의 양
② 물의 양
③ 흙의 종류
④ 물을 붓는 빠르기
⑤ 플라스틱 통의 크기

7 운동장 흙과 화단 흙의 물 빠짐을 비교하였을 때, 일정한 시간 동안에 빠져 나온 물의 양이 더 많은 흙을 쓰시오.

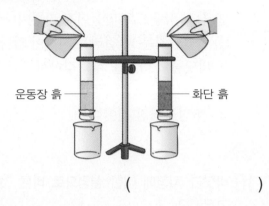

운동장 흙   화단 흙

(   )

중요

8 운동장 흙과 화단 흙의 물 빠짐을 비교하였을 때 위의 **7**번 정답과 같은 결과가 나온 까닭은 무엇입니까? (   )

① 화단 흙은 잘 뭉쳐지기 때문에
② 화단 흙의 색깔이 진하기 때문에
③ 운동장 흙은 잘 뭉쳐지지 않기 때문에
④ 화단 흙이 운동장 흙보다 알갱이의 크기가 더 크기 때문에
⑤ 운동장 흙이 화단 흙보다 알갱이의 크기가 더 크기 때문에

9 운동장 흙과 화단 흙의 물에 뜬 물질의 양을 비교하는 모습입니다. 식물이 잘 자라는 흙은 어느 것인지 기호를 쓰시오.

▲ 운동장 흙   ▲ 화단 흙

(   )

10 다음에서 설명하는 것은 무엇인지 쓰시오.

• 물에 뜨는 물질이다.
• 식물의 뿌리나 죽은 곤충, 나뭇잎 조각 등이 썩은 것이다.
• 식물이 잘 자라는 데 도움을 준다.

(   )

11~12 다음은 흙 언덕의 위쪽에서 물을 흘려보내는 모습입니다.

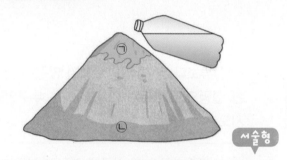

서술형

11 위와 같이 흙 언덕의 위쪽에서 물을 흘려보냈을 때 흙 언덕의 모습은 어떻게 변하는지 쓰시오.

_____

12 위의 흙 언덕에서 침식 작용이 가장 활발한 곳과 퇴적 작용이 가장 활발한 곳을 기호로 쓰시오.

⑴ 침식 작용: (   )
⑵ 퇴적 작용: (   )

13 강 상류의 모습을 모두 고르시오. (   )

① 강폭이 좁다.
② 강폭이 넓다.
③ 강의 경사가 완만하다.
④ 모래가 넓게 쌓여 있다.
⑤ 주로 바위나 큰 돌이 있다.

14 강 주변의 모습에서 침식 작용보다 퇴적 작용이 활발한 곳을 기호로 쓰시오.

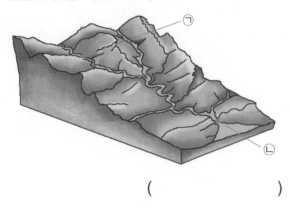

( )

15 강 상류보다 강 하류에 모래가 많은 까닭에 대한 설명으로 바르지 <u>않은</u> 친구는 누구인지 쓰시오.

> • 석주: 강물은 강 상류에 있는 바위를 깎고 강 하류로 운반하기 때문이야.
> • 민수: 강 상류에서 바위가 깎여 만들어진 모래가 강 하류에 쌓이기 때문이지.
> • 희경: 강물은 강 주변의 모습을 변화시키지 않기 때문이야.

( )

잘 틀려요

16 다음 바닷가 지형 중 침식 작용으로 만들어진 지형을 기호로 쓰시오.

㉠  ㉡

( )

17 갯벌에 대한 설명으로 바른 것은 어느 것입니까? ( )

① 주로 강 상류에서 볼 수 있다.
② 침식 작용으로 만들어진 지형이다.
③ 만들어지는 데 걸리는 시간이 짧다.
④ 바닷물이 바위를 계속 깎아서 만든 것이다.
⑤ 바닷물이 고운 흙이나 가는 모래를 쌓아서 만들어진 것이다.

중요

18 바닷가 지형에 대한 설명으로 바른 것을 모두 고르시오. ( )

① 오랜 시간에 걸쳐 만들어진다.
② 오랜 시간이 지나도 변하지 않는다.
③ 침식 작용으로 모래 해변이 만들어진다.
④ 모두 침식 작용으로 만들어진 지형이다.
⑤ 바닷물이 지표를 깎거나 깎여진 물질을 운반하고 쌓아서 새로운 지형이 생긴다.

19 ( ) 안에 공통으로 들어갈 말을 쓰시오.

> ( )이(가) 만들어지려면 매우 오랜 시간이 걸린다. ( )은(는) 지표가 깎인 곳에서 흐르는 물에 의해 먼 곳으로 떠내려가기도 한다. 시설물을 설치하면 흐르는 물에 의해 ( )이(가) 떠내려가는 것을 막을 수 있다.

( )

20 흙을 보존하는 방법으로 바르지 <u>않은</u> 것은 어느 것입니까? ( )

① 풀을 심는다.
② 나무를 심는다.
③ 터널을 만든다.
④ 사방 공사를 한다.
⑤ 흙을 고정하여 주는 시설물을 만든다.

1 운동장 흙이 든 비커와 화단 흙이 든 비커 두 개에 각각 같은 양의 물을 붓고 유리 막대로 저은 뒤 잠시 놓아 둔 모습입니다. 실험을 통해 알 수 있는 것으로 화단 흙에서 식물이 잘 자라는 까닭은 무엇인지 쓰시오.

▲ 운동장 흙

▲ 화단 흙

_____

_____

운동장 흙과 화단 흙의 특징
- 운동장 흙은 모래가 많이 섞여 있어 알갱이의 크기가 크기 때문에 물이 빠르게 빠집니다. 또한 부식물이 적어서 식물이 잘 자라지 않습니다.
- 화단 흙은 고운 흙이 많이 섞여 있어 알갱이의 크기가 작기 때문에 물이 느리게 빠집니다. 또한 부식물이 많아서 식물이 잘 자랍니다.

2 ㉠은 강의 전체적인 모습입니다. (1) ㉠의 강 상류와 하류 중 ㉡의 모습을 볼 수 있는 곳을 쓰고, (2) ㉡을 볼 수 있는 곳에서 주로 일어나는 흐르는 물의 작용에 대해 쓰시오.

㉠
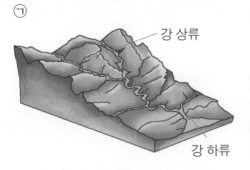
강 상류

강 하류

㉡

(1) _____

(2) _____

강 상류와 강 하류의 특징
- 강 상류는 강 하류에 비해 강폭이 좁고 강의 경사가 급합니다. 따라서 강 상류에서는 물의 흐름이 빠르고, 강 하류에서는 물의 흐름이 느립니다.
- 강 상류에서는 바위를 많이 볼 수 있고, 강 하류에서는 모래를 많이 볼 수 있습니다.

3 오른쪽의 바닷가 절벽이 만들어지는 과정을 쓰시오.

_____

바닷가 지형
- 바닷물의 침식 작용에 의해서 바위에 구멍이 뚫리거나 절벽이 만들어집니다.
- 바닷물의 퇴적 작용에 의해 모래 해변이나 갯벌이 만들어집니다.

과학

여러 가지 모양의 그릇에 담긴 같은 부피의 주스

❖ 여러 가지 모양의 그릇에 담긴 같은 부피의 주스

같은 부피의 주스를 여러 가지 모양의 그릇에 담으면 부피는 같아도 담는 그릇에 따라 모양이 달라지는 액체의 성질을 알 수 있습니다.

❖ 공기가 공간을 차지하는지 알아보기

▲ 바닥에 구멍이 뚫리지 않은 플라스틱 컵을 수조 바닥까지 밀어 넣을 때

▲ 바닥에 구멍이 뚫린 플라스틱 컵을 수조 바닥까지 밀어 넣을 때

낱말 풀이

❶ **투명** 물 따위가 속까지 환히 비치도록 맑음.

❷ **공간** 어떤 물질이나 물체가 있을 수 있는 자리

❸ **주입** 흘러 들어가도록 부어 넣음.

광고풍선 만들기 → 공기는 이동하고 공간을 차지한다는 것을 이용한 활동입니다.

① 실험 방법: 우리 모둠을 알리는 그림을 그린 비닐장갑을 페트병 입구에 고무줄로 묶고, 페트병을 똑바로 세워 물이 담긴 수조에 넣고 위아래로 움직입니다.

② 광고풍선의 모양
　• 페트병을 물 아래로 누를 때: 광고풍선이 팽팽해집니다. → 광고풍선의 손가락이 모두 펴지면서 세워집니다.
　• 페트병을 물 위로 들어 올릴 때: 팽팽했던 광고풍선이 쭈글쭈글해지면서 꺾입니다.

나무 막대, 물, 공기를 비교해 볼까요?

① 나무 막대, 물, 공기 관찰하기
　• 나무 막대: 네모 모양이고 연한 갈색이며, 딱딱합니다.
　• 물: 투명하고 흐르며, 흔들면 출렁거립니다.
　• 공기: 눈에 보이지 않고, 손에 잡히지 않습니다.

② 나무 막대, 물, 공기를 손으로 전달하면서 관찰한 특징 비교

나무 막대와 물의 차이점	나무 막대는 손으로 잡을 수 있지만, 물은 흘러서 손으로 잡을 수 없다.
물과 공기의 차이점	물은 만질 수 있고 눈에 보이지만, 공기는 눈에 보이지 않고 전달하는 느낌이 나지 않는다.
나무 막대와 공기의 차이점	나무 막대는 손으로 잡을 수 있지만, 공기는 눈에 보이지 않고 손으로 잡을 수 없다.

나무 막대는 어떤 상태일까요?

① 나무 막대와 플라스틱 막대의 공통점
　• 눈으로 볼 수 있고, 손으로 잡을 수 있습니다. → 비교적 단단합니다.
　• 여러 가지 모양의 그릇에 넣어도 그릇의 모양과 관계없이 막대의 모양이 변하지 않습니다.
　• 막대가 차지하는 공간의 크기인 부피도 변하지 않습니다.

② 고체: 담는 그릇이 바뀌어도 모양과 부피가 일정한 물질의 상태입니다.
　→ 페트병, 유리컵, 의자, 필통, 신발, 가방 등이 있습니다.

물은 어떤 상태일까요?

① 물과 주스의 공통점
　• 눈으로 볼 수 있지만 흐르는 성질이 있고, 손으로 잡을 수 없습니다.
　• 물(주스)을 다른 모양의 그릇에 차례대로 옮겨 담으면 그릇의 모양에 따라 모양은 변하지만, 부피는 변하지 않습니다.
　• 다른 모양의 그릇에 차례대로 옮겨 담은 후 처음 사용한 그릇으로 다시 옮기면 물(주스)의 높이는 처음과 같습니다.

② 액체: 담는 그릇에 따라 모양은 변하지만 부피는 변하지 않는 물질의 상태입니다.
　→ 물, 사이다, 우유, 주스, 간장, 식초 등이 있습니다.

◉ 공기가 있는 것을 어떻게 알 수 있을까요?

① 공기가 있는지 알아보기 → 우리 주변에 공기가 들어 있는 물체: 축구공, 공기베개, 튜브, 부표, 풍선 미끄럼틀, 자전거나 자동차 타이어 등이 있습니다.

부풀린 풍선을 얼굴에 대 보기	풍선 속에 있던 공기가 빠져나오면서 머리카락이 날리고, 바람이 불어 시원하다. → 공기가 빠져나오는 소리가 납니다.
물속에서 플라스틱병 누르기	플라스틱병 입구에서 둥근 공기 방울이 생겨 위로 올라와 사라진다.
물속에서 주사기의 피스톤 밀기	주사기 끝에서 둥근 공기 방울이 생겨 위로 올라와 사라진다.

② 이 활동으로 알 수 있는 사실: 공기는 눈에 보이지 않지만 우리 주변에 있습니다. → 기체: 공기처럼 담는 그릇에 따라 모양과 부피가 변하고, 담긴 그릇을 항상 가득 채우는 물질의 상태입니다.

◉ 공기는 어떤 상태일까요?

① 공기가 공간을 차지하는지 알아보기 → 공기가 공간을 차지하는 성질을 이용한 예: 풍선 미끄럼틀, 공기 침대, 자동차 에어백, 구조용 안전 매트 등이 있습니다.

• 바닥에 구멍이 뚫리지 않은 플라스틱 컵과 바닥에 구멍이 뚫린 플라스틱 컵으로 물 위에 띄운 페트병 뚜껑을 덮은 뒤 수조 바닥까지 밀어 넣을 때 나타나는 변화

구분	바닥에 구멍이 뚫리지 않은 플라스틱 컵	바닥에 구멍이 뚫린 플라스틱 컵
페트병 뚜껑의 위치	페트병 뚜껑이 내려간다.	페트병 뚜껑이 그대로 있다.
수조 안의 물의 높이	물의 높이가 조금 높아진다.	물의 높이에 변화가 없다.

• 이 활동으로 알 수 있는 공기의 성질: 공기는 공간을 차지합니다.

② 공기 옮겨 보기 → 부채, 선풍기, 공기 공급 장치, 비눗방울 불기, 자전거 타이어에 공기 넣기 등이 있습니다.

• 코끼리 나팔과 주사기를 비닐관으로 연결한 뒤 주사기의 피스톤을 밀거나 당기면서 나타나는 변화

주사기의 피스톤을 밀 때	코끼리 나팔이 펼쳐진다.
주사기의 피스톤을 당길 때	코끼리 나팔이 말린다.

• 이 활동으로 알 수 있는 공기의 성질: 공기는 다른 곳으로 이동할 수 있습니다.

◉ 공기는 무게가 있을까요?

→ 공기 주입 마개를 누르면 페트병 밖의 공기가 페트병 안으로 이동하여 페트병에 공기를 더 넣었기 때문입니다.

① 페트병에 공기 주입 마개로 공기를 넣어 무게 측정하기: 공기 주입 마개를 누르기 전보다 누른 후의 페트병 무게가 더 늘어났습니다.

② 이 활동으로 알 수 있는 공기의 성질: 공기처럼 대부분의 기체는 눈에 보이지 않지만 고체나 액체와 같이 무게가 있습니다.

└ 우리가 공부하는 교실 안에 있는 공기의 무게는 약 200kg입니다.

1 나무 막대, 물, 공기 중 눈에 보이지 않는 것을 쓰시오.

( )

2 담는 그릇이 바뀌어도 모양과 부피가 일정한 물질의 상태는 무엇인지 쓰시오.

( )

3 액체의 성질로 바른 것에 ○표 하시오.

(1) 담는 그릇에 따라 모양이 변합니다. ( )

(2) 담는 그릇에 따라 부피가 변합니다. ( )

4 공기처럼 담는 그릇에 따라 모양과 부피가 변하고, 담긴 그릇을 항상 가득 채우는 물질의 상태는 무엇인지 쓰시오.

( )

5 ( ) 안에 들어갈 말을 쓰시오.

> 공기처럼 대부분의 기체는 눈에 보이지 않지만, 고체나 액체처럼 ( )가 있다.

( )

◉ 정답

1. 공기 2. 고체 3. (1) ○ 4. 기체 5. 무게

과학

1 오른쪽과 같이 페트병을 똑바로 세워서 물이 담긴 수조에 넣었을 때 광고풍선의 모양은 어떻게 변하는지 기호를 쓰시오.

> ㉠ 광고풍선이 팽팽해진다.
> ㉡ 광고풍선이 쭈글쭈글해진다.

(   )

2 다음 중 흔들면 출렁거리고, 흘러서 손으로 전달하기 어려운 것은 어느 것인지 기호를 쓰시오.

> ㉠ 나무 막대
> ㉡ 물
> ㉢ 공기

(   )

3 나무 막대, 물, 공기의 특징을 비교한 것으로 바른 것을 보기 에서 골라 기호를 쓰시오.

> 보기
> ㉠ 나무 막대는 눈에 보이지만, 물과 공기는 눈에 보이지 않는다.
> ㉡ 나무 막대는 손으로 잡을 수 있지만, 공기는 손으로 잡을 수 없다.
> ㉢ 물은 손으로 잡을 수 있지만, 공기는 전달하는 느낌이 나지 않는다.

(   )

4 나무 막대와 플라스틱 막대의 공통점이 <u>아닌</u> 것은 어느 것입니까? (   )

① 단단하다.
② 눈에 보인다.
③ 공간을 차지한다.
④ 손으로 잡을 수 있다.
⑤ 담는 그릇에 따라 모양과 크기가 변한다.

5 여러 가지 모양의 투명한 그릇에 나무 막대를 넣었을 때 알 수 있는 사실은 무엇입니까?

(   )

① 색깔이 변한다.
② 모양이 변한다.
③ 크기가 변하지 않는다.
④ 일정한 공간을 차지하지 않는다.
⑤ 그릇을 기울일 때만 모양이 변한다.

중요

6 고체의 성질이 <u>아닌</u> 것은 어느 것입니까?

(   )

① 눈으로 볼 수 있다.
② 손으로 만질 수 있다.
③ 담는 그릇에 따라 부피가 변한다.
④ 담는 그릇이 달라져도 모양이 변하지 않는다.
⑤ 담는 그릇을 기울여도 모양이 변하지 않는다.

7 우리 주변에서 고체인 물체가 <u>아닌</u> 것은 어느 것입니까? (　　)

① 컵　　　　　② 책
③ 우유　　　　④ 가방
⑤ 유리구슬

8 물과 주스의 공통점이 <u>아닌</u> 것은 무엇입니까?

(　　)

① 흐른다.
② 단단하다.
③ 부피가 있다.
④ 눈으로 볼 수 있다.
⑤ 손으로 잡을 수 없다.

중요

9 다음과 같이 주스를 여러 가지 모양의 그릇에 차례대로 옮겨 담았을 때 변하는 것은 무엇입니까? (　　)

① 주스의 맛　　　② 주스의 부피
③ 주스의 모양　　④ 주스의 무게
⑤ 주스의 색깔

잘 틀려요

10 ㉠과 ㉡에 알맞은 말을 쓰시오.

> 물이나 주스처럼 담는 그릇에 따라 (　㉠　)은(는) 변하지만 (　㉡　)는(은) 변하지 않는 물질의 상태를 액체라고 한다.

㉠: (　　　　　　)
㉡: (　　　　　　)

11 다음 우리 주변의 물질 중 액체를 모두 고르시오. (　　　　　)

① 가방　　　　② 나무
③ 우유　　　　④ 식초
⑤ 유리구슬

 서술형

12 다음 활동으로 알 수 있는 사실은 무엇인지 한 가지 쓰시오.

중요

13 플라스틱병을 물이 담긴 수조 속에 넣고 손으로 눌렀을 때 나타나는 변화가 <u>아닌</u> 것을 기호로 쓰시오.

> ㉠ 보글보글 소리가 난다.
> ㉡ 플라스틱병 입구에 공기 방울이 생긴다.
> ㉢ 공기 방울이 아래로 내려간다.

(　　　　　　)

14 다음 물체에 공통적으로 들어 있는 것은 무엇인지 쓰시오.

▲ 축구공   ▲ 튜브

(   )

잘 틀려요

15 바닥에 구멍이 뚫리지 않은 투명한 플라스틱 컵으로 물 위에 띄운 페트병 뚜껑을 덮어 수조 바닥까지 밀어 넣었을 때 나타나는 변화를 모두 고르시오. (   )

① 수조 안의 물의 높이가 높아진다.
② 플라스틱 컵 안으로 물이 들어온다.
③ 페트병 뚜껑이 바닥으로 가라앉는다.
④ 플라스틱 컵 속의 공기가 빠져나간다.
⑤ 페트병 뚜껑이 물 위에 그대로 떠 있다.

16 위 **15**번 활동으로 알 수 있는 사실입니다. (   ) 안에 알맞은 말을 쓰시오.

나무 막대나 물처럼 공기도 (   )을 차지한다.

(   )

17 다음과 같이 코끼리 나팔이 움직이는 데 이용한 공기의 성질을 쓰시오.

▲ 주사기의 피스톤을 밀었을 때   ▲ 주사기의 피스톤을 다시 당겼을 때

중요

18 페트병 입구에 공기 주입 마개를 끼우고 공기 주입 마개를 여러 번 눌렀을 때 변하는 공기의 성질은 무엇인지 골라 쓰시오.

ㄱ 모양   ㄴ 무게   ㄷ 색깔

(   )

19 위 **18**번 실험 결과 페트병의 무게가 가장 무거운 경우는 어느 것인지 기호를 쓰시오.

ㄱ 공기 주입 마개를 10번 눌렀을 때
ㄴ 공기 주입 마개를 20번 눌렀을 때
ㄷ 공기 주입 마개를 60번 눌렀을 때

(   )

20 고무보트에 공기를 넣으면 고무보트가 더 무거워지는 까닭은 무엇입니까? (   )
① 공기는 무게가 있기 때문에
② 고무보트가 물에 뜨기 때문에
③ 고무보트가 원래 무겁기 때문에
④ 공기는 눈에 보이지 않기 때문에
⑤ 고무보트에 물이 들어갔기 때문에

탐·구·서·술·형·평·가

1 다음은 물을 여러 가지 모양의 그릇에 옮겨 담는 실험입니다. 이 실험으로 알 수 있는 액체의 성질을 쓰시오.

_____

_____

2 오른쪽과 같이 바닥에 구멍이 뚫리지 않은 플라스틱 컵으로 물 위에 띄운 페트병 뚜껑을 덮고 수조 바닥까지 밀어 넣을 때의 변화와 이러한 변화가 나타나는 까닭을 쓰시오.

(1) 변화: _____

(2) 변화가 나타나는 까닭: _____

_____

3 페트병 입구에 공기 주입 마개를 끼운 뒤 공기 주입 마개를 누르기 전과 누른 후의 무게를 측정한 것입니다. 공기가 더 많이 들어 있는 페트병을 골라 기호를 쓰고, 그 까닭을 쓰시오.

㉠	㉡
46.9 g	47.5 g

5. 소리의 성질

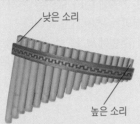

◆ 소리의 높낮이 비교하기

낮은 소리

높은 소리

▲ 팬 플루트

짧은 음판을 칠수록 높은 소리가 납니다.

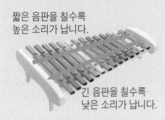

긴 음판을 칠수록 낮은 소리가 납니다.

▲ 실로폰

◆ 공기를 뺄 수 있는 장치에 소리가 나는 스피커를 넣고 공기를 빼면 소리가 작아지는 까닭

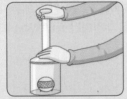

소리를 전달할 수 있는 공기가 적어지기 때문에 소리가 잘 전달되지 않습니다.

🌀 물체에서 소리가 날 때의 공통점은 무엇일까요?

① 물체에서 소리가 날 때의 특징
  • 소리가 나는 목이나 스피커, 소리굽쇠에 손을 대면 떨림이 느껴집니다. → 소리가 나는 소리굽쇠를 물에 대 보면 물이 튀어 오릅니다.
  • 종을 칠 때 생기는 떨림 때문에 소리가 납니다.
  • 벌이 날 때 날개를 빠르게 움직여 떨림이 생기기 때문에 소리가 납니다.
② 물체에서 소리가 날 때의 공통점: 물체가 떨립니다.
③ 소리가 나는 물체를 소리가 나지 않게 하는 방법: 소리가 나는 물체를 떨리지 않게 하면 더 이상 소리가 나지 않습니다. → 소리가 나는 소리굽쇠를 손으로 잡아 떨림을 멈추게 하면 소리가 더 이상 나지 않습니다.

🌀 어떻게 하면 작은 소리나 큰 소리를 낼 수 있을까요?

① 작은북으로 소리의 세기 비교하기

구분	작은북을 약하게 칠 때	작은북을 세게 칠 때
소리의 세기 비교	작은 소리가 난다.	큰 소리가 난다.
좁쌀이 튀어오르는 모습	북이 작게 떨리면서 좁쌀이 낮게 튀어 오른다.	북이 크게 떨리면서 좁쌀이 높게 튀어 오른다.

② 소리의 세기: 소리의 크고 작은 정도입니다. → 물체가 떨리는 크기에 따라 소리의 크기는 달라집니다.
③ 우리 생활에서 작은 소리를 낼 때와 큰 소리를 낼 때

작은 소리를 낼 때	큰 소리를 낼 때
아기에게 자장가를 불러 줄 때, 도서관에서 친구와 이야기할 때, 피아노로 조용한 곡을 연주할 때 등이 있다.	체육 대회에서 응원을 할 때, 멀리 있는 친구를 부를 때, 수업 시간에 친구들 앞에서 발표를 할 때 등이 있다.

🌀 높은 소리와 낮은 소리를 어떻게 이용할까요?

① 소리의 높낮이: 소리의 높고 낮은 정도입니다. → 다양한 악기를 연주하는 관현악단, 여러 사람이 함께 노래를 부르는 합창단은 악기와 사람이 내는 소리의 높낮이를 이용합니다.
② 악기를 이용해 소리의 높낮이 비교하기

팬 플루트	높은 소리가 날 때	관의 길이가 짧다.
	낮은 소리가 날 때	관의 길이가 길다.
실로폰	높은 소리가 날 때	❶음판의 길이가 짧다.
	낮은 소리가 날 때	음판의 길이가 길다.

③ 우리 생활에서 높은 소리를 이용한 예: 불이 난 것을 알리는 화재경보기, 위급한 환자가 타고 있는 것을 알리는 구급차의 ❷경보음 등이 있습니다.

📎 낱말 풀이

❶ **음판** 떨어져 소리를 내는 쇠붙이나 나무들의 조각
❷ **경보음** 갑작스러운 사고나 위험을 알리는 소리
❸ **방음벽** 한쪽의 소리가 다른 쪽으로 새어 나가거나 새어 들어오는 것을 막기 위해 설치한 벽

소리는 무엇을 통해 전달될까요?

① 여러 가지 물질을 통해 소리 전달하기

- 책상을 두드리는 소리: 책상을 통해 전달되었습니다.
- 물이 담긴 수조에 플라스틱 관을 넣고 소리가 나는 스피커를 찾기: 수조의 물과 플라스틱 관, 관 속의 공기를 통해 소리가 전달됩니다.

> 플라스틱 관이 스피커에 가까워질수록 소리가 더 크게 들립니다.

② 여러 가지 물질을 통한 소리 전달: 우리 생활에서 들리는 대부분의 소리는 기체인 공기를 통해 전달되고, 나무나 철과 같은 고체, 물과 같은 액체를 통해서도 전달됩니다.

> └ 바닷속에서 잠수부들은 멀리서 오는 배 소리를 들을 수 있습니다.

실을 이용해 소리를 전달할 수 있을까요?

① 숟가락에 연결한 실을 귀에 걸고 젓가락으로 숟가락을 두드릴 때 나는 소리 들어 보기: 실을 통해 숟가락이 울리는 소리가 들립니다.

② 실 전화기를 만들어 소리를 전달하기 → 실의 길이가 짧을수록, 실의 두께가 두꺼울수록 소리가 더 잘 들립니다.

- 실 전화기는 실의 떨림으로 소리가 전달됩니다.
- 실 전화기의 한쪽 종이컵에 입을 대고 소리를 내면 실을 통해 소리가 전달되어 다른 쪽 종이컵에서 소리를 들을 수 있습니다.

소리가 나아가다가 물체에 부딪치면 어떻게 될까요?

> → 소리의 반사: 소리가 나아가다가 물체에 부딪쳐 되돌아오는 성질입니다.

① 여러 가지 물체를 이용해 스피커에서 들리는 소리의 크기 비교: 나무판을 들고 소리 듣기 → 스타이로폼판을 들고 소리 듣기 → 아무것도 들지 않고 소리 듣기의 순서로 소리가 크게 들립니다.

▲ 나무판을 들고 소리 듣기　▲ 스타이로폼판을 들고 소리 듣기　▲ 아무것도 들지 않고 소리 듣기

> 소리는 딱딱한 물체에서는 잘 반사되지만, 부드러운 물체에서는 잘 반사되지 않습니다.

② 우리 생활에서 소리가 반사되는 경우: 암벽 산에서 들려오는 메아리, 동굴이나 목욕탕에서 울리는 목소리 등이 있습니다.

우리 주변의 소음을 어떻게 줄일까요?

① 소음: 사람의 기분을 좋지 않게 만들거나 건강을 해칠 수 있는 시끄러운 소리입니다.

② 우리 주변의 소음을 줄이는 방법

- 소리의 세기를 줄입니다.
- 음악실의 방음벽처럼 소리가 잘 전달되지 않도록 합니다.
- 도로 방음벽을 설치하면 도로에서 생기는 소리를 반사시킵니다.

> └ 도로 방음벽은 소음을 도로 쪽으로 반사시켜 소음을 줄입니다.

바로바로 체크

1 소리가 나는 물체의 특징으로 바르면 ○표 하시오.

(1) 소리가 나는 스피커에서 떨림이 느껴집니다.
(　　)

(2) 소리가 나는 물체는 공통적으로 떨림이 있습니다.
(　　)

2 소리의 크고 작은 정도를 무엇이라고 하는지 쓰시오.
(　　　　)

3 팬 플루트와 실로폰을 연주하는 데 이용되는 소리의 성질을 쓰시오.
(　　　　)

4 다음과 같은 경우 소리를 전달하는 물질을 쓰시오.

> 멀리 있는 친구를 부른다.

(　　　　)

5 사람의 기분을 좋지 않게 만들거나 건강을 해칠 수 있는 시끄러운 소리는 무엇인지 쓰시오.
(　　　　)

과학

1 스피커에 손을 대 보았을 때 손의 떨림이 느껴지는 경우는 어느 것인지 기호를 쓰시오.

ㄱ   ㄴ

▲ 소리가 나지 않는 스피커에 손을 대 보기   ▲ 소리가 나는 스피커에 손을 대 보기

(   )

2 소리가 나는 소리굽쇠를 물에 대 보았을 때 나타나는 현상은 무엇입니까? (   )

① 아무 변화가 없다.
② 물이 튀어 오른다.
③ 물 색깔이 변한다.
④ 물의 양이 늘어난다.
⑤ 물의 온도가 낮아진다.

3 떨림이 느껴지지 <u>않는</u> 물체는 어느 것입니까? (   )

① 말을 하고 있는 목
② 연주하고 있는 큰북
③ 노랫소리가 나는 스피커
④ 날개를 빠르게 움직이는 벌
⑤ 고무망치로 치기 전의 소리굽쇠

4 다음 중 큰 소리가 나는 작은북은 어느 것인지 기호를 쓰시오.

ㄱ   ㄴ

(   )

5 다음에서 설명하는 것은 무엇인지 쓰시오.

• 소리의 크고 작은 정도이다.
• 물체가 떨리는 크기에 따라 달라진다.

(   )

6 우리 생활에서 큰 소리를 낼 때는 언제인지 모두 골라 기호를 쓰시오.

㉠ 멀리 있는 친구를 부를 때
㉡ 피아노로 조용한 곡을 연주할 때
㉢ 수업 시간에 친구들 앞에서 발표할 때
㉣ 도서관에서 친구와 귓속말로 이야기할 때

(   )

중요

7 팬 플루트의 관을 불었을 때 가장 높은 소리가 날 때를 기호로 쓰시오.

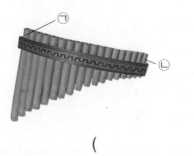

(   )

서술형

8 다음과 같이 실로폰을 긴 음판에서 짧은 음판 순서대로 치면 소리가 어떻게 나는지 쓰시오.

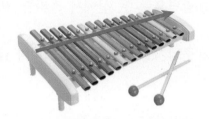

중요

9 소리의 높낮이에 대한 설명으로 바르지 <u>않은</u> 것은 어느 것입니까? ( )

① 소리의 높고 낮은 정도이다.

② 실로폰의 긴 음판을 세게 치면 높은 소리가 난다.

③ 관현악단은 다양한 악기 소리의 높낮이를 이용해 공연을 한다.

④ 팬 플루트는 관의 길이에 따라 소리의 높낮이가 다르다.

⑤ 구급차의 경보음은 높은 소리를 이용해 멀리서도 들을 수 있다.

잘 틀려요

10 소리의 높낮이를 이용해 연주하는 악기는 어느 것입니까? ( )

① 징   ② 큰북

③ 장구   ④ 탬버린

⑤ 피아노

---

11 다음과 같이 책상을 두드리는 소리를 들었을 때 소리는 무엇을 통해 전달되는지 쓰시오.

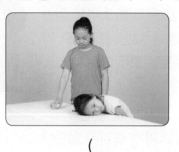

( )

중요

12 다음과 같이 물이 담긴 수조에 플라스틱 관을 넣고 소리가 나는 스피커를 찾을 때 알 수 있는 사실은 무엇입니까? ( )

① 수조가 소리를 전달한다.

② 소리가 나는 스피커를 찾을 수 없다.

③ 수조의 물과 플라스틱 관, 관 속의 공기가 소리를 전달한다.

④ 플라스틱 관을 이동해도 물속에서 들리는 소리의 크기는 같다.

⑤ 플라스틱 관이 스피커에 가까워질수록 소리가 더 작게 들린다.

서술형

13 오른쪽과 같이 공기를 뺄 수 있는 장치에 소리가 나는 스피커를 넣고 공기를 빼면 소리가 작아지는 까닭을 쓰시오.

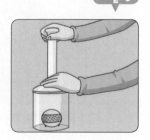

과
학

14 숟가락에 연결한 실을 귀에 걸고 젓가락으로 숟가락을 두드려 소리를 듣는 실험에 대한 설명으로 바른 것을 모두 고르시오.

(   )

① 소리가 잘 들린다.
② 소리가 들리지 않는다.
③ 소리는 액체에서는 전달되지 않는다.
④ 소리가 고체인 실을 통해서 전달된다.
⑤ 소리가 숟가락을 통해서는 전달되지 않는다.

중요

15 실 전화기의 소리가 가장 잘 들리는 경우는 어느 것입니까? (   )

① 실을 길게 한다.
② 실을 팽팽하게 한다.
③ 실을 느슨하게 한다.
④ 실을 손으로 잡는다.
⑤ 얇은 실을 사용한다.

16 소리가 나는 스피커를 플라스틱 통 속에 넣고 소리를 들었을 때 소리가 가장 크게 들리는 경우는 어느 것인지 기호를 쓰시오.

▲ 나무판을 들고 소리 듣기

▲ 스타이로폼판을 들고 소리 듣기

(   )

17 우리 생활에서 소리가 반사되는 경우는 ○표, 아닌 것은 ×표를 하시오.

(1) 암벽으로 된 산에서 소리를 지르면 잠시 뒤에 메아리가 들립니다. (   )

(2) 줄넘기를 빠르게 하면 소리가 납니다.
(   )

(3) 텅 빈 체육관에서 박수를 치면 소리가 울립니다. (   )

18 (   ) 안에 알맞은 말을 쓰시오.

> 도로 방음벽을 설치하면 도로에서 생기는 소리를 (   )시켜 소음을 줄일 수 있다.

(   )

19 소음을 줄이는 방법으로 바르지 않은 것은 어느 것입니까? (   )

① 스피커의 음량을 줄인다.
② 확성기의 사용을 줄인다.
③ 과속 방지 턱을 설치한다.
④ 조용한 밤에 도로 공사를 한다.
⑤ 소음이 적은 건설 기계를 사용한다.

20 다음은 인형극에 필요한 소리입니다 소리를 내는 방법으로 알맞은 것은 어느 것입니까? (   )

> 제비가 날개를 퍼덕이는 소리

① 종이를 찢는다.
② 책을 펄럭인다.
③ 풍선을 터트린다.
④ 콩을 바닥에 던진다.
⑤ 손바닥으로 책상을 두드린다.

탐·구·서·술·형·평·가

1 소리굽쇠를 물에 대었을 때의 모습입니다. 소리가 나는 소리굽쇠를 골라 기호를 쓰고 그렇게 생각한 까닭을 쓰시오.

_____

2 실로폰의 음판을 ㉠ 방향과 ㉡ 방향으로 쳤을 때 소리의 높낮이를 비교하여 쓰시오.

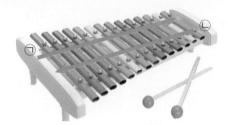

_____

_____

3 소리가 나는 스피커를 플라스틱 통 속에 넣고 여러 가지 물체를 이용해 스피커에서 나오는 소리를 들었습니다. 소리가 크게 들리는 순서대로 기호를 쓰고, 소리가 크게 들리는 까닭을 쓰시오.

▲ 아무것도 들지 않고 소리 듣기 ▲ 나무판을 들고 소리 듣기 ▲ 스타이로폼판을 들고 소리 듣기

(1) 소리가 크게 들리는 순서: _____

(2) 소리가 크게 들리는 까닭: _____

_____

물체에서 소리가 날 때의 공통점
- 소리가 나는 목이나 스피커, 소리굽쇠에 손을 대면 떨림이 느껴집니다.
- 소리가 나지 않는 목이나 스피커, 소리굽쇠에 손을 대면 떨림이 느껴지지 않습니다.
- 물체가 떨리면 소리가 납니다.

소리의 높낮이
- 소리의 높고 낮은 정도를 소리의 높낮이라고 합니다.
- 팬 플루트의 짧은 관을 불수록, 실로폰의 짧은 음판을 칠수록 높은 소리가 납니다.
- 다양한 악기를 연주하는 관현악단과 여러 사람이 함께 노래를 부르는 합창단은 소리의 높낮이를 이용해 공연합니다.

소리의 반사
- 소리가 나아가다가 물체에 부딪쳐 되돌아오는 성질을 소리의 반사라고 합니다.
- 소리는 딱딱한 물체에서는 잘 반사되지만 부드러운 물체에서는 소리가 흡수되어 잘 반사되지 않습니다.

마무리 평가

차례

[1. 작품을 보고 느낌을 나누어요]

1 표정, 몸짓, 말투에 주의하며 말하면 좋은 점은 무엇입니까? ( )

① 글을 더 잘 쓸 수 있다.

② 말하는 시간을 줄일 수 있다.

③ 자신의 생각을 잘 전달할 수 있다.

④ 더 많은 사람에게 자신의 생각을 대충 전달할 수 있다.

⑤ 다른 사람을 자신의 생각에 모두 동의하게 할 수 있다.

[1. 작품을 보고 느낌을 나누어요]

2 다음의 장면에서 장금이의 몸짓으로 알맞은 것에 ○표를 하시오.

> 처음으로 수라간 상궁을 보는 장면

(1) 뒷짐을 진다. ( )

(2) 눈썹을 찡그린다. ( )

(3) 몸을 앞으로 기울이며 눈을 크게 뜬다.

( )

[2. 중심 생각을 찾아요]

3 글을 읽고 중심 생각을 찾는 방법으로 알맞은 것을 보기 에서 찾아 쓰시오.

> **보기**
>
> 제목 글쓴이 중심 문장

· 문단의 ((1))을/를 찾아보고 중심 생각을 간추린다.

· 글의 ((2))을/를 보고 무엇에 대해 쓴 글인지 생각한다.

· 글에 있는 사진이나 그림을 살펴본다.

4~5

가 다음으로, 옛날에는 사람들이 성별에 따라 다른 옷을 입었지만 오늘날에는 자신이 좋아하는 옷을 입는다. 옛날에 남자는 아래에 바지를 입고 위에는 저고리와 조끼, 마고자를 입었다. 그리고 춥거나 나들이를 갈 때에는 겉에 두루마기를 입었다. 여자는 아래에 속바지와 치마를 입고 위에는 저고리를 입었다. 여자도 두루마기를 입지만 남자가 입는 두루마기와 모양이 달랐다. 오늘날에는 남자와 여자의 옷차림을 엄격하게 구분하지 않는다.

나 마지막으로, 옛날에는 자연에서 얻은 실로 짠 옷감으로 옷을 만들었지만 오늘날에는 합성 섬유로 옷을 만드는 경우가 많다. 우리 조상은 식물이나 누에고치에서 실을 뽑아 옷감을 얻었다.

[2. 중심 생각을 찾아요]

4 이 글의 내용으로 알맞은 것은 어느 것입니까? ( )

① 옛날에는 남자가 치마를 입었다.

② 옛날에는 합성 섬유로 옷을 만들었다.

③ 옛날에는 여자는 두루마기를 입지 않았다.

④ 옛날에는 성별에 따라 다른 옷을 입지 않았다.

⑤ 오늘날에는 남자와 여자의 옷차림을 엄격하게 구분하지 않는다.

서술형

[2. 중심 생각을 찾아요]

5 글쓴이의 생각은 무엇인지 쓰시오.

_____

_____

마무리 평가

6~7

언제	5월
어디에서	학교 운동장
있었던 일	친구들과 공 굴리기, 장애물 달리기와 같은 운동을 했다.
㉠	친구들과 함께 여러 가지 운동을 해서 즐거웠다.

[3. 자신의 경험을 글로 써요]

6 글쓴이가 정리한 가장 인상 깊은 일은 무엇입니까? ( )

① 체험학습을 간 일
② 가족 여행을 간 일
③ 아빠와 요리를 한 일
④ 운동회에서 있었던 일
⑤ 친구와 놀이터에서 논 일

[3. 자신의 경험을 글로 써요]

7 ㉠에 들어갈 알맞은 말을 쓰시오.

( )

8~10

강가 고운 모래밭에서
발가락 옴지락거려
두더지처럼 파고들었다.

지구가 간지러운지
㉠굼질굼질 움직였다.

아, 내 작은 신호에도
㉡지구는 대답해 주는구나.

그 큰 몸짓에
이 조그마한 발짓
그래도 지구는 대답해 주는구나.

[4. 감동을 나타내요]

8 다음의 모습을 감각적으로 표현한 부분을 이 시에서 찾아 쓰시오.

> 발가락을 구부려 두더지발톱처럼 만들어 모래밭을 파고드는 모습

( )

[4. 감동을 나타내요]

9 ㉠은 어떤 모습을 흉내 내는 말입니까? ( )

① 팔짝팔짝 뛰는 모습
② 동글동글 구르는 모습
③ 빨리빨리 움직이는 모습
④ 손바닥을 세게 치는 모습
⑤ 느리게 천천히 움직이는 모습

[4. 감동을 나타내요]

10 ㉡이라고 표현한 까닭은 무엇입니까? ( )

① 해가 져서
② 파도 소리가 들려서
③ 친구가 대답해 주어서
④ 땅속에서 두더지가 나타나서
⑤ 모래의 움직임을 지구가 움직이는 것으로 생각해서

11~12

가 (전화벨이 울린다.)

민지: 여보세요?

지원: 여보세요, 민지 있나요?

민지: 제가 민지인데, 누구신가요?

지원: 나, 지원이야.

나 지원: 나, 아까 학교 앞 문구점에서 미술 준비물을 샀는데 망가져 있어.

민지: 뭐가? 물감에 구멍이 났니? 아니면 물통?

지원: 아니, 물통에 물이 샌다고.

민지: 아, 물통을 말하는 거구나.

[5. 바르게 대화해요]

11 글 **가**에서 지원이가 지켜야 할 전화 예절을 두 가지 고르시오. (　　,　　)

① 자신이 누구인지 밝힌다.

② 상대가 누구인지 확인한다.

③ 자신이 하고 싶은 말만 하지 않는다.

④ 상대가 하는 말을 귀 기울여 듣는다.

⑤ 공공장소에서 작은 목소리로 대화한다.

[5. 바르게 대화해요]

12 글 **나**에서 민지가 지원이의 말을 알아듣지 못한 까닭은 무엇입니까? (　　)

① 민지 주변이 너무 시끄러워서

② 지원이가 인사를 하지 않아서

③ 지원이의 목소리가 너무 작아서

④ 지원이가 높임 표현을 쓰지 않아서

⑤ 전화 통화에서는 상황을 볼 수 없어서

13~15

가 "지금 안 일어나면 지각이야."

엄마의 손이 이불을 걷어 냈다.

"아이참! 엄마, 알았다고요."

나는 눈을 비비며 부스스 자리에서 일어났다. 차가운 물로 세수를 하자, 졸음이 싹 달아났다. 아침밥을 먹는 둥 마는 둥 하고 서둘러 집을 나섰다.

나 1교시는 사회 시간이었다. 우리 지역의 자랑거리를 조사해서 발표하는 시간이었다.

우리 모둠 발표자는 나였다. 앞 모둠 발표가 거의 끝나 가자 나는 가슴이 콩닥콩닥 뛰기 시작했다.

[6. 마음을 담아 글을 써요]

13 글 **가**와 글 **나**는 언제 일어난 일인지 각각 쓰시오.

(1) **가**: (　　　　　　　　　)

(2) **나**: (　　　　　　　　　)

[6. 마음을 담아 글을 써요]

14 글 **나**에서 일어난 일은 무엇입니까? (　　)

① 동영상을 보았다.

② 발표 차례가 다가왔다.

③ 사회 발표 자료 준비를 했다.

④ 발표를 잘해서 칭찬을 받았다.

⑤ 우리 모둠 친구들과 사회 숙제를 했다.

[6. 마음을 담아 글을 써요]

15 글 **가**와 글 **나**에서 인물의 마음이 어떻게 변했는지 쓰시오.

(1) **가**: (　　　　　　　) ➡

(2) **나**: (　　　　　　　　　)

마무리 평가

16~17

오늘은 학교에서 『바위나리와 아기별』이라는 책을 읽었다. 앞표지에 있는 바위나리와 아기별 그림이 무척 예뻐서 내용이 궁금했기 때문이다. 이 책은 바위나리와 아기별의 우정 이야기이다.

[7. 글을 읽고 소개해요]

16 이 글의 종류는 무엇인지 쓰시오.

(   )

[7. 글을 읽고 소개해요]

17 이와 같은 글에 들어갈 내용이 <u>아닌</u> 것은 무엇입니까? (   )

① 책 내용
② 인상 깊은 부분
③ 책을 읽게 된 까닭
④ 책을 함께 읽은 친구
⑤ 책을 읽고 난 뒤에 든 생각이나 느낌

18~19

가 세 번째, 실 세 가닥을 잡고 세 가닥 땋기를 합니다. 이때 자신이 원하는 길이보다 길게 땋아야 합니다. 손목 둘레의 두세 배 정도 길이로 땋는 것이 좋습니다.

나 마지막으로, 양쪽 끝을 연결합니다. 양쪽 끝을 연결할 때에는 끝끼리 묶어도 좋고, 다른 실로 양쪽 매듭을 함께 이어 줘도 좋습니다. 어때요? 멋진 실 팔찌가 만들어졌나요?

다 네 번째, 땋은 실 끝 쪽에 매듭을 짓습니다. 매듭은 첫 번째 매듭을 지을 때 사용한 방법으로 지으며, 자신이 땋은 부분이 끝나는 곳보다 좀 더 앞쪽에 짓습니다.

[8. 글의 흐름을 생각해요]

18 이 글에서 알려 주는 것은 무엇입니까? (   )

① 리본 만들기
② 인형 만들기
③ 볶음밥 만들기
④ 도자기 만들기
⑤ 실 팔찌 만들기

[8. 글의 흐름을 생각해요]

19 이 글의 차례대로 기호를 쓰시오.

(   ) ➡ (   ) ➡ (   )

[9. 작품 속 인물이 되어]

20 다음 장면에서 ㉠에 알맞은 표정, 몸짓, 말투로 알맞지 <u>않은</u> 것은 무엇입니까? (   )

쿠부의 머리가 다시 물 밖으로 나오자 무툴라는 아주 크게 소리쳤어요.
"쿠부, 내가 안녕이라고 말했잖아!"
"그래서 어쩌라고, 이 꼬맹이야! 감히 내 아침잠을 방해하다니!"
"쿠부, 그렇게 거만하게 굴 것까진 없잖아! 너는 몸집이 가장 크다고 네가 가장 힘이 센 줄 알지? ㉠난 줄다리기를 하면 널 언제든 이길 수 있어!"
"네가? 너 같은 꼬맹이가? 푸우하하하!"
"내일 아침, 내가 밧줄을 가져올게. 그럼 내가 얼마나 힘이 센지 알게 될 거야!"

① 팔짱을 낀다.
② 손을 허리에 얹는다.
③ 자신만만한 표정으로 말한다.
④ 크고 또렷한 목소리로 말한다.
⑤ 느리고 굵은 목소리로 말한다.

1 계산해 보세요.   [1. 곱셈]

(1)
```
    1 2 4
  ×     4
```

(2)
```
        6
  ×   4 7
```

2 곱이 나머지와 다른 하나는 어느 것인가요?   [1. 곱셈]

(   )

① 15×40   ② 20×30
③ 60×10   ④ 50×14
⑤ 120×5

3 바늘 24개를 바늘 한 쌈이라고 합니다. 바늘 32쌈은 바늘이 모두 몇 개인가요?   [1. 곱셈]

(   )

4 빈칸에 알맞은 수를 써넣으세요.   [2. 나눗셈]

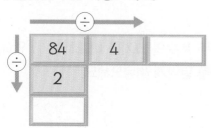

5 몫의 크기를 비교하여 ○ 안에 >, =, <를 알맞게 써넣으세요.   [2. 나눗셈]

75÷5 ◯ 54÷3

6 사탕 260개를 8명에게 똑같이 나누어 주려고 합니다. 한 명에게 사탕을 몇 개씩 줄 수 있고, 몇 개가 남나요?   [2. 나눗셈]

한 명에게 (   )개씩 줄 수 있고,
(   )개가 남습니다.

서술형

7 어떤 수를 6으로 나누었더니 몫이 7, 나머지가 4가 되었습니다. 어떤 수는 얼마인지 풀이 과정을 쓰고 답을 구해 보세요.   [2. 나눗셈]

_____

_____

_____

(   )

마무리 평가

[3. 원]

8 원의 반지름을 모두 찾아 써 보세요.

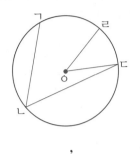

(,   )

[3. 원]

9 원에 대한 설명으로 <u>잘못된</u> 것은 어느 것인가요? (   )

① 한 원에서 반지름은 1개입니다.
② 지름은 항상 원의 중심을 지납니다.
③ 한 원에서 지름은 무수히 많습니다.
④ 지름은 원 위의 두 점을 이은 선분 중 가장 깁니다.
⑤ 한 원에서 지름의 길이는 반지름의 길이의 2배입니다.

[3. 원]

10 다음 정사각형의 네 변의 길이의 합은 몇 cm인가요?

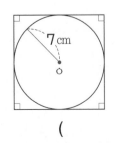

7 cm

(   )

[4. 분수]

11 알맞은 분수를 찾아 ○표 해 보세요.

$$12는 16의 \left(\frac{1}{4} , \frac{2}{4} , \frac{3}{4} \right)입니다.$$

[4. 분수]

12 다음 분수 중 진분수는 모두 몇 개인가요?

$$\frac{4}{15} \qquad \frac{17}{15} \qquad \frac{11}{15} \qquad \frac{15}{15}$$

(   )

[4. 분수]

13 가분수로 고쳤을 때 분자가 가장 작은 것은 어느 것인가요? (   )

① $7\frac{1}{2}$ ② $6\frac{1}{3}$

③ $5\frac{1}{4}$ ④ $4\frac{1}{5}$

⑤ $3\frac{1}{6}$

[4. 분수]

14 두 분수의 크기를 비교하여 ○ 안에 >, =, < 를 알맞게 써넣으세요.

$$\frac{16}{7} \bigcirc 2\frac{3}{7}$$

15 □ 안에 알맞은 수를 써넣으세요.

[5. 들이와 무게]

⑴ 3 L 500 mL= [   ] mL

⑵ 5700 g= [   ] kg [   ] g

16 저울의 눈금을 읽어 보세요.

[5. 들이와 무게]

(   )

서술형

[5. 들이와 무게]

17 빈 병 한 개의 무게는 230 g입니다. 세미는 빈 병 2개를 모았고, 서현이는 빈 병 3개를 모았습니다. 두 사람이 모은 빈 병의 무게는 모두 몇 kg 몇 g인지 풀이 과정을 쓰고 답을 구해 보세요.

_____

_____

_____

(   )

✿ 수현이네 학교 3학년 학생들이 사는 마을별 학생 수를 조사하여 나타낸 표입니다. 물음에 답하세요. [18~20]

마을별 학생 수

마을	㉮	㉯	㉰	㉱	㉲	합계
학생 수(명)	15		16	30	22	100

[6. 자료의 정리]

18 ㉯ 마을에 살고 있는 3학년 학생은 몇 명인가요?

(   )

[6. 자료의 정리]

19 표를 보고 그림그래프를 완성해 보세요.

마을별 학생 수

마을	학생 수
㉮	😊😊😊😊😊😊
㉯	
㉰	😊😊😊😊😊😊😊
㉱	😊😊😊
㉲	

😊 10명
😊 1명

[6. 자료의 정리]

20 학생 수가 ㉰ 마을보다 많은 마을을 모두 찾아 써 보세요.

(,   ,   )

[1. ❶ 우리 고장의 환경과 생활 모습]

1 다음 자연환경 중 땅의 생김새에 속하지 <u>않는</u> 것은 어느 것입니까? (   )

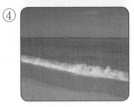

서술형   [1. ❶ 우리 고장의 환경과 생활 모습]

2 고장 사람들이 산을 이용하는 모습은 무엇인지 쓰시오.

✿ 경상북도 포항시의 평균 기온과 평균 강수량을 나타낸 그래프를 보고, 물음에 답하시오. [3~4]

▲ 평균 기온   ▲ 평균 강수량

[1. ❶ 우리 고장의 환경과 생활 모습]

3 위의 그래프에서 공기의 온도를 뜻하는 말을 찾아 쓰시오.

(   )

[1. ❶ 우리 고장의 환경과 생활 모습]

4 위의 고장에서 평균 강수량이 가장 많은 달은 언제입니까? (   )

① 1월   ② 4월
③ 7월   ④ 10월
⑤ 알 수 없다.

[1. ❶ 우리 고장의 환경과 생활 모습]

5 다음 중 겨울 날씨와 관련된 속담은 어느 것입니까? (   )

① 가을비는 오래가지 않는다.
② 겨울 날씨 좋은 건 못 믿는다.
③ 가뭄 끝은 있어도 장마 끝은 없다.
④ 꽃샘추위에 설늙은이 얼어 죽는다.
⑤ 오뉴월 소나기는 쇠등을 두고 다툰다.

[1. ❶ 우리 고장의 환경과 생활 모습]

6 바다가 있는 고장에 사는 사람들이 주로 하는 일은 어느 것입니까? (   )

① 버섯을 재배한다.
② 논에서 벼농사를 한다.
③ 목장에서 소를 키운다.
④ 공장이나 회사에서 일한다.
⑤ 물고기를 잡거나 김과 미역을 기른다.

[1. ❶ 우리 고장의 환경과 생활 모습]

7 다음 중 여가 생활을 하는 모습에 해당하지 <u>않는</u> 것은 어느 것입니까? (   )

[1. ❷ 환경에 따른 의식주 생활 모습]

8 덥거나 추운 날씨로부터 몸을 보호하기 위해서 사람들에게 꼭 필요한 것은 무엇인지 쓰시오.

(   )

[1. ❷ 환경에 따른 의식주 생활 모습]

9 다음과 같은 집을 지었던 곳의 자연환경으로 알 맞은 것은 어느 것입니까? (　　)

① 주변에 화산이 있다.
② 나무를 쉽게 구할 수 있다.
③ 겨울철에 눈이 많이 내린다.
④ 주변에서 짚을 쉽게 구할 수 있다.
⑤ 여름철에 홍수로 집이 물에 잠길 위험이 있다.

[2. ❶ 옛날과 오늘날의 생활 모습]

10 사람들이 가장 먼저 사용한 생활 도구는 무엇으로 만들었습니까? (　　)

① 철　　　　　　② 돌
③ 청동　　　　　④ 기와
⑤ 플라스틱

[2. ❶ 옛날과 오늘날의 생활 모습]

11 다음 빈칸에 들어갈 알맞은 말을 쓰시오.

> 농사를 짓기 시작한 사람들은 돌을 나무에 연결하거나 날카롭게 갈아 농사 도구로 사용했다. 농사 도구를 만드는 재료는 돌에서 (　　　)로 점차 바뀌었다.

(　　　　　　　　)

[2. ❶ 옛날과 오늘날의 생활 모습]

12 옛날 사람들이 사용한 오른쪽 도구의 쓰임새는 무엇입니까? (　　)

① 식물의 줄기를 꼬아서 실을 만든다.
② 힘을 덜 들이고도 논이나 밭을 간다.
③ 실을 올려 놓고 서로 엮어서 옷감을 만든다.
④ 곡식을 자르는 일과 탈곡하는 일을 한꺼번에 한다.
⑤ 바닥의 구멍에서 올라오는 뜨거운 김으로 음식을 익혀 먹는다.

[2. ❶ 옛날과 오늘날의 생활 모습]

13 농사짓기를 시작하면서 한곳에 모여 자리를 잡고 살았던 옛날 사람들이 지었던 집은 무엇입니까? (　　)

① 동굴　　　　　② 움집
③ 귀틀집　　　　④ 기와집
⑤ 초가집

서술형

[2. ❶ 옛날과 오늘날의 생활 모습]

14 다음은 추석 때 볼 수 있는 세시 풍속입니다. 무엇을 하는 모습인지 쓰시오.

_____

_____

마무리 평가

[2. ② 옛날과 오늘날의 세시 풍속]

15 다음 명절과 명절에 먹는 음식을 알맞게 줄로 이으시오.

(1) 설날 •   • ㉠ 송편

(2) 삼복 •   • ㉡ 떡국

(3) 추석 •   • ㉢ 팥죽

(4) 동지 •   • ㉣ 닭백숙

[3. ① 가족의 구성과 역할 변화]

16 오늘날에 볼 수 있는 다음 결혼식과 관계 <u>없는</u> 것은 어느 것입니까? (   )

① 주례   ② 가마

③ 턱시도   ④ 웨딩드레스

⑤ 결혼식장

[3. ① 가족의 구성과 역할 변화]

17 옛날과 오늘날 결혼식의 공통점으로 알맞은 것은 어느 것입니까? (   )

① 폐백을 드린다.

② 신랑과 신부가 한복을 입는다.

③ 결혼식 후에 신혼여행을 간다.

④ 신부의 집 마당에서 결혼식을 한다.

⑤ 신랑과 신부가 결혼반지를 주고받는다.

[3. ① 가족의 구성과 역할 변화]

18 옛날과 오늘날의 가족 형태 변화에 대한 설명으로 알맞은 것은 어느 것입니까? (   )

① 옛날에는 핵가족이 대부분이었다.

② 오늘날에는 확대 가족이 더 많아졌다.

③ 옛날에는 자녀가 결혼을 하면 따로 사는 경우가 많았다.

④ 오늘날에는 개인 생활을 위해 독립하는 경우가 거의 없다.

⑤ 옛날에는 주로 농사를 지어 일손이 많이 필요했기 때문에 많은 가족이 모여 살았다.

[3. ① 가족의 구성과 역할 변화]

19 오늘날의 가족 생활 모습으로 알맞지 <u>않은</u> 것은 어느 것입니까? (   )

① 맞벌이 가정이 증가했다.

② 부모가 함께 자녀를 돌본다.

③ 역할을 나누어 집안일을 한다.

④ 가족회의로 집안일을 의논한다.

⑤ 가족 구성원의 역할이 구분되어 있다.

[3. ② 다양한 가족이 살아가는 모습]

20 다음 설명과 관계 깊은 가족 형태를 찾아 ○표 하시오.

> 부부가 헤어진 뒤 다른 사람과 다시 결혼해 이룬 가족으로, 아이에게는 새아빠나 새엄마가 생기고 새로운 형제자매를 만나기도 한다.

(1)   (2)

(   )   (   )

[1. 재미 있는 나의 탐구]

1 탐구 문제로 적절한 것은 어느 것인지 기호를 쓰시오.

> ㉠ 잠을 많이 잘수록 키가 클까?
> ㉡ 물을 많이 주면 식물이 잘 자랄까?
> ㉢ 자석의 힘은 얼마나 멀리까지 미칠까?

( )

[2. 동물의 생활]

2 다음과 같은 특징을 가진 주변에서 사는 동물은 어느 것입니까? ( )

> • 화단에 산다.
> • 몸은 여러 개의 마디로 되어 있다.
> • 건드리면 몸을 둥글게 만든다.

① 꿀벌 ② 까치
③ 개미 ④ 공벌레
⑤ 잠자리

[2. 동물의 생활]

3 다음과 같이 동물을 분류할 수 있는 기준은 무엇입니까? ( )

그렇지 않다.	그렇다.
비둘기, 참새	달팽이, 잠자리

① 알을 낳는가?
② 날개가 있는가?
③ 다리가 있는가?
④ 더듬이가 있는가?
⑤ 물속에서 살 수 있는가?

서술형 [2. 동물의 생활]

4 다음 동물들이 사는 환경의 특징을 쓰시오.

> 낙타, 사막여우, 전갈

_____

_____

[2. 동물의 생활]

5 붕어와 상어의 공통적인 특징이 아닌 것은 어느 것입니까? ( )

① 다리가 없다.
② 지느러미가 있다.
③ 아가미로 숨을 쉰다.
④ 몸이 부드러운 곡선 형태이다.
⑤ 배 발을 이용하여 바닥을 기어 다닌다.

[2. 동물의 생활]

6 두 쌍의 날개로 날아다니는 동물이 아닌 것은 어느 것입니까? ( )

①  ▲ 벌
②  ▲ 나비
③  ▲ 매미
④ ▲ 잠자리
⑤ ▲ 까치

[3. 지표의 변화]

7 오른쪽과 같이 얼음 설탕을 플라스틱 통 안에 넣고 흔드는 실험을 통해 알아보고자 하는 것은 무엇입니까? ( )

① 흙이 뭉쳐지는 과정
② 흙이 만들어지는 과정
③ 돌이 만들어지는 과정
④ 얼음 설탕이 만들어지는 과정
⑤ 얼음 설탕의 크기가 다양한 까닭

마무리 평가

[3. 지표의 변화]

8 운동장 흙의 특징으로 바르지 <u>않은</u> 것은 어느 것입니까? (　　)

① 거칠다.
② 잘 뭉쳐진다.
③ 밝은 갈색이다.
④ 알갱이의 크기가 비교적 크다.
⑤ 화단 흙보다 물이 더 빠르게 빠진다.

서술형

[3. 지표의 변화]

9 강 상류와 강 하류에서 활발하게 일어나는 흐르는 물의 작용을 쓰시오.

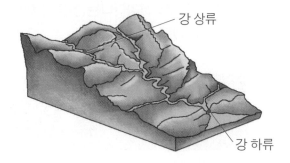

강 상류

강 하류

_____

_____

[3. 지표의 변화]

10 다음 지형에 대한 설명으로 바른 것은 어느 것입니까? (　　)

 ㉠

 ㉡

① ㉠은 바닷물의 퇴적 작용으로 만들어졌다.
② ㉡은 바닷물의 침식 작용으로 만들어졌다.
③ ㉠과 ㉡의 지형은 흐르는 강물에 의해 만들어졌다.
④ ㉠과 ㉡의 지형은 오랜 시간에 걸쳐서 만들어진다.
⑤ ㉠은 바닷물에 의해 만들어진 지형이고, ㉡은 바람에 의해 만들어진 지형이다.

[3. 지표의 변화]

11 흙이 소중한 까닭으로 바르지 <u>않은</u> 것은 어느 것입니까? (　　)

① 물이 흐르게 한다.
② 식물이 양분을 얻는다.
③ 사람들이 집을 짓는다.
④ 흙 속에는 많은 생물이 살아가고 있다.
⑤ 다시 만들어지기까지 오랜 시간이 걸린다.

[4. 물질의 상태]

12 나무 막대, 물, 공기의 특징을 비교한 것으로 바르지 <u>않은</u> 것은 어느 것입니까? (　　)

① 물과 공기는 손으로 잡을 수 없다.
② 나무 막대와 물은 눈에 보이고, 공기는 눈에 보이지 않는다.
③ 물은 다른 그릇에 옮겨 담을 수 있지만 공기는 옮겨 담기 어렵다.
④ 나무 막대는 손으로 잡을 수 있고, 물은 흘러서 손으로 잡기 어렵다.
⑤ 담는 그릇에 따라 물은 모양이 변하지만 공기는 모양이 변하지 않는다.

[4. 물질의 상태]

13 물체의 상태가 나머지와 <u>다른</u> 것은 어느 것입니까? (　　)

① 가위　　　　② 주스
③ 축구공　　　④ 색종이
⑤ 유리구슬

[4. 물질의 상태]

14 우리 주변에 공기가 있는 것을 알 수 있는 방법이 <u>아닌</u> 것은 어느 것입니까? (　　)

① 부채질을 해 본다.
② 풍선을 불어 본다.
③ 깃발을 흔들어 본다.
④ 물을 손으로 잡아 본다.
⑤ 바람개비를 들고 뛰어 본다.

[4. 물질의 상태]

15 코끼리 나팔과 주사기를 비닐관으로 연결한 후 주사기의 피스톤을 밀거나 당겼을 때의 변화로 바른 것을 모두 고르시오. (   )

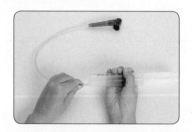

① 주사기의 피스톤을 밀어도 아무 변화가 없다.
② 공기가 이동하는 성질 때문에 코끼리 나팔의 모양이 변한다.
③ 당겨 놓은 주사기의 피스톤을 다시 밀면 코끼리 나팔이 말린다.
④ 밀었던 주사기의 피스톤을 다시 당기면 코끼리 나팔이 펼쳐진다.
⑤ 당겨 놓은 주사기의 피스톤을 밀면 코끼리 나팔이 길게 펼쳐진다.

[4. 물질의 상태]

16 페트병 입구에 끼운 공기 주입 마개를 누르는 횟수를 다르게 하여 페트병 무게를 재었습니다. 페트병의 무게가 가장 무거운 것은 어느 것인지 기호를 쓰시오.

> ㉠ 공기 주입 마개를 누르지 않았을 때
> ㉡ 공기 주입 마개를 10번 눌렀을 때
> ㉢ 공기 주입 마개를 30번 눌렀을 때

(   )

[5. 소리의 성질]

17 떨림이 느껴지는 물체를 모두 골라 기호를 쓰시오.

> ㉠ 소리가 나는 스마트폰
> ㉡ 고무망치로 두드린 소리굽쇠
> ㉢ 책상 위에 올려놓은 실로폰

(   )

[5. 소리의 성질]

18 작은북 위에 좁쌀을 올려놓고 북채로 작은 북을 쳤을 때 북 소리의 크기를 비교하여 (   ) 안에 알맞은 말을 차례대로 쓰시오.

> ㉠의 북은 (   ) 소리가 나고, ㉡의 북은 (   ) 소리가 난다.

(   )

[5. 소리의 성질]

19 실 전화기의 소리를 더 잘 들리게 하는 방법은 ○표, 잘 들리지 않게 하는 방법은 ×표를 하시오.

⑴ 실을 짧게 합니다.　　　　　　(　　)
⑵ 실을 두껍게 합니다.　　　　　(　　)
⑶ 실을 손으로 잡습니다.　　　　(　　)
⑷ 실을 느슨하게 늘어뜨립니다.　(　　)

[5. 소리의 성질]

20 오른쪽과 같이 스타이로폼 판을 이용해 플라스틱 통 속의 스피커에서 나오는 소리를 들었을 때보다 소리가 더 크게 들리는 경우를 기호로 쓰시오.

▲ 아무것도 들지　　　▲ 나무판을 들고
　않고 소리 듣기　　　　소리 듣기

(   )

[1. 작품을 보고 느낌을 나누어요]

1 상황에 알맞은 표정, 몸짓, 말투가 <u>아닌</u> 것은 어느 것입니까? ( )

① 사과할 때에는 화를 내면서 말한다.

② 사과할 때에는 미안한 표정을 짓는다.

③ 부탁할 때에는 부드러운 말투로 말한다.

④ 고마움을 표현할 때에는 공손하게 말한다.

⑤ 사과할 때에는 진심을 담은 말투로 말한다.

[1. 작품을 보고 느낌을 나누어요]

2 만화 영화를 보고 재미있거나 감동받은 부분을 바르게 말한 친구는 누구인지 쓰시오.

> 주현: 이 만화 영화의 주인공은 미미와 자두야.
>
> 예리: 어렸을 때 이 만화 영화를 보았는데 참 재미있었어.
>
> 슬기: 미미가 발에 멍이 들면서도 열심히 연습하는 부분에서 감동받았어.

( )

3~5

가 셋째, 갯벌은 육지에서 나오는 오염 물질을 분해해 좋은 환경을 만듭니다. 갯벌은 겉으로는 그냥 진흙탕처럼 보이지만 작은 생물이 갯벌에 많이 살고 있습니다. 이 생물들은 오염 물질 분해가 잘 이루어지게 합니다. 갯벌에서 흔히 사는 갯지렁이도 오염 물질 분해를 돕습니다.

나 갯벌의 환경은 특별하고 다양합니다. 갯벌과 그 속에 사는 여러 생물은 자연과 사람을 위해 좋은 역할을 많이 합니다. 그러므로 갯벌은 쓸모없는 땅이 아니라 우리와 함께 살아가는 소중한 장소입니다. 소중한 갯벌을 잘 보존해야겠습니다.

[2. 중심 생각을 찾아요]

3 **가** 문단의 중심 문장을 쓰시오.

_____

_____

[2. 중심 생각을 찾아요]

4 이 글의 제목으로 가장 알맞은 것은 어느 것입니까? ( )

① 갯벌을 개발하자

② 신기한 갯벌 체험

③ 쓸모없는 땅, 갯벌

④ 재미있는 갯벌 여행

⑤ 갯벌을 보존해야 하는 까닭

[2. 중심 생각을 찾아요]

5 다음은 이 글의 중심 생각을 정리한 것입니다. 빈칸에 알맞은 말을 쓰시오.

> ( )을 보존해야 하는 까닭을 알고 소중한 갯벌을 보존해야 한다.

"주혁이가 열이 많이 나는구나. 아무래도 장염에 걸린 것 같다. ㉠이번가을에만두번째네."

아빠께서 걱정스럽게 말씀하셨다. 주혁이는 얼굴을 찡그리며 힘들어했다. 아빠께서 병원에 갈 채비를 하시는 동안 나는 주혁이 옆에 앉아 있었다.

"누나, 나 아파."

[3. 자신의 경험을 글로 써요]

6 이 글에서 인상 깊은 일로 쓴 일은 무엇입니까?
( )

① 동생과 다툰 일
② 동생이 아팠던 일
③ 부모님과 여행을 한 일
④ 선생님께 칭찬을 들은 일
⑤ 친구들과 병원 놀이를 한 일

[3. 자신의 경험을 글로 써요]

7 ㉠에서 띄어 써야 할 부분에 ∨표를 하고 바르게 띄어 쓰시오.

( )

[3. 자신의 경험을 글로 써요]

8 이 글을 쓰기 전에 정리할 내용을 모두 고르시오. (, ,)

① 무슨 일이 있었나요?
② 어떤 마음이 들었나요?
③ 잘못된 표현은 무엇인가요?
④ 잘못된 띄어쓰기는 무엇인가요?
⑤ 언제, 어디에서 누구와 있었던 일인가요?

내 몸에
불덩이가 들어왔다.
– 뜨끈뜨끈.
불덩이를 따라
몹시 추운 사람도 들어왔다.
– 오들오들.

약을 먹고 나니
느릿느릿,
거북이도 들어오고
㉠까무룩,
잠꾸러기도 들어왔다.

내 몸에
너무 많은 것들이 들어왔다.
그래서
내 몸이 아주 무거워졌다.

[4. 감동을 나타내요]

9 '내' 몸에 들어온 것을 모두 고르시오.
(, ,)

① 토끼
② 눈송이
③ 거북이
④ 잠꾸러기
⑤ 몹시 추운 사람

[4. 감동을 나타내요]

10 ㉠은 어떤 모습을 표현한 것입니까? ( )

① 열이 많이 난다.
② 기침을 많이 한다.
③ 감기약을 먹고 졸리다.
④ 감기에 걸려 볼이 빨갛다.
⑤ 감기약을 먹고 몸이 가볍다.

마무리 평가

11~13

[5. 바르게 대화해요]

11 가 의 전화 대화에서 생긴 문제는 무엇입니까?
( )

① 공손하게 대화하지 않았다.
② 상대의 말을 끝까지 듣지 않았다.
③ 공공장소에서 큰 목소리로 말했다.
④ 상대가 누구인지 확인하지 않았다.
⑤ 지수가 상대의 상황을 헤아리지 않고 자기 할 말만 했다.

[5. 바르게 대화해요]

12 나 에서 할머니의 마음은 어떠하겠습니까?
( )

① 당황한 마음 ② 고마운 마음
③ 든든한 마음 ④ 미안한 마음
⑤ 안심하는 마음

[5. 바르게 대화해요]

13 나 에서 남자아이가 전화를 끊기 전에 할머니께 해야 할 말은 무엇인지 쓰시오.

_____

14~16

가 나는 음악 시간 내내 민호의 리코더 선생님이 되었다.
"규리야, '솔' 음은 어떻게 소리 내니?"
"응, 내가 가르쳐 줄게."
민호는 가르쳐 주는 대로 잘 따라 했다.
"아, 이렇게 하는 거구나. 고마워, 규리야."
민호가 잘하자 나도 덩달아 기분이 좋아졌다.

나 수업이 모두 끝났다. 집으로 가는 길에 놀이터를 지나게 되었다.
"멍멍!"
어디선가 강아지 소리가 들려왔다.
자세히 보니 옆집 수호네 엄마께서 강아지를 데리고 산책을 나오셨다. 너무너무 반가웠다. 수호네 강아지는 털이 하얗고 조그만 강아지여서 내가 아주 귀여워한다. 나는 수호 엄마께 반갑게 인사한 뒤에 수호네 강아지의 하얀 털을 조심조심 쓰다듬어 주었다. 구름을 만지는 기분이 이런 기분일까?
수호네 강아지 덕분에 오늘 하루가 행복하게 마무리되었다.

[6. 마음을 담아 글을 써요]

14 글 나 에서 규리가 한 일이나 겪은 일을 쓰시오.

_____

_____

[6. 마음을 담아 글을 써요]

15 글 가 와 글 나 에서 규리의 마음은 어떻게 변했는지 쓰시오.
( ) ➡ ( )

[6. 마음을 담아 글을 써요]

16 글 나 와 같은 마음이 들었던 자신의 경험을 떠올려 규리에게 하고 싶은 말을 쓰시오.
( )

17 다음은 책을 소개하는 방법 가운데에서 무엇입니까? ( )

> • 책 표지를 보여 주며 제목을 말하고 책 앞표지나 뒤표지에 있는 글과 그림을 소개한다.
> • 친구들에게 소개하고 싶은 부분과 가장 인상 깊은 부분과 그 까닭을 말한다.

① 책 보여 주며 말하기
② 노랫말을 바꾸어 소개하기
③ 책갈피를 만들어 소개하기
④ 책 보물 상자를 만들어 소개하기
⑤ 새롭게 안 내용을 그림으로 보여 주며 소개하기

18~19

학교에서 모두 함께 출발해 열 시에 직업 체험관에 도착했다.

도착하자마자 우리 반은 모둠별로 흩어졌다. 우리 모둠은 나, 민기, 혜정, 병주까지 네 명으로 모두 활발한 친구들이다.

우리 모둠은 가장 먼저 소품 설계관으로 출발했다. 소품 설계관은 작은 소품을 설계하고 직접 만들 수 있는 곳이다. 체험학습 계획을 세울 때 민기가 "집안 어른들께 선물로 드릴 만한 물건을 만들면 좋겠어."라고 의견을 냈기 때문에 소품 설계관을 첫 번째 체험활동 장소로 정했다. 민기는 어머니께 드릴 머리끈을 만들고, 나는 할아버지께 드릴 손수건을 만들기로 했다.

디자이너 체험을 끝내자 거의 열한 시가 되었다. 우리는 제빵사 체험을 하려고 제빵 학원으로 갔다. 제빵 학원 앞에는 크게 '크림빵'이라고 적혀 있었다.

18 이 글은 어디를 다녀와서 쓴 글인지 쓰시오.

( )

19 이 글에서 시간 흐름이나 장소 변화를 알 수 있는 부분이 <u>아닌</u> 것은 무엇입니까? ( )

① 열 시
② 열한 시
③ 디자이너
④ 제빵 학원
⑤ 소품 설계관

20 다음 장면에서 호랑이의 표정, 몸짓, 말투로 알맞은 것은 무엇입니까? ( )

> 토끼: (귀를 기울이고 한참 생각하다) 누가 누구를 살려 주었어요? 누가 누구를 잡아먹으려 해요? 아, 당신이 이 호랑이를 잡아먹으려고 해요?
> 나그네: 아니지요. 내가 호랑이를 잡아먹으려 하는 게 아니라, 이 호랑이가 궤짝에 갇혀 있었는데 내가 살려 주었어요.
> 토끼: 네, 알았습니다. 그러니까 이 호랑이하고 당신이 궤짝 속에 갇혀 있었다고요?
> 나그네: 아니지요, 호랑이가…….
> 호랑이: (답답하다는 듯이 화를 내며) 왜 이렇게 말귀를 못 알아듣지? (궤짝 속으로 들어가며) 이 궤짝 속에 내가 이렇게 있었어. 내가 이렇게 갇혀 있었단 말이야. 알았지?
>
> 토끼가 얼른 달려들어 문고리를 걸어 잠근다.

① 주저앉아 울부짖으며
② 깜짝 놀라서 뒤로 넘어지며
③ 고개를 숙이고 미안한 표정으로
④ 눈물을 글썽이며 크게 입을 벌리며
⑤ 답답하다는 듯이 가슴을 치며 큰 소리로

마무리 평가

1 빈칸에 알맞은 수를 써넣으세요.   [1. 곱셈]

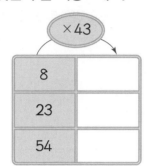

×43	
8	
23	
54	

2 1부터 9까지의 수 중에서 ☐ 안에 들어갈 수 있는 수를 모두 써 보세요.   [1. 곱셈]

$$254 \times \square > 1000$$

(   )

3 수 카드 6 , 2 , 5 , 9 중에서 두 장을 뽑아 두 자리 수를 만들었습니다. 이 중 가장 큰 두 자리 수를 ㉠, 가장 작은 두 자리 수를 ㉡이라 할 때, ㉠×㉡을 구해 보세요.   [1. 곱셈]

(   )

4 계산해 보세요.   [2. 나눗셈]

(1) $3\overline{)4\ 2}$ (2) $6\overline{)4\ 7\ 8}$

5 나눗셈의 나머지가 큰 것부터 순서대로 기호를 써 보세요.   [2. 나눗셈]

㉠ 53÷7	㉡ 62÷9
㉢ 42÷4	㉣ 87÷6

(,   ,   ,   )

6 곱셈과 나눗셈의 관계를 이용하여 빈 곳에 알맞은 수를 써넣으세요.   [2. 나눗셈]

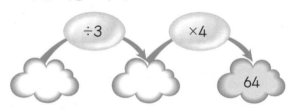

÷3   ×4   64

서술형

7 다음 나눗셈을 나누어떨어지게 하려고 합니다. 0부터 9까지의 수 중 ☐ 안에 들어갈 수 있는 수는 모두 몇 개인지 풀이 과정을 쓰고 답을 구해 보세요.   [2. 나눗셈]

$$7\square \div 6$$

_____

_____

_____

(   )

8 원의 반지름은 몇 cm인가요?

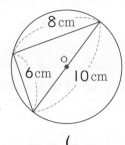

(   )

9 다음 모양을 컴퍼스로 그릴 때 컴퍼스의 침을 꽂아야 할 곳은 몇 군데인가요?

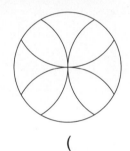

(   )

10 다음 그림과 같이 크기가 같은 원 3개를 큰 원 안에 꼭 맞게 그렸습니다. 큰 원의 지름은 몇 cm인가요?

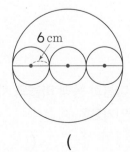

(   )

11 관계있는 것끼리 선으로 이어 보세요.

(1) 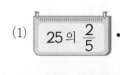 25의 $\frac{2}{5}$ •

(2) 35의 $\frac{3}{7}$ •

• ㉠ 5

• ㉡ 10

• ㉢ 15

12 분모가 5인 진분수를 모두 써 보세요.

(   )

13 그림을 보고 대분수로 나타내어 보세요.

(   )

서술형

14 ☐ 안에 들어갈 수 있는 수를 모두 구하려고 합니다. 풀이 과정을 쓰고 답을 구해 보세요.

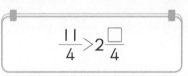

$\frac{11}{4} > 2\frac{\square}{4}$

_____

_____

_____

(   )

마무리 평가 **147**

[5. 들이와 무게]

15 □ 안에 알맞은 수를 써넣으세요.

$$
\begin{array}{r}
7\ \text{L}\quad 300\ \text{mL} \\
-\ 4\ \text{L}\quad \boxed{}\ \text{mL} \\
\hline
\boxed{}\ \text{L}\quad 800\ \text{mL}
\end{array}
$$

[5. 들이와 무게]

16 다음 중 옳은 것은 어느 것인가요? (   )

① 5 kg=500 g

② 40000 kg=40 t

③ 2400 g=2 kg 40 g

④ 1805 mL=1 L 85 mL

⑤ 3 L 250 mL=3025 mL

[5. 들이와 무게]

17 무거운 것부터 차례대로 기호를 써 보세요.

> ㉠ 4 kg 900 g
> ㉡ 6 kg 800 g−1 kg 700 g
> ㉢ 3 kg 200 g+1 kg 800 g

(,   ,   )

✿ 네 마을의 사과 생산량을 조사하여 그림그래프로 나타낸 것입니다. 물음에 답하세요. [18~20]

사과 생산량

마을	생산량
진달래	🍎🍎🍎🍎🍎🍎🍎🍎
백합	🍎🍎🍎🍎🍎🍎🍎🍎
동백	🍎🍎🍎🍎🍎🍎🍎
장미	🍎🍎🍎🍎🍎🍎

🍎10상자 🍎1상자

[6. 자료의 정리]

18 백합 마을의 사과 생산량은 몇 상자인가요?

(   )

[6. 자료의 정리]

19 사과 생산량이 가장 많은 마을은 어디인가요?

(   )

[6. 자료의 정리]

20 진달래 마을과 동백 마을의 사과 생산량의 차는 몇 상자인가요?

(   )

[1. ❶ 우리 고장의 환경과 생활 모습]

1 다음 ㉠, ㉡에 들어갈 알맞은 말을 쓰시오.

> 사람이 만든 것이 아닌 자연 그대로의 것을 (㉠)이라고 하고, 그것을 이용해서 사람들이 만든 환경을 (㉡)이라고 한다.

㉠ : (   )

㉡ : (   )

[1. ❶ 우리 고장의 환경과 생활 모습]

2 다음은 고장 사람들이 어떤 자연환경을 이용하고 있는 모습입니까? (   )

① 산 　　　　　② 들
③ 하천 　　　　④ 호수
⑤ 바다

[1. ❶ 우리 고장의 환경과 생활 모습]

3 다음은 전라북도 전주시의 평균 기온을 나타낸 그래프입니다. 전주시에서 눈싸움을 할 수 있는 때는 언제인지 쓰시오.

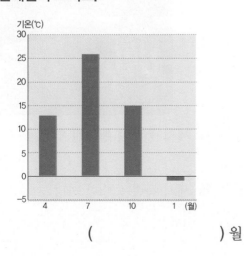

(   ) 월

[1. ❶ 우리 고장의 환경과 생활 모습]

4 여름에 더위를 이겨 내기 위해 사용하는 물건을 두 가지 고르시오. (,   )

① 난로 　　　　　② 세탁기
③ 선풍기 　　　　④ 온풍기
⑤ 에어컨

[1. ❶ 우리 고장의 환경과 생활 모습]

5 다음 고장에 사는 사람들이 주로 하는 일이 아닌 것은 어느 것입니까? (   )

① 가축을 기른다.
② 김과 미역을 기른다.
③ 논에서 벼농사를 한다.
④ 농기계를 팔거나 수리한다.
⑤ 밭에서 여러 가지 채소를 재배한다.

[1. ❷ 환경에 따른 의식주 생활 모습]

6 덥거나 추운 날씨로부터 몸을 보호하고, 자신의 개성을 표현하기 위해 필요한 것은 어느 것입니까? (   )

① 밥 　　　　　② 옷
③ 과일 　　　　④ 한옥
⑤ 아파트

서술형 　　　　[1. ❷ 환경에 따른 의식주 생활 모습]

7 전주에서 오른쪽과 같은 음식이 발달한 까닭을 쓰시오.

_____

_____

마무리 평가

[1. ❷ 환경에 따른 의식주 생활 모습]

8 산간 지역에서는 집의 지붕을 얹기 위해 어떤 재료를 주로 사용했습니까? (   )

① 짚   ② 나무
③ 바위   ④ 기와
⑤ 시멘트

[2. ❶ 옛날과 오늘날의 생활 모습]

9 돌을 갈아서 만든 도구를 쓰던 시대에 사람들이 음식을 담아 보관했던 오른쪽 도구는 무엇인지 쓰시오.

(   )

[2. ❶ 옛날과 오늘날의 생활 모습]

10 철로 만든 도구가 등장하면서 달라진 사람들의 생활 모습은 어느 것입니까? (   )

① 사냥을 하기 시작했다.
② 농사를 짓기 시작했다.
③ 농업이 크게 발달했다.
④ 그릇을 만들어 사용하게 되었다.
⑤ 강가에 정착하여 마을을 이루고 살게 되었다.

[2. ❶ 옛날과 오늘날의 생활 모습]

11 다음 중 도구의 쓰임새가 나머지 넷과 <u>다른</u> 하나는 어느 것입니까? (   )

① 토기   ② 시루
③ 가마솥   ④ 가락바퀴
⑤ 전기밥솥

[2. ❶ 옛날과 오늘날의 생활 모습]

12 다음과 같은 집을 만드는 데 사용한 재료를 두 가지 쓰시오.

(   )

[2. ❷ 옛날과 오늘날의 세시 풍속]

13 '세시'에 대한 설명으로 알맞은 것은 어느 것입니까? (   )

① 매년 돌아오는 가족의 생일
② 옛날 사람들이 사용했던 물건
③ 매년 같은 시기에 반복되는 날
④ 옛날부터 전해 내려오는 생활 습관
⑤ 옛날부터 전해 내려오는 우리 집 가훈

서술형   [2. ❷ 옛날과 오늘날의 세시 풍속]

14 다음과 같은 세시 풍속이 행해진 명절을 쓰고, 이러한 세시 풍속을 행한 까닭도 쓰시오.

(1) 세시 풍속이 행해진 명절

(   )

(2) 세시 풍속을 행한 까닭: _____

[2. ❷ 옛날과 오늘날의 세시 풍속]

15 추석에 수확한 곡식과 과일로 차례를 지내는 까닭으로 알맞은 것은 어느 것입니까? (   )

① 새해를 맞이하기 위해서
② 더위를 이겨 내기 위해서
③ 조상들께 감사드리기 위해서
④ 나쁜 기운을 쫓아내기 위해서
⑤ 서로에게 복을 기원하기 위해서

[3. ❶ 가족의 구성과 역할 변화]

16 옛날의 결혼식 모습입니다. 결혼식 순서에 맞게 기호를 쓰시오.

┌─────────────────────────────────────┐
│ ㉠ 신부의 집에서 며칠을 지낸다.   │
│ ㉡ 신랑이 말을 타고 신부의 집으로 간다.   │
│ ㉢ 신부가 신랑 집에 도착하면 어른들께 폐   │
│   백을 드린다.   │
│ ㉣ 신랑과 신부가 마주 보고 큰절을 올리고,   │
│   잔에 술을 부어 함께 마신다.   │
└─────────────────────────────────────┘

(   )

[3. ❶ 가족의 구성과 역할 변화]

17 옛날에 오른쪽과 같은 가족 형태를 많이 볼 수 있었던 까닭으로 가장 알맞은 것은 어느 것입니까? (   )

① 인구가 많았기 때문에
② 다양한 농사 도구가 발달했기 때문에
③ 자녀가 결혼을 하면 따로 살았기 때문에
④ 주로 농사를 지어 일손이 많이 필요했기 때문에
⑤ 다른 지역으로 이사를 가는 경우가 많았기 때문에

서술형

[3. ❶ 가족의 구성과 역할 변화]

18 다음과 같이 가족 구성원의 역할이 변화한 까닭은 무엇인지 쓰시오.

┌─────────────────────────────────────┐
│ • 오늘날에는 남녀의 역할 구분이 없어지고,   │
│   집안일을 가족 구성원이 함께 나누어 한다. │
│ • 집안의 중요한 일을 가족 구성원이 함께 의 │
│   논해 결정한다.   │
└─────────────────────────────────────┘

_____

_____

[3. ❶ 가족의 구성과 역할 변화]

19 가족 간의 갈등을 해결하기 위한 구성원의 자세로 바람직한 것은 어느 것입니까? (   )

① 서로 존중하고 배려한다.
② 함께 모이는 시간을 줄인다.
③ 되도록 대화를 하지 않는다.
④ 각자 자신이 해야 할 일만 한다.
⑤ 자신의 편안함을 가장 중요하게 생각한다.

[3. ❷ 다양한 가족이 살아가는 모습]

20 다음 역할극 대본과 관계 깊은 가족의 형태는 무엇입니까? (   )

┌─────────────────────────────────────┐
│   **우리 할머니 최고!**   │
│   │
│ 나: 할머니! 오늘 저녁은 뭐예요?   │
│ 할머니: 주은이가 좋아하는 국수지요.   │
│ 나: 역시 할머니는 저랑 마음이 통한다니까요.│
│ 할머니: 그렇지? 참, 할아버지께서는 오늘 늦으신│
│   다고 하셨으니깐 우리 먼저 먹자.   │
│ 나: 네, 수저는 제가 놓을게요.   │
│ 할머니: 고맙구나, 우리 주은이가 도와주니 할 │
│   머니가 참 편하구나.   │
└─────────────────────────────────────┘

① 확대 가족   ② 재혼 가족
③ 조손 가족   ④ 다문화 가족
⑤ 한 부모 가족

[1. 재미 있는 나의 탐구]

1 탐구 문제를 해결하기 위해 탐구 계획을 세우는 모습으로 바르지 <u>않은</u> 것은 무엇입니까? ( )

① 탐구 문제를 정한다.

② 예상되는 결과를 생각한다.

③ 실험에서 다르게 해야 할 것을 정한다.

④ 탐구 문제를 해결하기에 적절한지 생각한다.

⑤ 탐구 문제를 해결하기 위해 실험을 어떻게 할지 정한다.

[2. 동물의 생활]

2 동물의 특징으로 바르지 <u>않은</u> 것은 어느 것입니까? ( )

① 참새: 몸이 깃털로 덮여 있다.

② 잠자리: 두 쌍의 날개로 날아다닌다.

③ 공벌레: 건드리면 몸을 둥글게 만든다.

④ 꿀벌: 다리는 두 쌍이 있고, 날아다닌다.

⑤ 거미: 다리는 네 쌍이 있고, 걸어 다닌다.

[2. 동물의 생활]

3 다음과 같이 동물을 분류한 기준은 무엇입니까? ( )

그렇다.	그렇지 않다.
뱀, 참새, 개구리	다람쥐, 고양이, 소

① 알을 낳는가?

② 다리가 있는가?

③ 날개가 있는가?

④ 물속에서 살 수 있는가?

⑤ 몸이 털로 덮여 있는가?

서술형 [2. 동물의 생활]

4 땅에서 뱀과 개미가 사는 곳을 쓰시오.

[2. 동물의 생활]

5 사막여우의 특징은 어느 것입니까? ( )

① 다리가 길다.

② 등에 혹이 있다.

③ 옆으로 기어 다닌다.

④ 몸에 비해 귀가 크다.

⑤ 온몸이 딱딱한 껍질로 되어 있다.

[2. 동물의 생활]

6 물에서 사는 동물 중 뒷다리로 헤엄쳐 이동하는 동물은 어느 것입니까? ( )

① ▲ 붕어

② ▲ 오징어

③ ▲ 물방개

④ ▲ 고등어

⑤ ▲ 전복

[3. 지표의 변화]

7 얼음 설탕을 플라스틱 통에 넣고 흔드는 것은 자연에서 물이나 나무뿌리가 하는 일 중 어떤 것을 나타내는 것입니까? ( )

① 물이 어는 현상

② 물이 흐르는현상

③ 바위가 부서지는 현상

④ 설탕이 만들어지는 현상

⑤ 돌과 바위가 만들어지는 현상

[3. 지표의 변화]

8 다음 장치로 운동장 흙과 화단 흙의 물 빠짐을 비교하는 것에 대한 설명으로 바르지 <u>않은</u> 것은 어느 것입니까? (   )

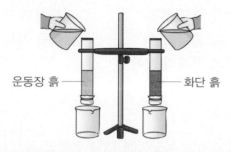

운동장 흙 ——   —— 화단 흙

① 양쪽에 같은 양의 물을 붓는다.

② 플라스틱 통의 밑부분을 거즈로 감싼다.

③ 양쪽 플라스틱 통에 같은 양의 흙을 채운다.

④ 일정한 시간 동안에 화단 흙에서 물이 더 많이 빠져 나온다.

⑤ 일정한 시간 동안에 운동장 흙에서 물이 더 많이 빠져 나온다.

[3. 지표의 변화]

9 오른쪽 강 주변 모습은 강 상류와 강 하류 중 어디인지 쓰시오.

(   )

[3. 지표의 변화]

10 다음 지형에 대해 <u>잘못</u> 설명한 친구의 이름을 쓰시오.

• 민수: 바닷가에서 볼 수 있어.

• 수지: 바닷물이 바위와 만나는 부분을 계속 깎고 무너뜨려서 만들어졌지.

• 석주: 바닷물의 퇴적 작용으로 만들어졌어.

(   )

[4. 물질의 상태]

11 나무 막대로 기둥을 쌓아 올렸을 때 알 수 있는 고체의 성질이 <u>아닌</u> 것은 어느 것입니까? (   )

① 단단하다.

② 모양이 변한다.

③ 눈으로 볼 수 있다.

④ 손으로 잡을 수 있다.

⑤ 크기가 변하지 않는다.

서술형

[4. 물질의 상태]

12 물을 다른 모양의 그릇에 차례대로 옮겨 담은 후 처음에 사용한 그릇에 물을 다시 옮겨 담은 모습입니다. ㉠과 ㉡의 물의 높이가 같은 까닭을 쓰시오.

㉠   ㉡

_____

_____

[4. 물질의 상태]

13 바닥에 구멍이 뚫리지 않은 플라스틱 컵으로 물 위에 띄운 페트병 뚜껑을 덮은 뒤 수조 바닥까지 밀어 넣었을 때, 페트병 뚜껑의 위치는 어느 것인지 기호를 쓰시오.

㉠   ㉡

(   )

마무리 평가

14 오른쪽 같이 공기 주입기로 풍선에 공기를 넣는 활동을 통해 알 수 있는 공기의 성질을 모두 고르시오. (   ) [4. 물질의 상태]

① 무게가 있다.
② 눈으로 볼 수 있다.
③ 손으로 잡을 수 있다.
④ 다른 곳으로 이동할 수 있다.
⑤ 담는 그릇에 따라 모양이 변한다.

15 공기 주입 마개를 끼운 페트병의 무게를 측정하는 실험에 대한 설명으로 바른 것은 어느 것입니까? (   ) [4. 물질의 상태]

① 공기는 무게가 없다.
② 공기 주입 마개를 누르기 전의 페트병 속에는 공기가 없다.
③ 공기 주입 마개를 여러 번 누르면 페트병의 무게는 줄어든다.
④ 공기 주입 마개를 여러 번 누르면 페트병의 무게가 늘어난다.
⑤ 공기 주입 마개를 여러 번 누르면 페트병 속 공기가 줄어든다.

16 소리가 나는 물체를 소리가 나지 않게 하는 방법을 바르게 말한 친구는 누구인지 쓰시오. [5. 소리의 성질]

> • 민수: 소리가 나는 소리굽쇠를 손으로 세게 움켜쥐면 소리가 나지 않아.
> • 수지: 작은북을 북채로 약하게 치면 돼.
> • 석주: 소리가 나는 기타 줄을 더 세게 튕겨.

(   )

17 작은북을 이용해 소리의 세기를 비교하려고 합니다. 다르게 해야 할 조건은 어느 것입니까? (   ) [5. 소리의 성질]

① 북의 종류
② 북의 크기
③ 좁쌀의 수
④ 북을 치는 세기
⑤ 북채의 길이

18 소리의 높낮이에 대한 설명입니다. (   ) 안에 알맞은 말을 순서대로 쓰시오. [5. 소리의 성질]

> 소리의 높고 낮은 정도를 소리의 높낮이라고 한다. 팬 플루트의 짧은 관을 불면 (   ) 소리가 나고, 긴 관을 불면 (   ) 소리가 난다.

(   )

19 실 전화기를 이용해 소리를 들을 수 있는 까닭은 무엇입니까? (   ) [5. 소리의 성질]

① 두 친구가 가까이 있기 때문에
② 종이컵이 소리를 반사하기 때문에
③ 말하는 사람이 크게 말했기 때문에
④ 실이 소리가 전달되는 것을 막기 때문에
⑤ 실의 떨림을 통해 소리가 전달되기 때문에

~서술형~
20 소리의 성질 중 소리의 반사에 대해 쓰시오. [5. 소리의 성질]

_____

_____

1 [1. 작품을 보고 느낌을 나누어요]
다음 그림의 상황에 알맞은 표정, 몸짓, 말투는 무엇입니까? (   )

고맙습니다.

① 장난치듯이 말한다.
② 슬픈 표정을 짓는다.
③ 미안한 표정을 짓는다.
④ 웃으면서 가볍게 말한다.
⑤ 공손하게 고개를 숙인다.

2 [1. 작품을 보고 느낌을 나누어요]
인물의 표정, 몸짓, 말투에 주의하며 만화 영화를 보면 좋은 점은 무엇입니까? (   )

① 친구와 사이가 좋아진다.
② 만화 영화를 빨리 볼 수 있다.
③ 자신의 생각을 더 잘 알 수 있다.
④ 만화 영화를 만든 이를 알 수 있다.
⑤ 만화 영화의 줄거리를 이해하는 데 도움이 된다.

3 [1. 작품을 보고 느낌을 나누어요]
다음 장면에서 미미의 마음은 어떠하겠는지 쓰시오.

> 사람들이 미미에게 '미미'가 아니라 '자두 동생'이라고 부릅니다.

(   )

4~5

가 닭싸움 놀이는 한쪽 다리를 들어 올려 두 손으로 잡고, 다른 다리로 균형을 잡아 깨금발로 뛰면서 상대를 밀어 넘어뜨리는 놀이입니다.

나 '닭싸움'은 두 사람이 겨루는 모습이 닭이 싸우는 것과 비슷하다고 해서 지어진 이름입니다. 닭싸움 놀이는 한 발로 서서 하므로 '외발 싸움', '깨금발 싸움'이라고도 부르고, 무릎을 부딪쳐 싸운다고 해서 '무릎 싸움'이라고도 부릅니다. 닭싸움 놀이는 두 명이 할 수도 있고 여러 명이 할 수도 있습니다.

4 [2. 중심 생각을 찾아요]
이 글을 아는 내용이나 겪은 일과 관련지어 읽은 친구에 ○표를 하시오.

⑴ 글을 읽는 친구의 표정을 살펴봅니다.
(   )

⑵ 친구들과 닭싸움 놀이를 한 경험을 떠올려 읽었습니다. (   )

⑶ 자신이라면 어떤 놀이에 대해 쓸지 생각해 봅니다. (   )

5 [2. 중심 생각을 찾아요]
닭싸움 놀이의 다른 말을 모두 고르시오.
(,   ,   )

① 씨름
② 사방치기
③ 무릎 싸움
④ 외발 싸움
⑤ 깨금발 싸움

마무리 평가

6 자신이 일 년 동안 경험한 일 가운데에서 봄에 있었던 가장 인상 깊은 일을 한 가지 쓰시오.
[3. 자신의 경험을 글로 써요]
(   )

7 인상 깊은 일을 정리할 때 정리할 내용으로 알맞지 <u>않은</u> 것은 무엇입니까? (   )
[3. 자신의 경험을 글로 써요]

① 무슨 일이 있었나요?
② 어떤 마음이 들었나요?
③ 그런 마음은 왜 들었나요?
④ 고쳐쓰기를 할 부분은 무엇인가요?
⑤ 언제, 어디에서, 누구와 있었던 일인가요?

8~10

> 내 몸에
> 불덩이가 들어왔다.
> ─ 뜨끈뜨끈.
> 불덩이를 따라
> 몹시 추운 사람도 들어왔다.
> ─ 오들오들.
>
> 약을 먹고 나니
> ⬚ ㉠ ,
> 거북이도 들어오고
> 까무룩,
> 잠꾸러기도 들어왔다.
>
> 내 몸에
> 너무 많은 것들이 들어왔다.
> 그래서
> 내 몸이 아주 무거워졌다.

8 이 시의 특징으로 알맞은 것은 무엇입니까?
[4. 감동을 나타내요]
(   )

① 연을 나누지 않았다.
② 연마다 흉내 내는 말이 같다.
③ 흉내 내는 말을 사용하지 않았다.
④ 두 사람이 주고받는 대화를 사용했다.
⑤ 감기 걸린 상태를 감각적으로 표현했다.

9 '내' 몸에 거북이가 들어왔다고 한 까닭은 무엇입니까? (   )
[4. 감동을 나타내요]

① 달리기를 못해서
② 감기약을 먹고 감기가 나아서
③ 감기약을 먹고 몸이 뜨거워져서
④ 감기약을 먹고 얼굴이 붉어져서
⑤ 감기약을 먹고 나서 몸이 무거워져서

10 ㉠에 들어갈 알맞은 흉내 내는 말은 무엇입니까? (   )
[4. 감동을 나타내요]

① 쌩쌩
② 느릿느릿
③ 쿵쾅쿵쾅
④ 살랑살랑
⑤ 후다닥후다닥

11~12

(전화벨이 울린다.)

유진: ㉠여보세요?

할머니: 유진이냐? 할머니다.

유진: ㉡네, 할머니! 안녕하세요?

할머니: 그래. 여기는 괜찮은데, 요즘 한국은 많이 덥지?

유진: ㉢네, 많이 더워요.

할머니: 네 엄마는?

유진: ㉣시장에 장 보러 가셨어요.

할머니: 엄마 오시면 할머니가 이번 토요일에 한국에 간다고 전해 다오.

유진: ㉤네. (전화를 끊는다. 전화 끊는 소리 "찰칵 뚜뚜 뚜…….")

할머니: 세 시까지 공항에 데리러 오라고 말해야 하는데…….

[5. 바르게 대화해요]

11 유진이의 말에서 잘못된 점은 무엇인지 ○표를 하시오.

(1) 높임 표현을 사용하지 않았다. ( )

(2) 상대의 말을 끝까지 듣지 않았다. ( )

[5. 바르게 대화해요]

12 ㉠~㉤ 가운데 유진이가 고쳐야 할 말이나 행동은 무엇입니까? ( )

① ㉠   ② ㉡   ③ ㉢

④ ㉣   ⑤ ㉤

[5. 바르게 대화해요]

13 알맞은 전화 대화 예절은 무엇입니까? ( )

① 표정을 자세히 살핀다.

② 상대 얼굴을 바라본다.

③ 내용을 구체적으로 말한다.

④ 자신이 하고 싶은 말만 한다.

⑤ 상대의 말을 끝까지 듣지 않는다.

14~15

[6. 마음을 담아 글을 써요]

14 다음 보기 에서 가 와 나 의 빈 말주머니에 들어갈 말을 골라 각각 기호를 쓰시오.

보기

㉮ 와, 신난다!

㉯ 고맙습니다.

㉰ 정말 미안해.

㉱ 빨리 나아야 해.

(1) 가 ( )

(2) 나 ( )

[6. 마음을 담아 글을 써요]

15 가 와 나 의 인물의 마음이 어떠하겠는지 찾아 선으로 이으시오.

(1) 가 •   • ㉮   기쁜 마음

(2) 나 •   • ㉯   걱정스러운 마음

마무리 평가

[7. 글을 읽고 소개해요]

16 '새롭게 안 내용을 그림으로 보여 주며 소개하기'의 방법으로 다음 글의 내용을 소개할 때 알맞은 그림은 무엇입니까? (   )

> 국기에는 그 나라의 땅이 담겨 있어.
> 미국 국기에는 줄과 별이 참 많지? 도대체 몇 개인지 한번 세어 볼까? 줄이 열세 개, 별이 오십 개야. 미국이 처음 나라를 세울 때에는 주가 열세 개였대. 열세 개의 줄은 그걸 기념하는 거야.

① 미국의 축제
② 미국의 음식
③ 태극기 그림
④ 미국 국기 그림
⑤ 멕시코 국기 그림

[17~18]

> 토요일 아침 일찍 출발해서, 맨 처음 도착한 고창 관광지는 고인돌 박물관이었다. 고인돌 박물관에서는 영화와 유물들을 보면서 고인돌의 역사를 알 수 있었다. 박물관 일 층에서는 고인돌 영화를 봤고 이 층에서는 고인돌과 관련된 여러 유물을 봤다. 박물관을 다 둘러보고 나니 고인돌 박사가 된 것 같은 기분이었다.
> 다음으로 간 곳은 동림 저수지 야생 동식물 보호 구역이었다. 동림 저수지는 겨울 철새가 많이 찾는 곳으로 우리 가족도 혹시 철새 떼의 춤을 볼 수 있을까 하는 기대로 방문해 보았다.

[8. 글의 흐름을 생각해요]

17 '내'가 간 곳의 도시 이름은 무엇인지 쓰시오.

(   )

[8. 글의 흐름을 생각해요]

18 이 글을 간추릴 때 주의할 부분은 무엇입니까?
(   )

① 일 차례
② 시간 흐름
③ 장소 변화
④ 원인과 결과
⑤ 만나는 인물

[19~20]

> 나그네가 문을 열자, 호랑이가 뛰쳐나와서 나그네를 잡아먹으려고 덤빈다.
>
> 나그네: ㉠이게 무슨 짓이오? 약속을 지키지 않고…….
> 호랑이: 하하, 궤짝 속에서 한 약속을 궤짝 밖에 나와서도 지키라는 법이 어디 있어?
> 나그네: 조금 전에 은혜를 모를 리가 있겠느냐고 하면서 애걸복걸하지 않았소?
> 호랑이: 은혜 모르기는 사람이 더하지, 그러니까 사람은 보는 대로 잡아먹어도 괜찮아.

[9. 작품 속 인물이 되어]

19 이 장면에서 호랑이의 성격은 어떠한지 두 가지 고르시오. (,   )

① 지혜롭다.
② 정직하다.
③ 뻔뻔하다.
④ 은혜를 모른다.
⑤ 다른 사람을 배려한다.

[9. 작품 속 인물이 되어]

20 ㉠에 어울리는 말투는 무엇입니까? (   )

① 미안한 말투
② 억울한 말투
③ 당당한 말투
④ 고민하는 말투
⑤ 자랑스러운 말투

1 [1. 곱셈]

계산 결과를 찾아 이어 보세요.

(1) 235×6 •   • ㉠ 1352

(2) 48×30 •   • ㉡ 1410

(3) 26×52 •   • ㉢ 1440

2 [1. 곱셈]

사탕이 한 봉지에 34개씩 들어 있습니다. 30 봉지에 들어 있는 사탕은 모두 몇 개인가요?

(   )

3 [1. 곱셈]

계산 결과가 가장 큰 것을 찾아 기호를 써 보세요.

| ㉠ 5×86 | ㉡ 32×29 |
| ㉢ 14×42 | ㉣ 265×3 |

(   )

4 [1. 곱셈]

수 카드 ⟨2⟩, ⟨6⟩, ⟨4⟩, ⟨9⟩ 중 2장을 골라 계산 결과가 가장 큰 곱셈식을 만들려고 합니다. ㉠, ㉡에 알맞은 수를 써 보세요.

```
        ㉠
   ×  8 ㉡
```

㉠ (   )

㉡ (   )

5 [2. 나눗셈]

어떤 수를 6으로 나누었을 때 나머지가 될 수 없는 수를 모두 고르세요. (,   )

① 1   ② 3

③ 4   ④ 6

⑤ 9

6 [2. 나눗셈]

빵 78개를 한 봉지에 8개씩 담아서 팔려고 합니다. 팔 수 있는 빵은 모두 몇 봉지인가요?

(   )

7 [2. 나눗셈]

크기가 같은 작은 정사각형을 이어 붙여 도형 가와 나를 만들었습니다. 도형 가에서 빨간색 선의 길이가 96 cm일 때, 도형 나에서 파란색 선의 길이를 구해 보세요.

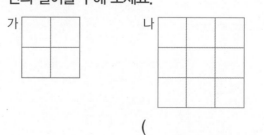

(   )

8 반지름이 7 cm인 원의 지름은 몇 cm인가요?

[3. 원]

(   )

9 주어진 모양을 그리기 위하여 컴퍼스의 침을 꽂아야 할 곳을 모눈종이에 모두 표시해 보세요.

[3. 원]

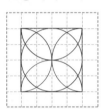

10 가장 큰 원의 지름은 몇 cm인지 풀이 과정을 쓰고 답을 구해 보세요.

[3. 원]

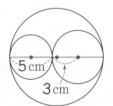

_____

_____

_____

_____

(   )

11 분모가 11이고 분자가 5보다 큰 진분수는 모두 몇 개인가요?

[4. 분수]

(   )

12 어떤 대분수를 가분수로 나타내었더니 $\frac{35}{9}$가 되었습니다. 처음 대분수를 구해 보세요.

[4. 분수]

(   )

13 미나는 $\frac{16}{7}$ m의 끈을 가지고 있고, 승준이는 $2\frac{1}{7}$ m의 끈을 가지고 있습니다. 누가 가지고 있는 끈이 더 긴지 풀이 과정을 쓰고 답을 구해 보세요.

[4. 분수]

_____

_____

_____

(   )

14 물통에 물을 가득 채우기 위해서 여러 가지 그릇으로 부은 횟수를 나타낸 것입니다. 들이가 가장 많은 그릇은 어느 것인가요? (   )

[5. 들이와 무게]

그릇	①	②	③	④	⑤
횟수(회)	19	16	8	12	6

15 주영이는 1 L 200 mL의 물이 들어 있는 물통에 900 mL의 물을 더 부었습니다. 물의 양은 모두 몇 L 몇 mL인가요?

[5. 들이와 무게]

(   )

16 가벼운 것부터 차례대로 기호를 써 보세요.

[5. 들이와 무게]

| ㉠ 7 kg   ㉡ 7030 g   ㉢ 7 kg 300 g |

(,   ,   )

17 성미의 책가방의 무게는 2 kg 800 g이고, 상훈이의 책가방의 무게는 성미의 책가방의 무게보다 1 kg 400 g 더 무겁습니다. 상훈이의 책가방의 무게는 몇 kg 몇 g인가요?

[5. 들이와 무게]

(   )

✿ 어느 지역의 마을별 쌀 생산량을 조사하여 나타낸 표입니다. 물음에 답하세요. [18~20]

마을별 쌀 생산량

마을	가	나	다	라	합계
생산량(kg)	180	420	310		1140

18 라 마을의 쌀 생산량은 몇 kg인가요?

[6. 자료의 정리]

(   )

19 쌀 생산량이 많은 마을부터 순서대로 써 보세요.

[6. 자료의 정리]

(,   ,   ,   )

20 표를 보고 나 마을의 생산량을 다음과 같이 나타내었습니다. 🔷과 🔲은 각각 몇 kg을 나타내나요?

[6. 자료의 정리]

마을	생산량
나	🔲🔲🔲🔲🔲🔲

🔷 (   )

🔲 (   )

[1. ❶ 우리 고장의 환경과 생활 모습]

1 다음 자연환경 중에서 종류가 <u>다른</u> 하나는 어느 것입니까? ( )

① 눈　　　　　② 들
③ 비　　　　　④ 우박
⑤ 기온

[1. ❶ 우리 고장의 환경과 생활 모습]

2 우리 고장 사람들이 들을 이용하는 모습을 찾아 ○표 하시오.

(1)　　　　　　　　(2)

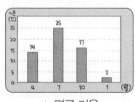　　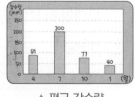

(　　　　　)　　(　　　　　)

　　[1. ❶ 우리 고장의 환경과 생활 모습]

3 경상북도 포항시의 평균 기온과 평균 강수량을 나타낸 다음 그래프를 보고, 포항시의 계절 특징은 무엇인지 쓰시오.

▲ 평균 기온　　　　▲ 평균 강수량

_____

_____

[1. ❶ 우리 고장의 환경과 생활 모습]

4 계절에 따라 달라지는 고장 사람들의 생활 모습에 대한 설명으로 알맞지 <u>않은</u> 것은 어느 것입니까? ( )

① 봄에는 꽃구경을 간다.
② 가을에는 눈썰매를 탄다.
③ 여름에는 해수욕을 즐긴다.
④ 겨울에는 난로나 온풍기를 사용한다.
⑤ 여름에는 에어컨과 선풍기를 사용한다.

✿고장 사람들이 하는 다음 일을 보고, 물음에 답하시오. [5~6]

(가)　　　　　　　　(나)

[1. ❶ 우리 고장의 환경과 생활 모습]

5 위의 (가)와 같은 모습을 볼 수 있는 고장은 어디입니까? ( )

① 도시
② 산이 많은 고장
③ 바다가 있는 고장
④ 넓은 들이 있는 고장
⑤ 논과 밭이 있는 고장

[1. ❶ 우리 고장의 환경과 생활 모습]

6 위 (나)와 같은 일을 통해 얻을 수 있는 것은 무엇입니까? ( )

① 꿀　　　　　② 소금
③ 버섯　　　　④ 미역
⑤ 복숭아

7 사람들이 살아가는 데 꼭 필요한 의식주에 속하지 <u>않는</u> 것은 어느 것입니까? (　　　)

① 밥　　　　　② 옷
③ 신발　　　　④ 아파트
⑤ 자동차

8 다음 빈칸에 들어갈 알맞은 말을 쓰시오.

> 바다로 둘러싸인 섬 지역에서는 (　　　)을 이용한 음식이 발달했는데 이는 해산물이 많이 잡히기 때문이다.

(　　　　　　　　)

9 돌을 갈고 다듬어 도구를 만들어 쓰던 시대의 생활 모습으로 알맞지 <u>않은</u> 것은 어느 것입니까? (　　　)

① 흙으로 그릇을 만들었다.
② 농사를 짓고 가축을 길렀다.
③ 낚시 도구로 물고기를 잡았다.
④ 강가나 해안가에 모여 살았다.
⑤ 동굴이나 바위 그늘에서 살았다.

10 귀하고 다루기 어려워서 무기나 장신구, 제사를 지내는 도구를 만드는 데 주로 쓰였던 금속은 무엇인지 쓰시오.

(　　　　　　　　)

11 바닥의 구멍에서 올라오는 뜨거운 김으로 생선이나 떡을 쪘던 생활 도구는 무엇인지 쓰시오.

(　　　　　　　　)

12 다음에서 설명하는 집은 무엇인지 쓰시오.

> 통나무를 네모 모양으로 쌓고, 쌓아 올린 통나무 사이에 진흙을 발라서 움집보다 크고 튼튼하게 만들었다.

(　　　　　　　　)

13 우리 조상들이 삼복에 먹었던 음식은 무엇입니까? (　　　)

① 　　②

③ 　　④

14 다음과 같이 세시 풍속을 볼 수 있었던 명절은 언제입니까? (　　　)

① 설날　　　　② 단오
③ 추석　　　　④ 동지
⑤ 정월 대보름

[2. ❷ 옛날과 오늘날의 세시 풍속]

15 우리 조상들이 봄에 행했던 세시 풍속은 어느 것입니까? (　　)

① 설날에는 마을 축제를 열었다.

② 한식에는 조상들의 산소에 성묘했다.

③ 삼복에는 영양이 풍부한 음식을 먹었다.

④ 정월 대보름에는 큰 보름달을 보며 풍년을 빌었다.

⑤ 추석에는 추수한 곡식과 과일로 차례를 지냈다.

[2. ❷ 옛날과 오늘날의 세시 풍속]

16 옛날에 비해 달라진 오늘날의 생활 모습과 세시 풍속에 대한 설명으로 알맞지 <u>않은</u> 것은 어느 것입니까? (　　)

① 농사짓는 사람이 크게 늘어났다.

② 날씨와 계절의 영향을 적게 받는다.

③ 농사와 관련된 풍속은 많이 사라졌다.

④ 교통과 통신, 과학이 발달하면서 직업이 다양해졌다.

⑤ 큰 명절을 중심으로 한 세시 풍속만 이어져 내려오고 있다.

[3. ❶ 가족의 구성과 역할 변화]

17 옛날에는 신부의 집에서 결혼식을 하고 며칠을 지낸 후에 신랑의 집으로 갔습니다. 이때 신랑과 신부는 무엇을 타고 이동했는지 쓰시오.

(1) 신랑: (　　　　　　　　)

(2) 신부: (　　　　　　　　)

[3. ❶ 가족의 구성과 역할 변화]

18 옛날 가족 구성원의 역할에 대한 설명으로 바르지 <u>않은</u> 것은 어느 것입니까? (　　)

① 남자아이는 글을 배웠다.

② 어머니는 집안일을 하셨다.

③ 여자아이는 집안일을 도왔다.

④ 아버지는 농사일이나 바깥일을 하셨다.

⑤ 할머니는 손자에게 글공부를 가르쳐 주셨다.

서술형

[3. ❷ 다양한 가족이 살아가는 모습]

19 다음과 같은 다문화 가족의 좋은 점은 무엇인지 쓰시오.

엄마가 만들어 주신 쌀국수가 맛있어요!

_____

_____

[3. ❷ 다양한 가족이 살아가는 모습]

20 다음 중 가족의 역할에 대한 설명으로 알맞지 <u>않은</u> 것은 어느 것입니까? (　　)

① 서로 도움을 주지 않는다.

② 실수했을 때에도 이해해 준다.

③ 가족 구성원들에게 중요한 보금자리이다.

④ 사회생활에 필요한 규칙과 예절을 배울 수 있다.

⑤ 자신감과 용기를 가질 수 있도록 항상 격려해 준다.

[1. 재미 있는 나의 탐구]

1 탐구를 실행한 결과입니다. 탐구를 하여 알게 된 사실로 바른 것은 어느 것입니까? (   )

막대자석의 개수	자석에 붙은 클립의 개수(개)		
	1회	2회	3회
1개	32	30	31
2개	41	41	40

① 막대자석에 클립이 붙는다.
② 막대자석에 붙지 않는 클립도 있다.
③ 막대자석은 서로 붙는 성질이 있다.
④ 막대자석 두 개를 길게 이어 붙이면 막대자석 한 개보다 클립이 더 적게 붙는다.
⑤ 막대자석 두 개를 길게 이어 붙이면 막대자석 한 개보다 클립이 더 많이 붙는다.

[2. 동물의 생활]

2 주변에서 볼 수 있는 동물과 사는 곳이 바르게 짝지어진 것이 <u>아닌</u> 것은 어느 것입니까?
(   )

① 개 – 나무   ② 참새 – 나무
③ 달팽이 – 화단   ④ 거미 – 화단
⑤ 공벌레 – 돌 밑

[2. 동물의 생활]

3 동물을 다음과 같이 분류하려고 할 때 ㉠에 분류할 수 있는 동물은 어느 것입니까? (   )

분류 기준 : 물속에서 살 수 있는가?	
그렇다.	그렇지 않다.
㉠	

① 참새   ② 메뚜기
③ 달팽이   ④ 송사리
⑤ 다람쥐

서술형

[2. 동물의 생활]

4 사막에 사는 도마뱀의 특징을 한 가지 쓰시오.

_____

_____

[2. 동물의 생활]

5 다음 동물이 물속에서 숨을 쉬는 데 이용하는 것은 무엇인지 쓰시오.

▲ 붕어

▲ 조개

(   )

[2. 동물의 생활]

6 다음은 우리 생활에서 활용한 동물의 특징에 대한 설명입니다. (   ) 안에 알맞은 말을 쓰시오.

집게 차는 먹이를 잘 잡고 놓치지 않는 (   ) 발의 특징을 활용해 만들어 쓰레기를 잡아 원하는 곳으로 옮길 수 있다.

▲ 집게 차

(   )

[3. 지표의 변화]

7 운동장 흙과 화단 흙의 특징을 비교하기 위해 관찰한 내용으로 바르지 <u>않은</u> 것은 어느 것입니까? (   )

① 흙의 색깔
② 흙 알갱이의 크기
③ 흙 알갱이의 무게
④ 흙이 뭉쳐지는 정도
⑤ 흙을 만졌을 때의 느낌

[3. 지표의 변화]

8 다음은 화단 흙에서 식물이 잘 자라는 까닭에 대한 설명입니다. ( ) 안에 알맞은 말을 쓰시오.

> 화단 흙에는 식물의 뿌리나 죽은 곤충, 나뭇잎 조각 등이 썩은 것인 ( )이(가) 많기 때문에 식물이 잘 자란다.

( )

[3. 지표의 변화]

9 흙 언덕 위쪽에서 물을 뿌렸을 때의 변화로 바른 것은 어느 것입니까? ( )

① 흙 언덕 위쪽에 흙이 많이 쌓인다.
② 흙 언덕 아래쪽에서는 흙이 많이 깎인다.
③ 흙 언덕 위쪽과 아래쪽에 흙이 많이 쌓인다.
④ 흙 언덕 위쪽과 아래쪽에 흙이 많이 깎인다.
⑤ 흙 언덕 위쪽에 있는 흙이 아래쪽에 떠내려와 쌓인다.

[3. 지표의 변화]

10 강 주변의 모습으로 바르지 않은 것은 어느 것입니까? ( )

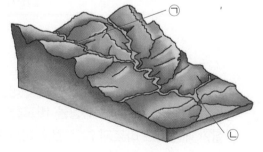

① ㉠은 ㉡보다 강폭이 좁다.
② ㉠은 ㉡보다 강의 경사가 급하다.
③ ㉠은 ㉡보다 물의 흐름이 빠르다.
④ ㉠은 퇴적 작용이 활발하게 일어난다.
⑤ 흐르는 강물에 의해 오랜 시간에 걸쳐 강 주변의 모습이 변한다.

[4. 물질의 상태]

11 나무 막대의 특징에 대해 이야기한 것입니다. 바르지 않은 친구는 누구인지 쓰시오.

> • 석주: 나무 막대는 단단해서 손으로 잡을 수 있어.
> • 경일: 맞아. 그래서 기둥을 쌓아 올릴 수도 있지.
> • 희경: 하지만 흘러내려서 손으로 전달하기 어려워.

( )

서술형

[4. 물질의 상태]

12 액체 상태인 물질의 모양과 부피 변화를 쓰시오.

_____

_____

[4. 물질의 상태]

13 우리 생활에서 공기를 이용하는 경우가 아닌 것은 어느 것입니까? ( )

① 그네를 탈 때
② 풍선을 불 때
③ 부채질을 할 때
④ 풍선 미끄럼틀을 탈 때
⑤ 물놀이용 튜브를 이용할 때

[4. 물질의 상태]

14 코끼리 나팔과 주사기를 비닐관으로 연결하였을 때 주사기 피스톤의 움직임에 따라 나타나는 코끼리 나팔의 변화를 선으로 연결하시오.

(1)	주사기의 피스톤을 당길 때 •	• ㉠ 코끼리 나팔이 말린다.
(2)	주사기의 피스톤을 밀 때 •	• ㉡ 코끼리 나팔이 펼쳐진다.

[4. 물질의 상태]

15 두 장난감에 공통으로 사용된 물질의 상태는 어느 것입니까? ( )

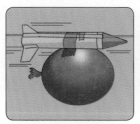
▲ 풍선 로켓

▲ 물고기 배

① 고체
② 고체, 액체
③ 고체, 기체
④ 액체, 기체
⑤ 고체, 액체, 기체

[5. 소리의 성질]

16 소리가 나는 물체의 특징으로 바른 것은 어느 것입니까? ( )

① 물체가 떨지 않아도 소리는 난다.
② 종을 치면 종이 떨리면서 소리가 난다.
③ 소리의 크기에 관계없이 떨림의 세기는 같다.
④ 소리가 나는 소리굽쇠를 물에 넣으면 아무 변화가 없다.
⑤ 소리가 나는 소리굽쇠를 손으로 세게 움켜쥐면 소리가 점점 커진다.

[5. 소리의 성질]

17 우리 생활에서 큰 소리를 낼 때는 ○표, 작은 소리를 낼 때는 ×표를 하시오.

(1) 멀리 있는 친구를 부릅니다. ( )
(2) 옆에 있는 친구와 귓속말을 합니다. ( )
(3) 체육 시간에 우리 편을 응원합니다. ( )
(4) 수업 시간에 친구들 앞에서 발표를 합니다. ( )

[5. 소리의 성질]

18 실로폰 소리의 높낮이에 대한 설명으로 바른 것을 모두 고르시오. ( )

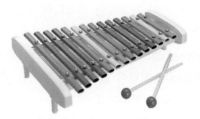

① 긴 음판을 치면 높은 소리가 난다.
② 짧은 음판을 치면 높은 소리가 난다.
③ 실로폰은 음판을 세게 칠수록 더 높은 소리가 난다.
④ 실로폰은 소리의 높낮이를 이용해 연주하는 악기이다.
⑤ 짧은 음판에서 긴 음판 순서대로 치면 점점 높은 소리가 난다.

서술형

[5. 소리의 성질]

19 오른쪽 그림과 같이 바닷속에서 잠수부가 멀리서 오는 배의 소리를 들을 수 있는 까닭을 쓰시오.

[5. 소리의 성질]

20 소음을 줄이는 방법으로 바르지 <u>않은</u> 것은 어느 것입니까? ( )

① 스피커의 소리를 줄인다.
② 공사장에 방음벽을 설치한다.
③ 도로에 과속 방지 턱을 설치한다.
④ 도시에서 가까운 곳에 공항을 짓는다.
⑤ 아파트의 거실에 푹신한 물체를 깔아 놓는다.

마무리 평가

1~2

부벨라는 거인이에요. 모든 사람이 부벨라를 무서워했는데 ㉠이 자그마한 목소리의 주인공만은 예외였어요.

부벨라는 발 근처 땅바닥을 자세히 들여다보았어요. 땅속에서 지렁이 한 마리가 고개만 빠끔히 내밀고는 말을 하고 있었어요.

이번에는 부벨라가 말을 시작했어요.

"난 부벨라야. 네 이름은 뭐니?"

"이제야 뭔가 제대로 되네. 나는 지렁이라고 해."

"아니, 네 이름 말이야. 제이미나 다니엘 같은."

지렁이는 온몸이 흔들릴 정도로 고개를 가로저었어요.

㉡"지렁이 이름이 제이미라고?"

지렁이는 그렇게 되묻더니 요란하게 웃으며 말을 잇지 못했답니다.

[1. 작품을 보고 느낌을 나누어요]

1 부벨라가 만난 ㉠은 누구인지 쓰시오.

(   )

[1. 작품을 보고 느낌을 나누어요]

2 ㉡에 알맞은 인물의 표정, 몸짓, 말투는 어느 것입니까? (   )

① 성큼성큼 걸으며
② 의아한 듯이 웃으며
③ 하늘 높이 뛰어오르며
④ 부끄러운 표정을 지으며
⑤ 슬픈 듯이 조그만 목소리로

3~5

가 겨울 날씨를 나타내는 토박이말에는 '가랑눈', '진눈깨비', '함박눈', '도둑눈' 같은 말이 있다. 겨울에는 눈이 와야 겨울답다고 한다. 같은 눈이라도 눈의 생김새나 크기에 따라 그 이름이 다르다. '가랑눈'은 조금씩 잘게 부서져서 내리는 눈을 말한다. 가늘게 가루처럼 내리는 비를 '가랑비'라고 하는 것과 같다. 비가 섞여 내리는 눈은 '진눈깨비', 굵고 탐스럽게 내리는 눈은 '함박눈', 밤에 사람들이 모르게 내린 눈은 '도둑눈'이라고 한다.

나 이처럼 계절에 따라 알고 쓰면 좋은 토박이말이 ㉠많다. 우리가 우리말의 말뜻을 배우고 익혀 제대로 쓰는 일에 더욱 힘을 쏟을 때, 더 아름답고 넉넉한 우리말과 우리글을 쓸 수 있게 될 것이다.

[2. 중심 생각을 찾아요]

3 겨울 날씨를 나타내는 토박이말을 두 가지 고르시오. (,   )

① 함박눈
② 가랑비
③ 도둑눈
④ 소나기
⑤ 소소리바람

[2. 중심 생각을 찾아요]

4 ㉠'많다'와 뜻이 비슷한 말은 어느 것입니까?

(   )

① 적다.
② 작다.
③ 춥다.
④ 모르다.
⑤ 무진장하다.

서술형

[2. 중심 생각을 찾아요]

5 이 글의 중심 생각을 쓰시오.

_____

_____

[3. 자신의 경험을 글로 써요]

6 자신이 겪은 일을 바르게 말한 친구에 ○표를 하시오.

(1) 우리 옆집에는 수호가 살아.

(2) 날마다 일기를 꼭 써야지.

(3) 가족과 함께 바다로 여행을 갔어.

(   )   (   )   (   )

[3. 자신의 경험을 글로 써요]

7 인상 깊은 일을 쓴 뒤에 점검해야 할 것으로 알맞지 <u>않은</u> 것은 무엇입니까? (   )

① 잘못된 표현이 있는지 확인한다.

② 느낌을 잘 표현했는지 확인한다.

③ 올바른 띄어쓰기를 했는지 확인한다.

④ 있었던 일을 자세히 썼는지 확인한다.

⑤ 글쓴이를 자세히 소개했는지 확인한다.

서술형

[4. 감동을 나타내요]

8 오른쪽 사과 그림에 대한 느낌을 감각적 표현을 넣어 쓰시오.

_____

_____

9~10

내 몸에
불덩이가 들어왔다.
– 뜨끈뜨끈.
불덩이를 따라
몹시 추운 사람도 들어왔다.
– 오들오들.

약을 먹고 나니
느릿느릿,
거북이도 들어오고
까무룩,
잠꾸러기도 들어왔다.

내 몸에
너무 많은 것들이 들어왔다.
그래서
내 몸이 아주 무거워졌다.

[4. 감동을 나타내요]

9 이 시에 나온 말 가운데 감각적 표현이 <u>아닌</u> 것은 무엇입니까? (   )

① 그래서

② 까무룩,

③ 느릿느릿,

④ 뜨끈뜨끈.

⑤ 오들오들.

[4. 감동을 나타내요]

10 '나'의 상태를 설명한 것으로 알맞지 <u>않은</u> 것은 무엇입니까? (   )

① 열이 난다.

② 감기에 걸렸다.

③ 약을 먹고 졸리다.

④ 약을 먹고 감기가 나았다.

⑤ 약을 먹고 몸이 무거워졌다.

마무리 평가

[5. 바르게 대화해요]

11 알맞은 표현에 ○표를 하시오.

(1) 사과주스 나왔습니다.   (   )

(2) 할머니께서 사과주스를 먹고 있어요.

(   )

12~13

가

나는 예원이 언니인데 …….

예원아! 우리 내일 어디서 만나기로 했지?

나

어제 우리 반 회의에서 …… 내 생각에는 …… 바꾸는게 맞아.

지수에게 내 생각을 언제 말하지?

[5. 바르게 대화해요]

12 다음 보기에서 가와 나에서 지켜야 할 전화 예절을 골라 기호를 쓰시오.

보기

㉠ 공손하게 말한다.

㉡ 상대의 상황을 헤아려 본다.

㉢ 공공장소에서는 작은 목소리로 말한다.

㉣ 자신이 누구인지 밝히고 상대가 누구인지 확인한다.

(1) 가 : (   )

(2) 나 : (   )

서술형

[5. 바르게 대화해요]

13 가의 남자아이는 전화로 대화할 때 어떻게 말해야 하는지 바르게 고쳐 쓰시오.

_____

[6. 마음을 담아 글을 써요]

14 다음 하루 동안 일어난 일에 알맞은 마음은 무엇입니까? (   )

| 체육 시간 | 피구를 하다가 공에 맞음. |

① 화난 마음   ② 반가운 마음

③ 행복한 마음   ④ 고마운 마음

⑤ 걱정스러운 마음

15~16

기찬이는 운동에 자신이 없었거든요. 심술이 나 돌멩이를 발로 뻥 차 버렸어요. 그런데 기찬이가 찬 돌멩이가 그만 책가방을 맞혀 버렸어요.

"으악!"

공책과 연필이 친구들의 머리 위로 우수수 쏟아졌어요.

"나기찬, 방해하지 말고 집에나 가!"

머리에 혹이 난 친구들이 화가 나서 한마디씩 거들었어요. 기찬이는 사과를 하려고 했지만 할 말이 생각나지 않았어요.

"난 운동회가 정말 싫어!"

기찬이는 교문 밖으로 후다닥 달려 나갔어요.

[6. 마음을 담아 글을 써요]

15 기찬이가 한 일은 무엇입니까? (   )

① 가방을 던졌다.

② 달리기를 했다.

③ 돌멩이를 발로 찼다.

④ 친구에게 사과를 했다.

⑤ 친구와 사이좋게 걸었다.

[6. 마음을 담아 글을 써요]

16 이 글에서 기찬이의 마음은 어떠하겠는지 빈칸에 알맞은 말을 쓰시오.

기찬이는 운동을 잘 못해서 ((1)

) 친구들에게 사과를 제대로 못 해서 ((2)   ) 것 같아.

[7. 글을 읽고 소개해요]

17 다음에 나타나 있는 독서 감상문의 특징은 무엇입니까? (   )

> 이 책을 읽고 주위에 바위나리처럼 외로운 친구가 있는지 생각해 보았다. 그리고 그 친구에게 아기별과 같은 친구가 되어야겠다는 생각이 들었다. 나는 바위나리와 아기별의 우정이 아름다우면서도 안타깝고 슬펐다.

① 책 내용
② 책 제목
③ 인상 깊은 부분
④ 책을 읽게 된 까닭
⑤ 책을 읽은 뒤에 든 생각이나 느낌

[8. 글의 흐름을 생각해요]

18 글 **가**와 **나** 가운데에서 차례가 정해져 있는 글의 기호를 쓰시오.

글 (   )

[8. 글의 흐름을 생각해요]

19 글 **나**에서 알 수 있는 것은 무엇입니까?

(   )

① 감기 예방법
② 실 팔찌의 종류
③ 감기에 좋은 음식
④ 감기약을 먹는 방법
⑤ 실 팔찌 만드는 방법

18~19

가 두 번째, 셀로판테이프로 매듭 위쪽을 책상에 붙입니다. 셀로판테이프는 실 팔찌를 만드는 동안 실이 움직이거나 꼬이지 않게 고정하는 역할을 합니다.
세 번째, 실 세 가닥을 잡고 세 가닥 땋기를 합니다. 이때 자신이 원하는 길이보다 길게 땋아야 합니다.

나 감기약을 먹을 때에는 물과 함께 먹어야 합니다. 우유나 녹차, 주스와 같은 다른 음료와 함께 먹어서는 안 됩니다. 또 물 이외에 밥이나 빵을 같이 먹어서도 안 됩니다.
감기약을 먹는 시간을 놓쳤다고 다음에 두 배로 먹어서도 안 됩니다. 두 배로 먹는다고 감기약 효과가 두 배가 되지는 않습니다. 오히려 몸에 부담만 될 뿐입니다. 감기약은 정해진 양만큼만 먹어야 합니다.

[9. 작품 속 인물이 되어]

20 다음 장면을 연극으로 꾸밀 때 호랑이의 말을 실감 나게 읽은 것을 두 가지 고르시오.

(,   )

> 나그네: 허허, 알았소. 설마 거짓말이야 하겠소? 내가 이 궤짝 문을 열어 주리다. 그 대신 약속을 꼭 지키시오.
> 호랑이: 네, 얼른 좀 열어 주십시오. 배가 고파서 눈이 빠질 지경입니다.

① 신나는 목소리로 말한다.
② 허리에 손을 얹고 말한다.
③ 두 손을 싹싹 빌며 말한다.
④ 당당하게 큰 소리로 말한다.
⑤ 간절하게 애원하듯이 말한다.

1 [1. 곱셈]
다음을 계산할 때 7×8=56의 6은 어느 자리에 써야 하는지 기호를 써 보세요.

```
      7 0
  ×   8 0
  ㉠ ㉡ ㉢ ㉣
```

( )

2 [1. 곱셈]
지우개는 1개에 450원이고 색 도화지는 1장에 40원입니다. 지원이는 지우개 2개와 색 도화지 32장을 사고 3000원을 냈습니다. 지원이가 받을 거스름돈은 얼마인가요?

( )

3 서술형 [1. 곱셈]
1부터 9까지의 수 중 □ 안에 들어갈 수 있는 수를 모두 더하면 얼마인지 풀이 과정을 쓰고 답을 구해 보세요.

$$62×□<27×16$$

_____

_____

_____

( )

4 [2. 나눗셈]
계산해 보세요.

(1) $4\overline{)88}$ (2) $7\overline{)84}$

5 [2. 나눗셈]
잘못 계산한 곳을 찾아 바르게 계산해 보세요.

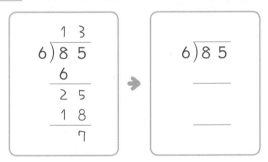

6 [2. 나눗셈]
네 변의 길이의 합이 56 cm인 정사각형이 있습니다. 이 정사각형의 한 변의 길이는 몇 cm인가요?

( )

7 [2. 나눗셈]
몫의 크기를 비교하여 ○ 안에 >, =, <를 알맞게 써넣으세요.

$$804÷6 \bigcirc 992÷8$$

8 원의 반지름은 몇 cm인가요? [3. 원]

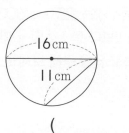

(   )

9 반지름이 3 cm인 원을 그려 보세요. [3. 원]

10 크기가 같은 원 6개를 서로 원의 중심을 지나 도록 겹쳐서 그린 것입니다. 선분 ㄱㄴ은 몇 cm인가요? [3. 원]

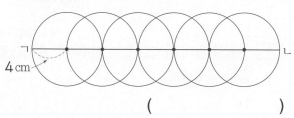

(   )

11 ㉠과 ㉡의 합을 구해 보세요. [4. 분수]

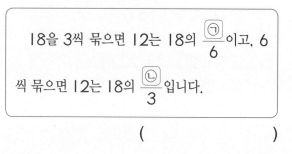

18을 3씩 묶으면 12는 18의 $\frac{㉠}{6}$이고, 6 씩 묶으면 12는 18의 $\frac{㉡}{3}$입니다.

(   )

12 분수를 수직선 위에 나타내어 보세요. [4. 분수]

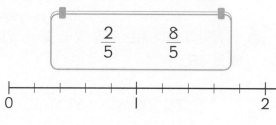

13 분모가 15인 가분수 중에서 가장 작은 수를 구 해 보세요. [4. 분수]

(   )

14 □ 안에 들어갈 수 있는 수를 모두 써 보세요. [4. 분수]

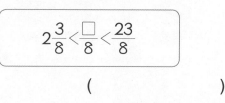

$2\frac{3}{8} < \frac{□}{8} < \frac{23}{8}$

(   )

마무리 평가

[5. 들이와 무게]

15 다음 중 잘못된 것은 어느 것인가요? (　　　)

① 6000 mL=6 L

② 1 L 700 mL=170 mL

③ 2 L 20 mL=2020 mL

④ 4800 mL=4 L 800 mL

⑤ 3 L 200 mL=3200 mL

[5. 들이와 무게]

16 두 들이의 합과 차는 각각 몇 L 몇 mL인지 구해 보세요.

> 7 L 200 mL　　3900 mL

합 (　　　　　　　)

차 (　　　　　　　)

[5. 들이와 무게]

17 연필과 지우개의 무게를 다음과 같이 비교했습니다. 어느 것이 100원짜리 동전 몇 개만큼 더 무거운가요?

연필　　동전 5개　지우개　　동전 8개

(　　　　　,　　　　　)

서술형

[5. 들이와 무게]

18 아버지의 몸무게는 72 kg 500 g이고, 상민이의 몸무게는 28 kg 600 g입니다. 아버지는 상민이보다 몇 kg 몇 g 더 무거운지 풀이 과정을 쓰고 답을 구해 보세요.

_____

_____

_____

_____

(　　　　　　　)

✿ 원주 친구들이 가지고 있는 연필의 수를 조사하여 나타낸 표입니다. 물음에 답하세요. [19~20]

가지고 있는 연필의 수

이름	원주	유민	진영	형준	합계
연필 수(자루)	11	23	14	16	64

[6. 자료의 정리]

19 그림그래프로 나타내어 보세요.

가지고 있는 연필의 수

원주	유민
진영	형준

✏ 10 자루

✏ 1 자루

[6. 자료의 정리]

20 연필을 많이 가지고 있는 친구부터 순서대로 이름을 써 보세요.

(　　　,　　　,　　　,　　　)

[1. ❶ 우리 고장의 환경과 생활 모습]

1 다음 자연환경의 공통점으로 알맞은 것은 어느 것입니까? (   )

| 산   들   하천   바다 |

① 땅의 생김새
② 사람들이 만든 환경
③ 날씨에 영향을 주는 것
④ 생산 활동이 이루어지는 곳
⑤ 사람들이 많이 모여 사는 곳

[1. ❶ 우리 고장의 환경과 생활 모습]

2 다음 자연환경과 고장 사람들이 그 환경을 이용 하는 모습을 알맞게 줄로 이으시오.

(1) 산   •   • ㉠ 염전

(2) 들   •   • ㉡ 등산로

(3) 하천 •   • ㉢ 생활용수

(4) 바다 •   • ㉣ 농사짓기

서술형   [1. ❶ 우리 고장의 환경과 생활 모습]

3 다음과 같은 가을에는 고장에서 어떤 생활 모습 을 볼 수 있는지 쓰시오.

_____

_____

❀ 도시의 모습을 나타낸 다음 사진을 보고, 물음에 답하시오. [4~5]

[1. ❶ 우리 고장의 환경과 생활 모습]

4 위와 같은 도시에서 많이 볼 수 있는 시설은 어 느 것입니까? (   )

① 논   ② 밭
③ 공장   ④ 양식장
⑤ 스키장

[1. ❶ 우리 고장의 환경과 생활 모습]

5 위 지역에 사는 사람들이 주로 하는 일을 두 가 지 고르시오. (,   )

① 회사에 다닌다.
② 가축을 기른다.
③ 물고기를 잡는다.
④ 물건이나 음식을 판다.
⑤ 농기계를 팔거나 수리한다.

[1. ❶ 우리 고장의 환경과 생활 모습]

6 더위를 피하려고 바람이 잘 통하는 소재로 만든 옷을 입거나 햇볕을 막는 모자를 쓰는 계절은 언제인지 쓰시오.

(   )

[1. ❷ 환경에 따른 의식주 생활 모습]

7 바다와 멀리 떨어져 있어 생선을 운반하는 동안 소금을 뿌려서 상하지 않게 한 안동의 대표적인 음식은 무엇인지 쓰시오.

(   )

[1. ❷ 환경에 따른 의식주 생활 모습]

8 다음 집의 이름은 무엇인지 쓰고, 이러한 집을 지었던 까닭을 쓰시오.

(1) 집의 이름: (   )

(2) 집을 지었던 까닭:

_____

_____

[2. ❶ 옛날과 오늘날의 생활 모습]

9 사람들이 강가나 해안가에 모여 살기 시작할 무렵의 생활 모습으로 알맞은 것은 어느 것입니까? (   )

① 열매를 따서 먹었다.

② 토기를 만들어 음식을 담았다.

③ 돌을 깨뜨려서 도구를 만들었다.

④ 동물을 사냥해 먹을거리를 얻었다.

⑤ 동물의 가죽이나 풀잎으로 옷을 만들어 입었다.

[2. ❶ 옛날과 오늘날의 생활 모습]

10 다음 도구들의 공통적인 쓰임새로 알맞은 것은 어느 것입니까? (   )

돌괭이	쟁기	트랙터

① 땅을 가는 도구

② 사냥을 하는 도구

③ 옷을 만드는 도구

④ 음식을 만드는 도구

⑤ 곡식을 수확하는 도구

[2. ❶ 옛날과 오늘날의 생활 모습]

11 여러 층으로 나누어 높게 짓기 때문에 좁은 땅에 많은 사람들이 함께 살 수 있는 집은 무엇인지 쓰시오.

(   )

[2. ❷ 옛날과 오늘날의 세시 풍속]

12 다음 빈칸에 들어갈 알맞은 말을 쓰시오.

> 설날, 추석 등 명절날에 하는 일과 놀이, 먹는 음식, 입는 옷과 같이 해마다 일정한 시기에 되풀이하여 행해 온 고유의 풍속을 (   )이라고 한다.

(   )

[2. ❷ 옛날과 오늘날의 세시 풍속]

13 정월 대보름에 오른쪽과 같은 놀이를 했던 까닭으로 알맞은 것은 어느 것입니까? (   )

① 나쁜 기운을 쫓아내기 위해서

② 여름을 시원하게 보내기 위해서

③ 조상들께 추수를 감사드리기 위해서

④ 한 해 농사가 잘되기를 기원하기 위해서

⑤ 한 해를 마무리하고 새해를 맞이하기 위해서

[2. ❷ 옛날과 오늘날의 세시 풍속]

14 다음 중 단오와 관계 없는 것은 어느 것입니까? (   )

① 씨름   ② 부채

③ 떡국   ④ 그네뛰기

⑤ 창포물에 머리감기

서술형

[2. ❷ 옛날과 오늘날의 세시 풍속]

15 오늘날의 세시 풍속이 옛날에 비해 많이 달라진 까닭은 무엇 때문인지 쓰시오.

_____

_____

[3. ❶ 가족의 구성과 역할 변화]

16 옛날 결혼식 때 신랑이 신부 측에 건네주었던 다음 물건에 담긴 의미로 가장 알맞은 것은 어느 것입니까? (   )

① 건강하게 살자는 의미
② 돈을 많이 벌자는 의미
③ 자식을 많이 낳자는 의미
④ 부모에게 효도하자는 의미
⑤ 오래도록 행복하게 함께 살자는 의미

[3. ❶ 가족의 구성과 역할 변화]

17 오늘날에 핵가족이 많아진 까닭으로 알맞은 것은 어느 것입니까? (   )

① 주로 농사를 짓기 때문이다.
② 자녀가 결혼을 한 후에도 부모님과 함께 살기 때문이다.
③ 편의 시설이 많은 촌락으로 이사를 가는 경우가 많기 때문이다.
④ 취업이나 자녀 교육을 위해 다른 지역으로 이사를 가기 때문이다.
⑤ 산업이 발달하고 도시가 만들어지면서 일자리가 줄어들었기 때문이다.

[3. ❶ 가족의 구성과 역할 변화]

18 다음 ㉠, ㉡에 들어갈 알맞은 말을 쓰시오.

> 옛날에는 집안일은 주로 (㉠)가 하고 바깥일은 주로 (㉡)가 하는 등 가족 구성원의 역할이 구분되어 있었다.

㉠: (   )

㉡: (   )

[3. ❷ 다양한 가족이 살아가는 모습]

19 오늘날에 볼 수 있는 가족에 대한 설명으로 알맞은 것은 어느 것입니까? (   )

① 핵가족과 확대 가족만 있다.
② 다양한 형태의 가족이 있다.
③ 우리 가족과 똑같은 형태의 가족만 있다.
④ 자녀를 입양했을 때 입양한 자녀는 가족이 될 수 없다.
⑤ 부모 없이 할아버지, 할머니와 손주가 함께 사는 경우는 가족에 해당하지 않는다.

[3. ❷ 다양한 가족이 살아가는 모습]

20 가족의 의미를 다음과 같이 표현한 까닭으로 가장 알맞은 것은 어느 것입니까? (   )

가족은 비빔밥이다.

① 실수를 해도 이해해 주기 때문에
② 서로를 사랑하고 아껴 주기 때문에
③ 편안하게 쉴 수 있는 보금자리가 되기 때문에
④ 자신감과 용기를 가질 수 있도록 도움을 주기 때문에
⑤ 다양한 가족 구성원들이 모여서 하나의 가정을 이루기 때문에

[1. 재미 있는 나의 탐구]

1 탐구 과정을 순서대로 기호를 쓰시오.

> ㉠ 탐구 실행하기
> ㉡ 탐구 계획 세우기
> ㉢ 탐구 결과 발표하기
> ㉣ 탐구 문제 정하기

( )

[2. 동물의 생활]

2 화단의 돌 밑에서 사는 동물은 무엇입니까?
( )

① 거미
② 잠자리
③ 고양이
④ 공벌레
⑤ 금붕어

[2. 동물의 생활]

3 기어 다니는 동물을 모두 골라 기호를 쓰시오.

> ㉠ 뱀   ㉡ 두더지   ㉢ 개미
> ㉣ 너구리   ㉤ 지렁이   ㉥ 땅강아지

( )

서술형   [2. 동물의 생활]

4 낙타의 특징으로 바르지 않은 것을 골라 기호를
쓰고, 바르게 고쳐 쓰시오.

> 낙타는 ㉠ 등의 혹에 지방이 있어서 ㉡ 먹
> 이가 없어도 며칠 동안 생활할 수 있고, ㉢
> 발바닥이 좁아서 ㉣ 모래에 발이 잘 빠지지
> 않는다.

[2. 동물의 생활]

5 붕어의 특징으로 바르지 않은 것은 어느 것입니
까? ( )

▲ 붕어

① 아가미로 숨을 쉰다.
② 몸이 비늘로 덮여 있다.
③ 지느러미로 헤엄을 친다.
④ 몸이 부드러운 곡선 형태이다.
⑤ 털이 나 있는 뒷다리로 헤엄친다.

[2. 동물의 생활]

6 다음 동물들의 공통적인 특징은 무엇입니까?
( )

▲ 꿀벌   ▲ 나비   ▲ 잠자리

① 새끼를 낳는다.
② 날개가 한 쌍이다.
③ 다리가 두 쌍이다.
④ 몸이 비교적 가볍다.
⑤ 몸이 깃털로 덮여 있다.

[3. 지표의 변화]

7 운동장 흙과 화단 흙의 특징으로 바른 것은 어
느 것입니까? ( )

① 운동장 흙에서는 식물이 잘 자란다.
② 화단 흙에는 모래가 많이 섞여 있다.
③ 운동장 흙에는 부식물이 많이 들어 있다.
④ 운동장 흙은 화단 흙보다 물 빠짐이 더 좋다.
⑤ 화단 흙은 운동장 흙보다 알갱이의 크기가
크다.

서술형 [3. 지표의 변화]

8 강 상류와 강 하류 중 다음과 같은 모습을 볼 수 있는 곳은 어디인지 쓰고, 강폭과 강의 경사에 대해 설명하시오.

[3. 지표의 변화]

9 다음 바닷가 지형의 공통점으로 바른 것은 무엇입니까? (   )

▲ 모래 해변

▲ 갯벌

① 바닷물에 의해 깎여서 만들어졌다.
② 만들어지는 데 짧은 시간이 걸렸다.
③ 바닷물의 침식 작용으로 만들어졌다.
④ 오랜 시간 동안 흙과 모래가 쌓여서 만들어졌다.
⑤ 바닷물과 만나는 부분이 계속 깎여서 만들어졌다.

[3. 지표의 변화]

10 흙이 잘 보존되고 있는 곳의 모습은 어느 것인지 기호를 쓰시오.

ㄱ

ㄴ

(   )

[4. 물질의 상태]

11 다음과 같은 특징을 가진 물질은 어느 것입니까? (   )

> • 눈에 보이지 않고, 손에 잡히지 않는다.
> • 다른 사람에게 전달할 때 전달한 것인지 알 수 없다.

① 우유   ② 공기
③ 지우개   ④ 나무 막대
⑤ 고무풍선

[4. 물질의 상태]

12 다음 물체들의 공통적인 성질이 <u>아닌</u> 것은 어느 것입니까? (   )

> 가방, 책상, 연필

① 눈으로 볼 수 있다.
② 손으로 잡을 수 있다.
③ 다른 사람에게 전달하기 어렵다.
④ 일정한 모양과 부피를 가지고 있다.
⑤ 담는 그릇이 바뀌어도 모양이 변하지 않는다.

[4. 물질의 상태]

13 액체의 성질로 바른 것은 ○표, 바르지 않은 것은 ×표를 하시오.

(1) 눈에 보이며 단단합니다.   (   )
(2) 흐르는 성질이 있어 손으로 잡기 어렵습니다.   (   )
(3) 담는 그릇에 따라 모양이 변합니다.   (   )

서술형 [4. 물질의 상태]

14 주사기의 피스톤을 바깥으로 당긴 뒤 주사기 끝을 물이 담긴 수조 속에 넣고 피스톤을 밀었을 때 나타나는 변화를 쓰시오.

마무리 평가

[4. 물질의 상태]

15 물질의 상태에 대한 설명으로 바르지 <u>않은</u> 것은 어느 것입니까? (   )

① 고체, 액체, 기체 모두 무게가 있다.

② 기체는 다른 곳으로 쉽게 이동할 수 있다.

③ 액체와 기체는 담는 그릇에 따라 모양이 변한다.

④ 액체와 기체는 담는 그릇에 따라 부피가 변한다.

⑤ 고체와 액체는 담는 그릇에 따라 부피가 변하지 않는다.

[5. 소리의 성질]

16 소리굽쇠에서 소리가 날 때의 특징으로 바르지 <u>않은</u> 것은 어느 것입니까? (   )

① 소리굽쇠를 고무망치로 치면 소리가 난다.

② 소리굽쇠를 고무망치로 세게 치면 떨림의 세기가 커진다.

③ 소리가 나는 소리굽쇠를 손으로 만지면 떨림이 느껴진다.

④ 소리가 나지 않는 소리굽쇠를 물에 대면 물이 튀어 오른다.

⑤ 소리가 나는 소리굽쇠를 손으로 세게 움켜쥐면 소리가 멈춘다.

[5. 소리의 성질]

17 소리의 세기를 이용해 연주하는 악기를 보기 에서 모두 골라 기호를 쓰시오.

보기
ㄱ 기타   ㄴ 실로폰
ㄷ 작은북   ㄹ 트라이앵글

(   )

[5. 소리의 성질]

18 오른쪽은 물이 담긴 수조에 플라스틱 관을 넣고 소리가 나는 스피커를 찾는 모습입니다. 이 실험에 대한 설명으로 바른 것은 어느 것입니까? (   )

① 물속에서는 소리가 전달되지 않는다.

② 플라스틱 관을 이용해 소리 나는 스피커를 찾을 수 없다.

③ 플라스틱 관이 스피커에 가까워질수록 소리가 크게 들린다.

④ 플라스틱 관이 스피커에 가까워질수록 소리가 더 작게 소리가 들린다.

⑤ 플라스틱 관이 스피커에서 멀어져도 소리의 크기는 변하지 않는다.

서술형 [5. 소리의 성질]

19 실 전화기로 친구와 이야기를 하다가 실을 손으로 꽉 잡으면 친구의 목소리가 잘 들리지 않았습니다. 그 까닭은 무엇인지 쓰시오.

_____

[5. 소리의 성질]

20 소리의 반사에 대한 설명으로 바르지 <u>않은</u> 것은 어느 것입니까? (   )

① 부드러운 물체에서는 소리가 잘 반사되지 않는다.

② 소리가 나아가다가 물체에 부딪쳐 되돌아오는 성질이다.

③ 도로의 방음벽은 소리의 반사를 이용해 소음을 줄인다.

④ 산에서 메아리를 들을 수 있는 것은 소리가 반사되기 때문이다.

⑤ 딱딱한 벽으로 둘러싸인 체육관에서는 소리가 잘 반사되지 않는다.

교과서 종합평가

검정 교과서(수학 10종/사회 11종/과학 7종)를
완벽 분석하여 문제를 출제하였습니다.

1~2

> 강아지 때문에 국수를 쏟아 꾸중을 듣는 장금이

1 이 상황에서 장금이의 마음은 어떠하겠습니까? (　　)

① 기쁜 마음　　② 죄송한 마음
③ 궁금한 마음　　④ 행복한 마음
⑤ 안심되는 마음

2 이 상황에서 장금이의 표정, 몸짓, 말투로 알맞은 것을 세 가지 고르시오.
(　　,　　,　　)

① 고개를 숙이며
② 입을 크게 벌리며
③ 낮고 작은 목소리로
④ 환하게 웃는 표정으로
⑤ 죄송하다는 표정을 지으며

3~5

> 　둘째, 과학실에서는 절대 장난을 치면 안 됩니다. 과학실에는 깨지기 쉽거나 위험한 실험 기구가 많습니다. 장난을 치다가 유리로 만든 실험 기구가 깨지면 날카로운 유리 조각이 생겨 이 유리 조각에 사람이 다칠 수 있습니다. 또 장난을 치다가 알코올램프가 바닥에 떨어지면 과학실에 화재가 발생할 수도 있습니다.

3 이 글을 아는 내용이나 겪은 일과 관련지어 읽으려고 할 때에 떠올릴 내용으로 가장 알맞은 것은 무엇입니까? (　　)

① 과학실의 위치
② 알고 있는 과학 안전 수칙
③ 과학 실험을 해야 하는 까닭
④ 과학실을 배경으로 하는 영화
⑤ 자신이 가장 잘하는 과학 실험

4 과학실에서 화재가 발생할 경우는 언제입니까? (　　)

① 날카로운 유리 조각을 밟았을 때
② 알코올램프가 바닥에 떨어졌을 때
③ 선생님의 지시에 따라 실험을 할 때
④ 유리로 만들어진 실험 기구가 깨질 때
⑤ 장난을 하지 않고 진지하게 실험을 할 때

서술형
5 이 글을 읽고 알 수 있는 과학 실험 안전 수칙을 쓰시오.

_____

_____

6 기억에 남는 일을 정리하면 좋은 점을 두 가지 고르시오. (　　,　　)

① 잘못된 표현을 고칠 수 있다.
② 자신이 한 일을 되돌아볼 수 있다.
③ 기억에 남는 일을 글로 쓸 수 있다.
④ 자신이 하고 싶은 일을 정리할 수 있다.
⑤ 자신의 생각을 생생하게 전달할 수 있다.

서술형
7 다음 문장에서 띄어 써야 할 부분에 ∨를 하고, 바르게 띄어쓰기를 하여 다시 쓰시오.

> 주혁이가눈물이그렁그렁한얼굴로 말했다.

> _____

8~9

강가 고운 모래밭에서
발가락 옴지락거려
두더지처럼 파고들었다.

㉠지구가 간지러운지
꿈질꿈질 움직였다.

아, 내 작은 신호에도
지구는 대답해 주는구나.

그 큰 몸짓에
이 조그마한 발짓
그래도 지구는 대답해 주는구나.

8 ㉠과 같이 느낌을 생생하게 표현한 것을 무엇이라고 하는지 쓰시오.

(   )

[서술형]

9 '나'는 지구가 왜 대답해 준다고 표현했는지 쓰시오.

_____

_____

10 다른 사람과 대화할 때 지켜야 할 점으로 빈칸에 알맞은 말을 쓰시오.

(1) 웃어른에게는 (   )을/를 쓴다.
(2) (   )(으)로 대화할 때에는 자신이 누구인지 밝히고 상대가 누구인지 확인한다.

11~12

할머니의 말씀을 다 듣지 않고 전화를 끊어 버림.

세 시까지 공항에 데리러 오라고 말해야 하는데……

[서술형]

11 이 그림에서 할머니의 표정이 좋지 않은 까닭은 무엇일지 쓰시오.

_____

_____

12 11번의 문제를 해결할 수 있는 방법은 무엇입니까? (   )

① 상대의 상황을 헤아린다.
② 상대가 누구인지 확인한다.
③ 상대의 말을 끝까지 듣는다.
④ 전화를 건 사람이 누구인지 밝힌다.
⑤ 공공장소에서 작은 목소리로 말한다.

13 다른 사람에게 자신의 마음을 전하는 알맞은 방법에 ○표를 하시오.

(1) 화가 났을 때에는 솔직하게 빨리 하고 싶은 말을 한다. (   )
(2) 말하기 전에 상대의 기분보다 자신의 기분만을 먼저 생각한다. (   )
(3) 말할 때에는 상대의 마음을 헤아리며 자신의 생각과 마음을 말한다. (   )

14 아래 그림에서 넘어진 친구에게 해 줄 말로 알맞은 것은 어느 것입니까? (   )

① 반가워.   ② 축하해.
③ 고마워.   ④ 잘됐구나.
⑤ 다친 데는 없니?

15~16

가 오늘은 학교에서 『바위나리와 아기별』이라는 책을 읽었다. 앞표지에 있는 바위나리와 아기별 그림이 무척 예뻐서 내용이 궁금했기 때문이다.

나 그러던 어느 날, 병이 든 바위나리를 간호하던 아기별은 너무 늦게 하늘 나라로 올라가 그 벌로 다시는 바닷가에 내려오지 못했다. 아기별을 기다리던 바위나리는 점점 시들다가 그만 바람이 세게 불어 바다로 날려 갔다.

다 나는 이 책에서 바위나리를 그리워하며 울다가 빛을 잃은 아기별이 하늘 나라에서 쫓겨나 바다로 떨어진 장면이 가장 기억에 남는다. 왜냐하면 살아 있을 때에는 만나지 못하다가 죽은 뒤에야 같이 있을 수 있게 된 것이 너무 슬펐기 때문이다.

라 이 책을 읽고 주위에 바위나리처럼 외로운 친구가 있는지 생각해 보았다. 그리고 그 친구에게 아기별과 같은 친구가 되어야겠다는 생각이 들었다. 나는 바위나리와 아기별의 우정이 아름다우면서도 안타깝고 슬펐다.

15 **가**~**라**는 독서 감상문의 특징 가운데에서 무엇인지 선으로 이으시오.

(1) **가** •   • ㉠   책 내용

(2) **나** •   • ㉡   인상 깊은 부분

(3) **다** •   • ㉢   책을 읽은 까닭

(4) **라** •   • ㉣   책을 읽은 뒤에 든
                                생각이나 느낌

16 이 글에서 다음의 뜻을 가진 낱말을 찾아 기본형으로 쓰시오.

> 다쳤거나 앓고 있는 환자나 노약자를 보살피고 돌보다.

(   )

17~18

가 첫 번째, 서로 다른 색깔 실 세 가닥을 함께 잡고 매듭을 짓습니다. 실의 3~4 센티미터를 남겨 두고 실 세 가닥을 한꺼번에 잡아 작은 원을 만듭니다.

나 두 번째, 셀로판테이프로 매듭 위쪽을 책상에 붙입니다. 셀로판테이프는 실 팔찌를 만드는 동안 실이 움직이거나 꼬이지 않게 고정하는 역할을 합니다.

17 이 글에서 알 수 있는 것은 무엇인지 빈칸에 알맞은 말을 쓰시오.

(   ) 만드는 방법

18 이 글에서 차례를 나타내는 말을 두 가지 고르시오. (,   )

① 첫 번째   ② 두 번째
③ 센티미터   ④ 실 세 가닥
⑤ 셀로판테이프

19~20

호랑이: 나그네님, 제발 문고리를 따고 문짝을 좀 열어 주십시오.

나그네: 뭐요? 문을 열어 달라고? 열어 주면 뛰쳐나와서 나를 잡아먹을 것이 아니오?

호랑이: 아닙니다. 제가 은혜를 모르고 그런 짓을 할 리가 있겠습니까? (㉠   )

나그네: 허허, 알았소. 설마 거짓말이야 하겠소? 내가 이 궤짝 문을 열어 주리다. 그 대신 약속을 꼭 지키시오.

19 호랑이와 나그네가 한 약속은 무엇인지 쓰시오.

(   )

20 ㉠에 들어갈 호랑이의 표정, 몸짓, 말투를 알려 주는 알맞은 말은 무엇입니까? (   )

① 앞발로 궤짝을 탕탕 치며
② 무섭게 나그네를 노려보며
③ 뒷짐을 지며 어슬렁 걸으며
④ 궤짝 안에서 뒹굴뒹굴 구르며
⑤ 앞발을 비비며 자꾸 절을 한다.

1 수 모형을 보고 곱셈식으로 나타내어 보세요.

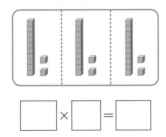

□ × □ = □

2 마스크가 한 묶음에 60장씩 있습니다. 20묶음에 있는 마스크는 모두 몇 장인가요?

식 _____

답 _____

3 □ 안에 알맞은 수를 써넣으세요.

$$
\begin{array}{cccc}
 & 1 & 3 & 9 \\
\times & & & 2 \\
\hline
 & & 1 & 8 \quad \cdots \quad \boxed{} \times 2 \\
 & \boxed{} & \boxed{} & \quad \cdots \quad \boxed{} \times 2 \\
 2 & 0 & 0 \quad \cdots \quad \boxed{} \times 2 \\
\hline
\boxed{} & \boxed{} & \boxed{} \\
\end{array}
$$

4 빈칸에 알맞은 수를 써넣으세요.

→ ÷ →

| 50 | 5 | |
| 60 | 2 | |

5 다음 수 카드를 보고 가장 큰 수를 가장 작은 수로 나눈 몫과 나머지를 구해 보세요.

| 16 | 7 | 78 | 72 | 5 |

몫 ( )

나머지 ( )

6 나머지가 큰 것부터 차례대로 기호를 써 보세요.

㉠ 56÷6
㉡ 48÷4
㉢ 90÷7

( )

서술형

7 휴게소에서 오늘 하루 만든 호두과자는 342개입니다. 상자 한 개에 호두과자를 8개씩 포장했더니 남는 호두과자가 생겼습니다. 호두과자를 남김없이 포장하려면 몇 개를 더 만들어야 하는지 풀이 과정을 쓰고 답을 구해 보세요.

풀이 _____

_____

_____

_____

답 _____

8 원에 반지름을 3개 그어 보고 알맞은 말에 ◯표 하세요.

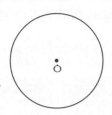

> 반지름은 한 원에서 여러 개 그을 수 있고 그 길이가 모두 (같습니다 , 다릅니다).

서술형

9 컴퍼스를 사용하여 지름이 6 cm인 원을 그리려고 합니다. 컴퍼스 사용이 잘못된 이유를 써 보세요.

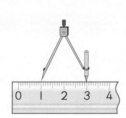

이유 _____

_____

_____

10 크기가 가장 작은 원을 찾아 기호를 써 보세요.

> ㉠ 지름이 7 cm인 원
> ㉡ 지름이 9 cm인 원
> ㉢ 반지름이 5 cm인 원

(   )

11 그림을 보고 반지름을 1칸씩 늘려가며 차례대로 원을 1개 더 그려 보세요.

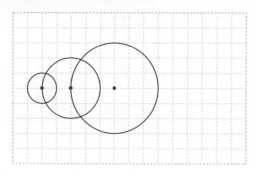

12 빈칸에 진분수, 가분수, 대분수를 알맞게 써넣으세요.

분수	이름
$1\frac{3}{4}$	
$\frac{5}{7}$	
$\frac{2}{2}$	

13 가장 큰 수를 찾아 기호를 써 보세요.

> ㉠ 24의 $\frac{5}{6}$ ㉡ 24의 $\frac{3}{4}$ ㉢ 24의 $\frac{7}{8}$

(   )

14 두 분수의 크기를 비교하여 ◯ 안에 >, =, < 를 알맞게 써넣으세요.

(1) $\dfrac{21}{6}$ ◯ $3\dfrac{2}{6}$

(2) $2\dfrac{5}{11}$ ◯ $\dfrac{26}{11}$

15 들이가 적은 것의 기호를 써 보세요.

가   나

(   )

16 8 L의 간장이 들어 있는 항아리에 500 mL 의 간장을 더 부었습니다. 항아리에 들어 있는 간장은 모두 몇 mL인가요?

(   )

17 5 kg까지 담을 수 있는 상자에 무게가 2 kg 인 물건과 1 kg 400 g인 물건이 각각 1개씩 들어 있습니다. 상자에 더 담을 수 있는 무게는 몇 kg 몇 g인가요?

(   )

18 민주네 반 학생들이 운동장에서 한 놀이를 조 사하여 표로 나타내었습니다. 많은 학생들이 한 놀이부터 순서대로 써 보세요.

운동장에서 한 놀이별 학생 수

놀이	땅따먹기	피구	달리기	줄넘기	합계
학생 수 (명)	3	10	4		22

(   )

[19~20] 3학년이 끝나갈 무렵, 학예회를 하였습니 다. 중간에 간식을 먹기 위해 친구들이 어떤 간식 을 좋아하는지 조사하여 표로 나타내었습니다. 표를 보고 물음에 답해 보세요.

좋아하는 간식별 학생 수

간식	피자	핫도그	케이크	햄버거	합계
학생 수 (명)	15	21	6	13	55

19 표를 보고 그림그래프를 완성해 보세요.

좋아하는 간식별 학생 수

간식	학생 수
피자	
핫도그	
케이크	
햄버거	

☺ 10명
☺ 1명

20 준비해야 하는 간식으로 1가지를 선택할 때 가 장 적절한 것을 고르고 이유를 써 보세요.

간식 _____

이유 _____

_____

1 다음 ( ) 안에 들어갈 말로 알맞지 <u>않은</u> 것은 어느 것입니까? ( )

> 사람들은 고장의 자연환경을 이용하여 ( ) 등과 같은 다양한 인문환경을 만든다.

① 산 　　　　② 도로
③ 항구 　　　　④ 공장
⑤ 과수원

2 고장 사람들이 자연환경을 이용하는 모습으로 알맞은 것은 어느 것입니까? ( )

① 들에 등산로를 만든다.
② 산에 도로와 아파트를 만든다.
③ 바다에 염전을 만들어 소금을 얻는다.
④ 들에 나물을 심어 기르고 약초를 캔다.
⑤ 바닷물을 생활용수와 공업용수로 이용한다.

3 다음 설명과 관계 깊은 계절은 언제인지 쓰시오.

> • 날씨가 맑고 서늘한 계절이다.
> • 사람들은 울긋불긋한 단풍을 구경하려고 공원과 산을 찾는다.

( )

4 산이 많은 고장에서 볼 수 있는 시설과 가장 거리가 먼 것은 어느 것입니까? ( )

① 목장 　　　　② 양식장
③ 스키장 　　　　④ 삼림욕장
⑤ 계단식 논

5 다음 중 자연환경을 이용하여 여가 생활을 하는 것은 무엇입니까? ( )

①
▲ 축구하기

②
▲ 캠핑하기

③
▲ 컴퓨터 게임하기

④
▲ 박물관 관람하기

6 다음과 같은 의생활 모습을 볼 수 있는 나라는 어디인지 보기 에서 찾아 쓰시오.

> **보기**
> 페루 　이집트 　베트남 　캐나다

(1)
( )

(2)
( )

서술형

7 제주도에서 오른쪽과 같은 집을 지었던 까닭은 무엇인지 쓰시오.

_____

_____

8 다음 도구를 만들어 사용했던 사람들이 주로 살았던 곳은 어디입니까? (　　　)

① 동굴
② 움집
③ 너와집
④ 초가집
⑤ 바위 그늘

9 다음 (　) 안에 들어갈 알맞은 말을 모두 고르시오. (　　　　)

> 주로 돌을 이용하여 생활 도구를 만들었던 옛날 사람들은 점차 청동과 같은 금속을 이용하여 도구를 만들기 시작했다. 하지만 청동은 재료를 구하기 힘들어 주로 (　　　)를 만들 때에만 사용했다.

① 무기
② 제사 도구
③ 농사 도구
④ 생활 도구
⑤ 몸을 장식하는 장신구

10 다음 설명과 가장 관계 깊은 농사 도구는 무엇입니까? (　　　)

> • 사람들은 농사지을 때 소의 힘을 이용하기 시작하였다.
> • 소를 이용하여 전보다 힘을 덜 들이고 논밭을 갈 수 있게 되었다.

① 낫
② 쟁기
③ 돌괭이
④ 트랙터
⑤ 반달 돌칼

[11~12] 다음 집을 보고 물음에 답하시오.

11 위와 같은 집의 지붕을 덮은 것은 무엇입니까?
(　　　)

① 흙
② 볏짚
③ 기와
④ 시멘트
⑤ 나뭇조각

12 위 집에 살았던 사람들의 생활 모습을 바르게 이야기한 친구는 누구인지 쓰시오.

부엌과 화장실이 집 안에 있어서 편리하게 이용할 수 있었지.

안채와 사랑채 등으로 나뉘어져 있는데, 남자와 여자는 생활하는 공간이 달랐어.

혜린　　　　　　규성

(　　　　　　　　　　　　　)

13 다음과 같은 세시 풍속이 행해졌던 명절은 언제인지 쓰시오.

> • 쥐불놀이　　• 달집태우기
> • 부럼 깨물기　• 오곡밥 먹기

(　　　　　　　　　　　　　)

14 주로 농사를 짓고 살았던 우리 조상들이 명절과 세시 풍속을 정할 때 중요하게 생각했던 것은 무엇인지 두 가지 고르시오. (,)

① 교통
② 통신
③ 계절
④ 날씨
⑤ 전쟁

15 옛날의 결혼식 모습에 대한 설명으로 알맞지 않은 것은 어느 것입니까? ( )

① 신랑과 신부는 한복을 입었다.
② 신부의 집에서 결혼식을 했다.
③ 혼례를 치르고 신부의 집에서 며칠을 지냈다.
④ 신부가 신랑의 집에 도착하면 어른들께 폐백을 드렸다.
⑤ 신랑이 신부 측에 결혼반지를 건네주면서 혼례식이 시작되었다.

[서술형]

16 옛날에 다음과 같은 형태의 가족이 많았던 까닭은 무엇 때문인지 쓰시오.

_____

_____

17 다음 글의 알맞은 말에 ○표 하여 바르게 완성하시오.

(옛날 , 오늘날)에는 남자와 여자의 역할이 구분되어 있었지만, (옛날 , 오늘날)에는 성별의 구분 없이 다양한 역할을 나누어 하고 있다.

18 다음 그림과 관계 깊은 가족의 형태는 무엇입니까? ( )

① 입양 가족
② 재혼 가족
③ 조손 가족
④ 다문화 가족
⑤ 한 부모 가족

[서술형]

19 다양한 가족의 생활 모습을 표현한 다음 만화를 보고 알 수 있는 사실은 무엇인지 쓰시오.

_____

_____

20 다음 ( ) 안에 공통으로 들어갈 말을 쓰시오.

( )은/는 힘들 때 의지할 수 있는 쉼터이자 보금자리의 역할을 한다. 또한 ( )의 위로로 힘과 용기를 내어 어려움을 이겨낼 수 있다.

( )

과학 1회 교과서 종합평가

1 탐구 문제가 적절한지 확인할 내용으로 알맞지 <u>않은</u> 것은 어느 것인지 기호를 쓰시오.

> ㉠ 탐구 준비물을 쉽게 구할 수 있어야 한다.
> ㉡ 다른 사람이 쉽게 이해할 수 없어야 한다.
> ㉢ 탐구하고 싶은 내용이 문제에 분명하게 드러나 있어야 한다.

( )

2 다음과 관련된 탐구 과정은 무엇입니까? ( )

> 탐구를 계획에 따라 실행하면서 관찰하고 조사한 자료를 빠짐없이 기록한다.

① 탐구 계획하기　② 탐구 문제 정하기
③ 탐구 실행하기　④ 탐구 결과 발표하기
⑤ 새로운 탐구하기

3 화단에서 주로 볼 수 있는 동물이 <u>아닌</u> 것은 어느 것입니까? ( )

①
▲ 달팽이

②
▲ 거미

③
▲ 공벌레

④
▲ 개미

⑤
▲ 낙타

4 동물을 특징에 따라 분류할 때 분류 기준으로 알맞은 것은 어느 것입니까? ( )

① 귀여운 것과 무서운 것
② 몸이 작은 것과 몸이 큰 것
③ 날개가 있는 것과 날개가 없는 것
④ 손으로 만질 수 있는 것과 만질 수 없는 것
⑤ 좋은 냄새가 나는 것과 좋지 않은 냄새가 나는 것

5 땅에 사는 동물의 이동 방법을 알맞게 선으로 연결하시오.

(1)
▲ 너구리

　• ㉠ 기어 다닌다.

(2)
▲ 뱀

　• ㉡ 걷거나 뛰어 다닌다.

서술형

6 붕어가 물에서 생활하기에 알맞은 점을 한 가지 쓰시오.

_____

_____

7 낙타가 사막에서 살아가기 알맞은 특징입니다. ㉠과 ㉡에 알맞은 말을 쓰시오.

> 낙타는 등에 있는 (㉠)에 지방이 있어서 며칠 동안 먹이가 없어도 생활할 수 있고, (㉡)이 넓어 모래에 발이 잘 빠지지 않는다.

㉠: ( )
㉡: ( )

8 운동장 흙과 화단 흙의 특징을 비교한 것으로 바르지 <u>않은</u> 것은 어느 것입니까? (   )

구분	운동장 흙	화단 흙
①	밝은 갈색이다.	어두운 갈색이다.
②	알갱이 크기가 매우 작다.	알갱이 크기가 매우 크다.
③	만져 보면 거칠거칠하다.	만져 보면 약간 부드럽다.
④	주로 모래나 흙 알갱이만 보인다.	부식물이 많이 섞여 있다.

9 다음은 무엇이 만들어지는 과정인지 쓰시오.

> 바위나 돌은 물, 공기, 나무뿌리 등에 영향을 받아 점차 작은 크기로 부서진다. 바위나 돌이 부서진 작은 알갱이에 생물이 썩어 생긴 물질이 섞여 만들어진다.

(   )

10 흙 언덕을 만든 후, 흙 언덕 위에서 물을 부었을 때의 변화로 바른 것은 어느 것입니까?
(   )

① 흙 언덕 위쪽에 흙이 쌓인다.
② 흙 언덕 아래쪽에 있는 흙이 깎인다.
③ 흙 언덕 위쪽에서 퇴적 작용이 일어난다.
④ 흙 언덕 아래쪽에서 침식 작용이 일어난다.
⑤ 흙 언덕 위쪽에 있는 흙이 아래쪽으로 내려와 쌓인다.

11 바닷물의 퇴적 작용으로 만들어진 지형은 어느 것인지 기호를 쓰시오.

ㄱ   ㄴ

(   )

12 보기 에 있는 물체들의 공통점이 <u>아닌</u> 것은 무엇입니까? (   )

> **보기**
>
> 연필, 구슬, 플라스틱 컵

① 단단하다.
② 흘러내린다.
③ 눈에 보인다.
④ 손이나 도구로 잡을 수 있다.
⑤ 다른 그릇에 옮겨 담아도 원래의 모양과 부피가 변하지 않는다.

서술형

13 물을 다른 모양의 그릇에 차례대로 옮겨 담고 다시 처음 그릇에 옮겨 담는 실험으로 알 수 있는 액체의 성질을 한 가지 쓰시오.

_____

_____

14 수조에 물을 채우고 페트병 뚜껑을 물에 띄운 다음 바닥에 구멍이 뚫린 플라스틱 컵으로 수조 바닥까지 밀어 넣으면 어떤 결과가 나타납니까? (　　　)

① 플라스틱 컵 안으로 물이 들어간다.
② 수조 안 물의 높이가 조금 낮아진다.
③ 페트병 뚜껑의 높이가 점점 높아진다.
④ 페트병 뚜껑이 수조 바닥까지 내려간다.
⑤ 플라스틱 컵 안 물의 높이가 점점 낮아진다.

15 페트병 입구에 공기 주입 마개를 끼우고 무게를 측정하였을 때, 공기 주입 마개를 누르기 전과 누른 후 무게가 다르게 나타난 까닭은 무엇입니까? (　　　)

▲ 공기 주입 마개를　　▲ 공기 주입 마개를
　누르기 전　　　　　　누른 후

① 공기는 무게가 있기 때문에
② 공기는 공간을 차지하기 때문에
③ 공기는 눈으로 볼 수 없기 때문에
④ 공기는 손으로 잡을 수 없기 때문에
⑤ 공기는 물속에서 위로 올라오기 때문에

16 우리 주변의 물질입니다. 고체, 액체, 기체를 구분하여 쓰시오.

(1) 　　(2)

▲ 연을 날리는 공기　　　▲ 분수대의 물

(　　　　　) (　　　　　)

17 소리를 내는 물체의 특징입니다. (　　　) 안에 알맞은 말을 쓰시오.

> 스피커 위에 올려놓은 스타이로폼 공은 음악이 나올 때 움직이는 것을 볼 수 있다. 소리를 내는 물체는 (　　　)이(가) 있기 때문이다.

(　　　　　　　　　　)

18 물체의 소리가 컸다가 작아질 때 나타나는 현상은 무엇입니까? (　　　)

① 물체의 부피가 커진다.
② 물체의 떨림이 커진다.
③ 물체의 부피가 작아진다.
④ 물체의 떨림이 작아진다.
⑤ 물체의 크기가 작아진다.

19 교실에서 친구가 이야기하는 소리나 종소리를 들을 때, 소리를 전달하는 물질의 상태는 무엇인지 쓰시오.

(　　　　　　　　　　)

20 소리가 나는 스피커를 플라스틱 원통 속에 넣고 소리를 들었습니다. 스타이로폼 판보다 나무판을 대고 소리를 들었을 때 더 크게 들리는 까닭은 무엇입니까? (　　　)

▲ 나무판을 들고　　　▲ 스타이로폼 판을 들고
　소리 듣기　　　　　　소리 듣기

① 나무판이 더 크기 때문에
② 나무판이 더 무겁기 때문에
③ 나무판이 더 가볍기 때문에
④ 나무판이 더 부드럽기 때문에
⑤ 나무판이 더 딱딱하기 때문에

1~2

자두는 미미가 자신보다 더 유명해지고 싶어서 몰래 발레를 배웠다는 사실을 알게 됩니다.

1 이 상황에서 자두의 마음은 어떠하겠습니까?
( )

① 고마운 마음　② 미안한 마음
③ 부러운 마음　④ 궁금한 마음
⑤ 자랑스러운 마음

2 이 장면에 알맞은 자두의 표정, 몸짓, 말투로 알맞은 무엇입니까? ( )

① 팔짱을 끼며
② 활짝 웃으며
③ 하늘로 날아오르며
④ 환호하는 목소리로
⑤ 울먹이는 목소리로

3~5

봄 날씨를 나타내는 토박이말에는 '꽃샘추위', '꽃샘바람', '소소리바람' 같은 말이 ㉠있다. 이른 봄, 꽃이 필 무렵에 찾아오는 추위를 '꽃샘추위'라고 한다. 여기서 '샘'은 시기, 질투라는 뜻이다. 그래서 '꽃샘추위'는 꽃이 피는 것을 시샘하듯 몰아닥친 추위라는 뜻이 된다. 꽃샘추위 때 부는 바람은 '꽃샘바람'인데, 이보다 차고 매서운 바람은 '소소리바람'이다. 이 바람은 이른 봄에 살 속으로 스며드는 듯한 차고 매서운 바람을 일컫는다.

3 이 글의 중심 문장에 ◯표를 하시오.

(1) 이른 봄, 꽃이 필 무렵에 찾아오는 추위를 '꽃샘추위'라고 한다. ( )
(2) 봄 날씨를 나타내는 토박이말에는 '꽃샘추위', '꽃샘바람', '소소리바람' 같은 말이 있다. ( )

서술형

4 봄과 관련된 토박이말을 넣어 문장을 한 가지 만들어 쓰시오.

_____

_____

5 ㉠ '있다'와 서로 뜻이 반대인 낱말은 무엇인지 쓰시오.

( )

6 띄어쓰기를 바르게 하면 좋은 점은 무엇입니까? ( )

① 읽는 사람에게 감동을 준다.
② 글을 읽는 사람이 불편하다.
③ 자신이 한 일을 정리할 수 있다.
④ 전하고자 하는 뜻을 정확히 전할 수 있다.
⑤ 자신의 생각에 알맞은 까닭을 들 수 있다.

7 인상 깊은 일을 쓰는 방법 가운데에서 가장 나중에 할 일의 기호를 쓰시오.

㉠ 글을 쓴다.
㉡ 고쳐쓰기를 한다.
㉢ 쓸 내용을 정리한다.
㉣ 겪은 일 가운데에서 어떤 일을 글로 쓸지 정한다.

( )

8~10

> 강가 고운 모래밭에서
> 발가락 옴지락거려
> 두더지처럼 파고들었다.
>
> 지구가 간지러운지
> ⃞ ㉠ ⃞ 움직였다.
>
> 아, 내 작은 신호에도
> 지구는 대답해 주는구나.

8 말하는 이가 지금 있는 곳은 어디인지 쓰시오.

( )

9 어떤 모습을 지구가 움직인다고 표현했는지 쓰시오.

( )의 움직임

10 천천히 움직이는 모습을 나타내는 ㉠ 안에 들어갈 알맞은 흉내 내는 말은 무엇입니까? ( )

① 후다닥
② 새콤달콤
③ 둥글둥글
④ 깡충깡충
⑤ 굼질굼질

11 대화할 때 고려해야 할 점으로 알맞지 <u>않은</u> 것은 어느 것입니까? ( )

① 대화 상황을 생각한다.
② 대화 목적을 생각한다.
③ 상대의 기분을 생각한다.
④ 웃어른일 때에는 높임 표현을 쓴다.
⑤ 상대의 말을 듣기 전에 자신이 할 말을 먼저 한다.

12~13

> 지원: 나, 아까 학교 앞 문구점에서 미술 준비물을 샀는데 망가져 있어.
> 민지: 뭐가? 물감에 구멍이 났니? 아니면 물통?
> 지원: 아니, 물통에 물이 샌다고.
> 민지: 아, 물통을 말하는 거구나.

12 이 전화 대화에서 생긴 문제는 무엇입니까?

( )

① 누가 전화를 건지 몰랐다.
② 전화 도중에 전화를 끊었다.
③ 누가 전화를 받는지 몰랐다.
④ 상대의 목소리가 잘 들리지 않았다.
⑤ 지원이가 무엇을 말하는지 민지가 몰랐다.

서술형

13 문제를 해결할 수 있도록 지원이에게 해 줄 말을 쓰시오.

_____

_____

서술형

14 다른 사람에게 자신의 마음을 전하는 방법을 한 가지 쓰시오.

_____

_____

_____

_____

15 글을 읽고 인물이 한 일과 겪은 일에 알맞은 인물의 마음을 찾아 선으로 이으시오.

> 가 1교시는 사회 시간이었다. 우리 지역의 자랑거리를 조사해서 발표하는 시간이었다.
> 　우리 모둠 발표자는 나였다. 앞 모둠 발표가 거의 끝나 가자 나는 가슴이 콩닥콩닥 뛰기 시작했다.
> '어쩌지? 실수하면 안 되는데……'
> 발표 내용이 갑자기 뒤죽박죽되는 느낌이었다.
> 가 수호네 강아지는 털이 하얗고 조그만 강아지여서 내가 아주 귀여워한다. 나는 수호 엄마께 반갑게 인사한 뒤에 수호네 강아지의 하얀 털을 조심조심 쓰다듬어 주었다. 구름을 만지는 기분이 이런 기분일까?
> 수호네 강아지 덕분에 오늘 하루가 행복하게 마무리되었다.

(1) 발표 차례가 다가옴. · · 가 행복한 마음

(2) 친구네 하얀 강아지 털을 쓰다듬어 줌. · · 나 걱정스러운 마음

16 글을 읽고 친구에게 소개하면 좋은 점에 ○표를 하시오.

(1) 읽은 글의 내용을 잘 정리할 수 있다.
　　　　　　　　　　　　　　(　)
(2) 관심 있는 분야에 대한 흥미가 사라진다.
　　　　　　　　　　　　　　(　)

서술형
17 책을 소개하는 방법을 한 가지 더 쓰시오.

> 책 보여 주며 말하기

_____

_____

18~19

> 가 디자이너 체험을 끝내자 거의 열한 시가 되었다. 우리는 제빵사 체험을 하려고 제빵 학원으로 갔다. 제빵 학원 옆에는 크게 '크림빵'이라고 적혀 있었다. 체험관 안으로 들어가자 체험관 선생님께서 밀가루를 나누어 주셨다. 체험관 선생님께서 알려 주시는 차례를 그대로 따라 해서 크림빵을 완성했다.
> 나 제빵사 체험을 마치고 나오니 거의 열두 시가 되었다. 우리 모둠은 중앙 광장에서 아까 만든 크림빵과 각자 싸 온 점심을 먹으며 다른 모둠 친구들과 체험활동 이야기를 나누었다.

18 이 글에서 장소 변화를 알 수 있는 말을 두 가지 고르시오. (　 , 　)

① 열한 시　　　　　② 열두 시
③ 우리 모둠　　　　④ 제빵 학원
⑤ 중앙 광장

서술형
19 시간 흐름과 장소 변화가 나타나도록 글 가의 내용을 간추려 쓰시오.

_____

_____

20 다음 장면에 알맞은 토끼의 표정, 몸짓, 말투는 무엇입니까? (　)

> 호랑이: (답답하다는 듯이 화를 내며) 왜 이렇게 말귀를 못 알아듣지? (궤짝 속으로 들어가며) 이 궤짝 속에 내가 이렇게 있었어. 내가 이렇게 갇혀 있었단 말이야. 알았지?
> 토끼가 얼른 달려들어 문고리를 걸어 잠근다.
> 토끼: (웃으면서) 이제야 알았습니다. 설명하시지 않아도 잘 알겠습니다. 호랑이님이 어떻게 이 궤짝 속에 들어갔는지 잘 알았습니다. 그럼 저는 바빠서 이만 가 보겠습니다.

① 무서워서 덜덜 떨며
② 재빨리 자물쇠를 잠그듯이
③ 억울한 표정으로 다급한 말투로
④ 여유 있게 웃으며 궤짝을 잠그며
⑤ 호랑이에게 관심 없다는 듯이 흘깃 보며

1 수 모형을 보고 ☐ 안에 알맞은 수를 써넣으세요.

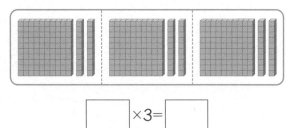

☐ ×3= ☐

서술형

2 임진왜란에서 큰 활약을 했던 거북선 한 척에는 125명이 탈 수 있습니다. 거북선 7척에는 모두 몇 명이 탈 수 있는지 풀이 과정을 쓰고 답을 구해 보세요.

풀이 _____

_____

_____

답 _____

3 ☐ 안에 들어갈 값은 어떤 식의 계산 결과인지 찾아 ◯표 하세요.

```
  3 5 2
×     7
─────────
    1 4
  ☐☐☐☐
  2 1 0 0
─────────
  2 4 6 4
```

| 5×7 |
| 52×7 |
| 50×7 |
| 52×70 |

4 관계있는 것끼리 이어 보세요.

| 12×61 | 72×11 |

· · ·

| 752 | 792 | 732 |

5 지우가 계산기에서 다음 수와 기호를 순서대로 눌렀습니다. 화면에 나타나는 수를 써 보세요.

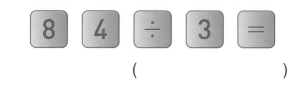

(   )

6 계산해 보고, 계산 결과가 맞는지 확인해 보세요.

(1) 46÷5= ☐ ⋯ ☐

확인 5× ☐ =45,

45+ ☐ = ☐

(2) 59÷8= ☐ ⋯ ☐

확인 8× ☐ =56,

56+ ☐ = ☐

7 혜인이의 동생은 태어난 지 142일이 되었습니다. 동생이 태어난 지 몇 주 며칠이 되었는지 구해 보세요.

(   ), (   )

8 원에 그어진 선분이 지름인 것을 모두 찾아 기호를 써 보세요.

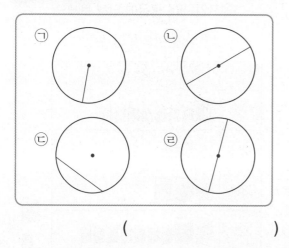

( )

9 ☐ 안에 알맞은 수를 써넣으세요.

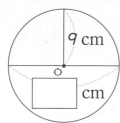

9 cm

☐ cm

10 원의 성질을 <u>잘못</u> 설명한 것을 찾아 기호를 써 보세요.

┌─────────────────────────────────┐
│ ㉠ 지름은 항상 원의 중심을 지납니다.   │
│ ㉡ 지름은 원을 둘로 똑같이 나눕니다.   │
│ ㉢ 지름은 반지름의 2배입니다.   │
│ ㉣ 지름은 원 위의 두 점을 이은 선분 중에서 가장 │
│   짧습니다.   │
└─────────────────────────────────┘

( )

11 9와 15를 각각 3씩 묶을 때, ☐ 안에 알맞은 수를 써넣으세요.

(1) 3은 9의 ☐/3 입니다.

(2) 9는 15의 ☐/5 입니다.

12 그림을 보고 물음에 답해 보세요.

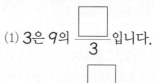

0 $\frac{1}{5}$ $\frac{2}{5}$ $\frac{3}{5}$ $\frac{4}{5}$ $\frac{5}{5}$ $\frac{6}{5}$ $\frac{7}{5}$ $\frac{8}{5}$ $\frac{9}{5}$ $\frac{10}{5}$

(1) 수직선에 나타낸 분수 중 가분수는 모두 몇 개인가요?

( )

(2) 수직선에 나타낸 분수 중 1과 같은 분수를 찾아 써 보세요.

( )

서술형

13 ☐ 안에 들어갈 수 있는 자연수는 모두 몇 개인지 풀이 과정을 쓰고 답을 구해 보세요.

┌─────────────────────┐
│ $\frac{42}{8} > ☐\frac{1}{8}$ │
└─────────────────────┘

풀이 _____

_____

_____

답 _____

14 ▢ 안에 알맞은 수를 써넣으세요.

(1) 2 L 800 mL = ▢ mL

(2) 5640 mL = ▢ L ▢ mL

15 식용유가 있습니다. 음식을 만드는 데 1 L 500 mL를 사용하고 남은 식용유는 1 L 600 mL입니다. 처음 식용유는 몇 L 몇 mL 인가요?

( )

16 ▢ 안에 알맞은 무게의 단위를 써넣으세요.

(1) 책상의 무게는 10 ▢ 입니다.

(2) 빵의 무게는 150 ▢ 입니다.

(3) 버스의 무게는 8 ▢ 입니다.

서술형

17 바구니에 오이를 담아 무게를 재었더니 3 kg 200 g이었습니다. 바구니만의 무게가 300 g 일 때 오이의 무게는 몇 kg 몇 g인지 풀이 과 정을 쓰고 답을 구해 보세요.

풀이 _____

_____

_____

답 _____

[18~20] 우주네 학교 3학년 학생들이 학급문고를 채우기 위해 가져온 책의 수를 조사하여 나타낸 그래프입니다. 물음에 답해 보세요.

반별 가져온 책의 수

반	책의 수
1반	
2반	
3반	
4반	

📖 10권
📕 1권

18 그림 📖 과 📕은 각각 몇 권을 나타내고 있 나요?

📖 ( )

📕 ( )

19 3학년 학생들이 가져온 전체 책의 수는 몇 권 인가요?

( )

20 가져온 책의 수가 가장 적은 반에서 책을 더 가져온 후 전체 책의 수를 100권이 되게 하려 고 합니다. 몇 반에서 몇 권을 더 가져와야 하 나요?

반 ( )

책수 ( )

1 우리를 둘러싼 환경 중에서 자연환경은 '자'라고 쓰고, 인문환경은 '인'이라고 쓰시오.

(1)

(   )

(2)

(   )

(3)

(   )

(4)

(   )

2 다음은 산이 많은 곳에 사는 친구가 고장을 소개하는 글입니다. 알맞지 <u>않은</u> 내용을 찾아 기호를 쓰시오.

> 우리 고장에는 ㉠ 높은 산이 많아요. ㉡ 여름에 산길을 걸으면 정말 시원해요. 우리 고장은 ㉢ 겨울에 많은 눈이 내려 정말 아름다워요. 또, 우리 고장에는 ㉣ 양식장에서 김과 미역을 기르는 일을 하는 사람이 많아요.

(   )

3 다음은 고장 사람들이 어떤 자연환경을 이용하는 모습입니까? (   )

> • 물을 이용해 사람들이 생활하거나 농사를 짓고 제품을 만든다.
> • 주변에 공원이나 산책로를 만들어 운동을 하고 휴식을 취한다.

① 산
② 섬
③ 들
④ 바다
⑤ 하천

서술형

4 도시에 사는 사람들은 다른 고장에 사는 사람들보다 훨씬 더 다양한 일을 하며 살아갑니다. 그 까닭은 무엇인지 쓰시오.

_____

_____

5 더위를 피하려고 바람이 잘 통하는 옷을 입고, 햇볕을 막으려고 모자를 쓰는 계절은 언제인지 쓰시오.

(   )

6 세계 여러 고장의 식생활 모습을 알맞게 이야기한 친구는 누구인지 쓰시오.

> • 현우: 바다가 있는 고장에서는 망고, 파인애플과 같은 열대 과일로 만든 음식이 발달했어.
> • 수린: 날씨가 더운 고장에서는 생선 조개 등이 많이 잡히기 때문에 해산물로 만든 음식이 많아.
> • 강민: 산이 많은 고장에서는 소, 양 등을 많이 기르기 때문에 우유나 치즈를 이용한 음식이 발달했어.

(   )

7 초원이 넓게 펼쳐져 있는 고장에서 많이 볼 수 있는 집을 찾아 ○표 하시오.

(1)

(   )

(2)

(   )

8 오랜 옛날에 우리 조상들이 돌을 깨뜨려 만들었던 오른쪽 도구는 무엇입니까? (　　)

① 철괭이
② 주먹도끼
③ 청동 거울
④ 비파형 동검
⑤ 빗살무늬 토기

9 철로 도구를 만들기 시작하면서 달라진 모습과 거리가 <u>먼</u> 것은 어느 것입니까? (　　)

① 단단한 철을 이용해서 다양한 도구를 만들었다.
② 철을 만드는 재료를 구하기 위해 이동 생활을 하게 되었다.
③ 청동보다 구하기 쉬워 농사 도구, 무기 등을 만드는 데 사용하였다.
④ 철로 만든 튼튼한 무기를 사용하는 사람들은 전쟁에서 쉽게 이길 수 있었다.
⑤ 철로 만든 농사 도구는 단단하고 날카로워 농사지을 때 힘이 덜 들었기 때문에 농업이 크게 발달하였다.

10 곡식을 수확하는 도구가 발달해 온 순서대로 기호를 쓰시오.

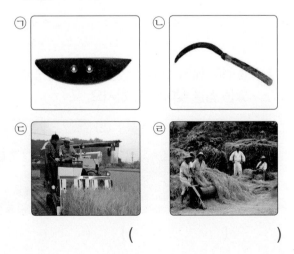

(　　　　　　　　　　)

11 다음에서 설명하고 있는 집은 무엇인지 쓰시오.

> 사람들이 한곳에 모여 살기 시작하면서 농사를 짓고 가축을 기르게 되었다. 사람들은 땅을 파서 단단한 나무로 기둥을 세우고 그 위에 풀이나 짚을 덮어 집을 지었다.

(　　　　　　　　　　)

12 단오에 대한 설명으로 알맞지 <u>않은</u> 것은 어느 것입니까? (　　)

① 음력 5월 5일이다.
② 그네뛰기와 씨름 등의 놀이를 즐겼다.
③ 나쁜 기운을 쫓으려고 창포물에 머리를 감았다.
④ 서로의 건강을 빌며 국화로 만든 술과 떡을 먹었다.
⑤ 여름을 시원하고 건강하게 보내라는 의미로 부채를 주고받았다.

13 다음 ㉠, ㉡에 들어갈 알맞은 말을 쓰시오.

> 오늘날에는 직업이 다양해지면서 농사짓는 사람들이 줄어들었다. 이에 따라 (　㉠　)와/과 관련된 세시 풍속이 많이 사라졌고, 설날이나 추석 등 대표적인 (　㉡　)을/를 중심으로 한 세시 풍속이 이어져 오고 있다.

㉠ (　　　　　　) ㉡ (　　　　　　)

14 설날과 정월 대보름 사이에 여럿이 함께 즐기던 놀이로, 놀이를 하면서 한 해의 운세를 점치고 마을의 풍년을 빌었던 것은 무엇인지 쓰시오.

(　　　　　　　　　　)

[15~16] 옛날 결혼식 모습을 나타낸 다음 그림을 보고 물음에 답하시오.

(가)

(나)

(다)

(라)

15 옛날의 결혼식이 치러진 순서에 맞게 기호를 쓰시오.

( )

서술형

16 위 (나)는 폐백을 드리는 모습으로 이때 집안 어른들은 신부의 치마에 밤이나 대추를 던져 주었습니다. 그 까닭은 무엇인지 쓰시오.

_____

_____

17 다음 ( ) 안에 들어갈 알맞은 가족 형태를 쓰시오.

> 오늘날에는 ( )이/가 많아지고 있다. 직업을 찾거나 원하는 교육을 받으려고 다른 지역으로 옮기는 사람이 많기 때문이다.

( )

18 오늘날의 가족 생활 모습과 가장 거리가 먼 것은 어느 것입니까? ( )

① 가족 구성원이 함께 집안일을 한다.
② 가족 구성원이 서로의 의견을 존중해 준다.
③ 가족의 중요한 일은 함께 의논하여 결정한다.
④ 부모님이 모두 직장에 다니시는 경우가 많아졌다.
⑤ 바깥일은 주로 남자가 하고, 집안일은 주로 여자가 한다.

[19~20] 다양한 가족의 생활 모습을 표현한 다음 자료를 보고 물음에 답하시오.

(가)

(나)

19 위의 자료는 가족의 생활 모습을 어떤 방법으로 나타냈는지 다음 보기 에서 찾아 쓰시오.

> **보기**
>
> 동시 짓기   그림 그리기
> 노랫말 바꾸기   역할극 대본 쓰기

(가) ( ) (나) ( )

20 위 (가), (나)와 관계 깊은 가족의 형태가 바르게 짝지어진 것은 어느 것입니까? ( )

	(가)	(나)
①	조손 가족	입양 가족
②	입양 가족	재혼 가족
③	재혼 가족	다문화 가족
④	조손 가족	한 부모 가족
⑤	다문화 가족	한 부모 가족

과학 2회 교과서 종합평가

1 다음과 같은 탐구 문제에 대한 탐구 계획을 세울 때 다르게 해야 할 것은 무엇입니까?
( )

> 회전판을 여러 장 겹치면 팽이가 도는 시간이 길어질까?

① 회전판의 크기
② 회전판의 모양
③ 팽이 심의 종류
④ 팽이 심의 길이
⑤ 겹친 회전판의 수

2 탐구를 실행한 다음 과정은 무엇입니까?
( )

① 탐구 계획하기
② 탐구 실행하기
③ 탐구 문제 정하기
④ 탐구 결과 발표하기
⑤ 궁금한 점 생각하기

3 다음과 같이 동물을 분류한 기준은 무엇입니까? ( )

붕어, 다슬기, 돌고래, 고등어	잠자리, 참새, 여우, 벌

① 새끼를 낳는가?
② 더듬이가 있는가?
③ 지느러미가 있는가?
④ 물속에서 살 수 있는가?
⑤ 몸이 깃털로 덮여 있는가?

4 땅 위와 땅속을 오가며 사는 동물끼리 짝 지은 것은 어느 것입니까? ( )

① 뱀, 개미
② 토끼, 고라니
③ 개미, 고라니
④ 지렁이, 두더지
⑤ 거미, 땅강아지

5 다음에서 설명하는 동물은 어느 것입니까?
( )

> • 물속의 바위에 붙어서 기어 다닌다.
> • 아가미로 숨을 쉬고 딱딱한 껍데기로 덮여 있다.

① 집게
② 수달
③ 우렁이
④ 오징어
⑤ 물장군

6 잠자리와 직박구리의 공통적인 특징이 <u>아닌</u> 것은 어느 것입니까? ( )

▲ 잠자리   ▲ 직박구리

① 다리가 있다.
② 날개가 두 쌍이다.
③ 하늘을 날아다닌다.
④ 몸이 비교적 가볍다.
⑤ 입으로 먹이를 먹는다.

서술형

7 다음과 같이 거울이나 유리에 잘 붙는 흡착판은 어느 동물의 특징을 모방한 것인지 쓰시오.

_____

_____

8 운동장 흙과 화단 흙의 물에 뜬 물질의 양을 비교하는 실험입니다. 이 실험을 통해 알 수 있는 것은 무엇입니까? (   )

▲ 운동장 흙   ▲ 화단 흙

① 화단 흙의 물 빠짐이 더 좋다.
② 화단 흙의 알갱이 크기가 더 크다.
③ 운동장 흙에서 식물이 더 잘 자란다.
④ 화단 흙에 부식물이 더 많이 섞여 있다.
⑤ 운동장 흙이 물에 뜨는 물질의 양이 더 많다.

9 흙에 대한 설명으로 바른 것을 보기에서 모두 골라 기호를 쓰시오.

보기
㉠ 바위나 돌이 뭉쳐져 만들어진다.
㉡ 커다란 바위나 돌에서 나무뿌리가 썩으면 만들어진다.
㉢ 커다란 바위나 돌에서 흙이 만들어지는 데 오랜 시간이 걸린다.
㉣ 바위나 돌이 부서진 작은 알갱이에 생물이 썩어 생긴 물질이 섞여 만들어진다.

(   )

10 흙 언덕을 만든 후, 색 모래와 색 자갈을 흙 언덕 위쪽에 놓고 흙 언덕 위에서 물을 부었을 때, 위쪽과 아래쪽에서 일어나는 작용을 쓰시오.

(1) 위쪽: (   )
(2) 아래쪽: (   )

서술형

11 강 하류의 특징을 두 가지 쓰시오.

_____

_____

12 고체에 대해 바르게 설명한 친구의 이름을 쓰시오.

• 가영 – 눈으로 볼 수 없는 물질의 상태를 말해.
• 수영 – 손으로 만질 수 없어.
• 호연 – 담는 그릇의 모양에 따라 모양이 변해.
• 미연 – 담는 그릇의 크기에 따라 부피가 변해.
• 미호 – 담는 그릇이 달라져도 모양과 부피가 변하지 않아.

(   )

13 쌓기나무를 여러 가지 모양의 그릇에 넣은 모습입니다. 쌓기나무와 같은 부피 변화가 나타나는 물체는 어느 것입니까? (   )

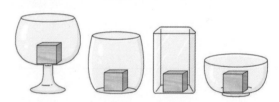

① 연필   ② 물
③ 주스   ④ 간장
⑤ 식용유

14 주스와 우유의 공통점으로 바르지 않은 것은 어느 것입니까? (   )

① 눈으로 볼 수 있다.
② 흐르는 성질이 있다.
③ 손으로 잡을 수 없다.
④ 담은 그릇에 따라 모양이 변한다.
⑤ 담은 그릇에 따라 부피가 변한다.

15 바닥에 구멍이 뚫리지 않은 플라스틱 컵으로 물 위에 띄운 페트병 뚜껑을 덮은 뒤 수조 바닥까지 누르는 실험을 통해 알 수 있는 내용입니다. ( ) 안에 알맞은 말을 쓰시오.

구멍이 뚫리지 않은 컵
페트병 뚜껑
물

> 플라스틱 컵 안에 공기가 ( )을/를 차지하기 때문에 페트병 뚜껑이 아래로 내려간다.

( )

서술형

16 오른쪽과 같이 페트병 입구에 끼운 공기 주입 마개를 10번, 30번, 50번 눌러 공기를 넣고 각각 무게를 측정하였습니다. 페트병의 무게 변화를 쓰시오.

공기 주입 마개

_____

_____

17 소리의 높낮이에 대한 설명으로 바른 것을 모두 고르시오. (,)

① 소리의 크고 작은 정도이다.
② 작은북을 세게 치면 높은 소리가 난다.
③ 물체가 작게 떨리면 낮은 소리가 난다.
④ 실로폰의 긴 음판을 치면 낮은 소리가 난다.
⑤ 합창단은 소리의 높낮이를 이용해 여러 사람이 함께 노래를 부른다.

18 공기를 통해 소리가 전달되는 경우는 어느 것입니까? ( )

① 땅에 귀를 대고 기차가 오는 소리를 듣는다.
② 잠수부가 물속에서 배가 오는 소리를 듣는다.
③ 영화관에서 스피커에서 나오는 소리를 듣는다.
④ 책상에 귀를 대고 책상 두드리는 소리를 듣는다.
⑤ 수중 발레 선수가 수중 스피커로 음악을 듣는다.

19 실 전화기의 소리가 가장 잘 들리는 경우에 ○표 하시오.

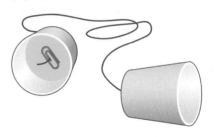

(1) 실의 길이를 짧게할 때 ( )
(2) 실을 느슨하게 할 때 ( )
(3) 실을 손으로 잡았을 때 ( )

20 소음을 줄이기 위해 도로에 설치하는 방음벽은 소리의 어떤 성질을 이용한 것인지 보기 에서 골라 기호를 쓰시오.

▲ 방음벽

> **보기**
> ㉠ 소리의 전달   ㉡ 소리의 반사

( )

정답과 풀이

1회   1~3쪽

1 ②   2 ①, ③, ⑤   3 ②   4 ②   5 ⑩ 과학실에서는 절대 장난을 치면 안 된다.   6 ②, ③   7 주혁이가∨눈물이∨그렁그렁한∨얼굴로 말했다. 8 감각적 표현   9 ⑩ 모래가 움직이는 모습을 지구가 천천히 움직이는 모습이라고 생각했기 때문이다.   10 (1) 높임 표현 (2) 전화   11 ⑩ 남자아이가 할머니의 말씀을 다 듣지 않고 전화를 끊었기 때문이다.   12 ③   13 (3) ○   14 ⑤   15 (1) ⓒ (2) ㉠ (3) ⓛ (4) ㉣   16 간호하다   17 실팔찌   18 ①, ②   19 ⑩ 나그네를 잡아먹지 않겠다.   20 ⑤

1 실수를 해서 죄송한 마음이 들 것입니다.

2 죄송한 마음을 표현하는 표정, 몸짓, 말투를 생각해 봅니다.

3 자신이 알고 있는 내용이나 경험을 생각하면서 읽어 봅니다.

4 알코올램프가 바닥에 떨어지면 과학실에 화재가 발생할 수도 있습니다.

5 첫 문장에 과학 실험을 할 때 지켜야 하는 안전 수칙이 나와 있습니다.

▲ 이 밖에도 선생님이 계시지 않을 때에는 과학 실험을 하지 않고, 실험할 때 책상에 바짝 다가가지 않는 등 안전하게 과학 실험을 하기 위한 수칙을 알아봅니다.

6 기억에 남는 일을 정리하면 기억에 남는 일을 자세히 떠올릴 수 있고, 글로 쓸 수 있으며 자신이 한 일을 되돌아볼 수 있습니다.

7 낱말과 낱말 사이는 띄어 쓰고, '가, 이'는 앞말에 붙여 씁니다.

8 ㉠은 모래가 움직이는 모습을 감각적 표현으로 나타낸 것입니다.

9 '나'는 모래의 움직임을 지구가 움직이는 것으로 생각했습니다.

10 웃어른에게는 높임 표현을 써야 하고, 전화로 대화할 때에는 자신이 누구인지 밝히고 상대가 누구인지 확인해야 합니다.

할아버지, 진지 잡수세요.

▲ 웃어른에게는 공손하게 높임 표현을 씁니다.

11 할머니께서 하실 말씀이 아직 남아 있는데 전화를 끊었기 때문입니다.

12 전화로 대화를 할 때에는 전화하는 상대의 말을 끝까지 들어야 합니다.

13 화가 났을 때에는 하고 싶은 말이 있어도 잠깐 멈추고, 말하기 전에 이 말을 하면 상대의 기분이 어떨지 생각합니다.

14 넘어진 친구에게 "괜찮니? 다친 데는 없니?"라고 해야 합니다.

15 이 글은 책을 읽은 까닭, 책 내용, 인상 깊은 부분, 책을 읽은 뒤에 든 생각이나 느낌의 차례로 쓰여 있습니다.

16 '간호하다'의 낱말 뜻입니다.

17 이 글은 실 팔찌 만드는 방법을 차례대로 알려 주는 글입니다.

18 글에 나타난 '첫 번째, 두 번째'라는 말로 차례를 알 수 있습니다.

더 알아볼까요!

「세 가닥 땋기」 글의 특징
- 일 차례를 알려 주는 글입니다.
- 첫 번째, 두 번째와 같이 차례를 나타내는 말을 사용합니다.

19 호랑이는 나그네를 잡아먹지 않겠다고 약속을 했습니다.

20 간절히 부탁할 때에 알맞은 표정, 몸짓, 말투를 찾아봅니다.

1회 4~6쪽

1 12, 3, 36　**2** 60×20=1200 ; 1200장
3 (위쪽부터) 9 ; 6, 0, 30 ; 100 ; 2, 7, 8
4 10 ; 30　**5** 15 ; 3　**6** ㉢, ㉠, ㉡
7 ⑩ 342÷8=42 … 6이므로 8개씩 42상자에
포장하고 남은 호두과자는 6개입니다. 따라서 2
개를 더 만들면 1상자를 더 포장할 수 있습니다. ;
2개　**8** 풀이 참조, 같습니다에 ○표
9 ⑩ 컴퍼스를 벌린 길이는 원의 반지름을 나타냅
니다. 원의 지름이 6 cm이므로 반지름은 3 cm입
니다. 따라서 컴퍼스의 침과 연필심 사이의 거리
는 반지름인 3 cm로 해야 합니다.　**10** ㉠
11 풀이 참조　**12** 대분수, 진분수, 가분수
13 ㉢　**14** (1) > (2) >　**15** 나　**16** 8500 mL
17 1 kg 600 g　**18** 피구, 줄넘기, 달리기, 땅따
먹기　**19** 풀이 참조　**20** 핫도그 ; ⑩ 좋아하는
학생이 가장 많은 간식을 준비하면 좋을 것 같습
니다.

1 십 모형 1개, 일 모형 2개씩 3묶음이므로
　12×3=36입니다.

2 (전체 마스크의 수)
　=(한 묶음의 마스크의 수)×(묶음 수)
　=60×20=1200(장)

3 139=100+30+9이므로
　9×2, 30×2, 100×2를 계산하여 모두 더합니다.

5 가장 큰 수는 78이고, 가장 작은 수는 5입니다.
　⇨ 78÷5=15 … 3이므로
　　몫은 15이고 나머지는 3입니다.

6 ㉠ 56÷6=9 … 2,
　㉡ 48÷4=12,
　㉢ 90÷7=12 … 6
　따라서 6>2>0이므로 나머지가 큰 것부터 차례
　대로 기호를 쓰면 ㉢, ㉠, ㉡입니다.

8 ⑩

10 지름을 비교하면 ㉠ 7 cm ㉡ 9 cm
　㉢ 5×2=10(cm)이므로 크기가 가장 작은 원은
　㉠입니다.

11

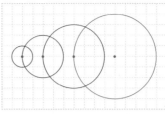

원의 중심은 오른쪽으로 모눈 4칸 이동하고 반지
름은 모눈 4칸이 되도록 원을 그립니다.

12 분자가 분모보다 작은 분수는 진분수, 분자와 분
모가 같거나 분자가 분모보다 큰 분수는 가분수,
자연수와 진분수로 이루어진 분수는 대분수라고
합니다.

13 ㉠ 24를 똑같이 6묶음으로 나누면 1묶음은 4이
고, 그중의 5묶음은 20입니다.
　㉡ 24를 똑같이 4묶음으로 나누면 1묶음은 6이
고 그중의 3묶음은 18입니다.
　㉢ 24를 똑같이 8묶음으로 나누면 1묶음은 3이
고 그중의 7묶음은 21입니다.

14 (1) $\frac{21}{6}=3\frac{3}{6}$ 이므로 $3\frac{3}{6}>3\frac{2}{6}$ 입니다.

$$\rightarrow \frac{21}{6}>3\frac{2}{6}$$

(2) $2\frac{5}{11}=\frac{27}{11}$ 이므로 $\frac{27}{11}>\frac{26}{11}$ 입니다.

$$\rightarrow 2\frac{5}{11}>\frac{26}{11}$$

16 8 L+500 mL=8000 mL+500 mL
　　　　　　　　=8500 mL

17 (상자에 들어 있는 물건의 무게)
　=2 kg+1 kg 400 g=3 kg 400 g
　(상자에 더 담을 수 있는 무게)
　=(상자에 담을 수 있는 전체 무게)
　　−(상자에 들어 있는 물건의 무게)
　=5 kg−3 kg 400 g=1 kg 600 g

18 (줄넘기를 좋아하는 학생 수)
　=22−3−10−4=5(명)

19

좋아하는 간식별 학생 수

간식	학생 수
피자	☺☺☺☺☺
핫도그	☺☺☺☺
케이크	☺☺☺☺☺☺
햄버거	☺☺☺☺

☺ 10명
☺ 1명

사회

1회   7~9쪽

1 ① 2 ③ 3 가을 4 ② 5 ② 6 (1) 캐나다 (2) 이집트 7 예 강한 바람에 지붕이 날아가지 않도록 하기 위해서이다. 8 ② 9 ①, ②, ⑤ 10 ② 11 ③ 12 규성 13 정월 대보름 14 ③, ④ 15 ⑤ 16 예 옛날 사람들은 주로 농사를 짓고 살았는데, 농사에는 일손이 많이 필요했기 때문이다. 17 옛날, 오늘날 18 ② 19 예 우리 주위에는 다양한 가족들이 어울려 살아가고 있다. 20 가족

1 인문환경은 사람들이 만든 환경을 말합니다. 산, 하천, 바다와 같은 땅의 생김새는 자연 그대로의 환경으로 자연환경에 속합니다.

2 산은 공원이나 등산로로 이용하고, 나물과 약초를 얻습니다. 들은 농사를 짓거나 도로와 주택, 공장 등을 만들고, 하천의 물을 이용해 농사를 짓거나 제품을 만듭니다.

3 가을에 고장 사람들은 선선한 날씨에 단풍 구경을 가고 논과 밭에서 곡식과 채소를 수확합니다.

4 양식장에서 김과 미역을 기르는 모습은 바다가 있는 고장에서 볼 수 있습니다.

5 캠핑하기는 자연환경을 이용하는 여가 생활이고, 나머지는 모두 인문환경을 이용하는 여가 생활입니다.

6 캐나다는 춥고 눈이 많이 오는 고장입니다. 또한 이집트에는 넓은 사막이 펼쳐져 있습니다.

더 알아볼까요!

세계 여러 고장 사람들의 의생활 모습

• 사막이 있는 고장: 뜨거운 햇볕과 모래바람을 막으려고 긴 옷을 입고 머리에는 천을 둘러 감습니다.

• 덥고 비가 많이 내리는 고장: 바람이 잘 통하는 긴 옷을 입고 챙이 넓은 모자를 씁니다.

• 춥고 눈이 많이 오는 고장: 동물의 털과 가죽으로 만든 두꺼운 옷을 입습니다.

• 낮과 밤의 기온차가 큰 고장: 낮의 뜨거운 햇볕을 막고 밤의 추위를 견디려고 망토와 같은 긴 옷을 걸치고 모자를 씁니다.

7 바람이 자주 부는 제주도에서는 강한 바람에 지붕이 날아가지 않도록 지붕을 줄로 엮어서 집을 지었습니다.

8 제시된 도구는 흙을 빚어 만든 빗살무늬 토기와 돌과 동물의 뼈를 연결해 만든 뼈낚시 도구입니다. 이 시대에 사람들은 먹을 것이 풍부한 강가나 바닷가에 움집을 짓고 살았습니다.

9 청동은 구리와 주석을 섞어 단단하게 만든 금속입니다. 청동은 귀했기 때문에 생활에 필요한 도구를 만들 때에는 여전히 돌과 나무를 사용하였습니다.

10 쟁기는 소가 끌게 하여 땅을 갈 때 사용하였습니다.

11 제시된 집은 기와로 지붕을 덮은 기와집입니다. 기와는 흙을 구워 만들었기 때문에 튼튼하고 잘 썩지 않아 오랫동안 지붕을 바꾸지 않고 살 수 있었습니다.

12 기와집에서 여자들은 주로 안채에서 생활했고, 남자들은 사랑채에서 글공부를 하거나 손님을 맞이했습니다.

13 정월 대보름은 음력 1월 15일로, 새해 첫 보름달이 뜨는 날입니다.

14 옛날에는 계절과 날씨의 변화에 따라 해야 하는 농사일이 정해져 있었습니다.

15 옛날의 결혼식은 신랑이 신부 측에 나무 기러기를 건네주면서 시작되었습니다.

16 제시된 가족은 확대 가족입니다. 농사에는 일손이 많이 필요하기 때문에 가족이 많을수록 농사 짓기가 쉬웠습니다.

17 오늘날에는 집안일과 바깥일에서 남녀의 역할 구분이 없어지고 있습니다.

18 재혼 가족은 사망이나 이혼 같은 이유로 부부가 헤어진 뒤, 다른 사람과 다시 결혼해 이룬 가족입니다.

더 알아볼까요!

주변의 다양한 가족

• 한 부모 가족: 아버지와 어머니 중에서 어느 한 분과 자녀가 사는 가족입니다.

• 다문화 가족: 국적과 문화가 다른 남녀가 만나 결혼을 하여 이룬 가족입니다.

• 조손 가족: 할머니, 할아버지가 손자, 손녀와 함께 사는 가족입니다.

• 재혼 가족: 사망이나 이혼 같은 이유로 부부가 헤어진 뒤 다른 사람과 결혼해 이룬 가족입니다.

19 우리 주변에는 우리 가족과 같은 형태의 가족도 있고, 다른 형태의 가족도 있습니다. 사회에는 다양한 형태의 가족들이 어울려 살아가고 있습니다.

20 우리는 가족 안에서 사회생활에 필요한 규칙과 예절을 배울 수 있습니다.

과학

1회 10~12쪽

1 ㉡ **2** ③ **3** ⑤ **4** ③ **5** (1) ㉡ (2) ㉠ **6**
⑩ 지느러미가 있어서 물에서 헤엄을 칠 수 있다.
아가미가 있어서 물에서 숨을 쉴 수 있다. **7** ㉠
혹 ㉡ 발바닥 **8** ② **9** 흙 **10** ⑤ **11** ㉠ **12**
② **13** ⑩ 액체는 담는 그릇이 달라지면 모양은
변하지만, 부피는 변하지 않는다. **14** ① **15** ①
16 (1) 기체 (2) 액체 **17** 떨림 **18** ④ **19** 기체
20 ⑤

1 탐구 문제는 궁금한 점들 중에서 가장 알아보고
싶은 것으로 고르고, 탐구 문제가 적절한지, 스스
로 해결할 수 있는 문제인지 확인합니다.

2 탐구 실행하기는 탐구 실행뿐만 아니라 탐구를
하여 알게 된 것을 정리하는 것까지 포함합니다.

3 낙타는 사막에서 볼 수 있는 동물입니다.

4 '귀여운가?', '몸이 작은가?', '좋은 냄새가 나는
가?'는 사람마다 기준이 다를 수 있습니다.

5 땅에서 사는 동물 중 다리가 있는 것은 걷거나 뛰
어다니고, 다리가 없는 것은 기어 다닙니다.

<더 알아볼까요!>

뱀
• 몸은 비늘로 싸여 있는데, 이 비늘은 한 개씩 떨어지지 않는
피부로 이어져 있습니다.
• 다리가 없어 기어 다니고, 평지의 물가나 숲속에 삽니다.
• 식성은 모두 육식이며, 곤충이나 척추동물을 잡아먹습니다.

6 붕어는 물에서 생활하기에 알맞도록 지느러미와
아가미가 있고, 몸이 부드러운 곡선 형태라서 물
에서 빨리 헤엄쳐 이동할 수 있습니다.

▲ 붕어

7 낙타는 먹이가 없을 때에는 혹에 있는 지방을 분
해해서 에너지로 이용합니다. 또한 발바닥이 넓어
서 모래에 발이 잘 빠지지 않고 걸을 수 있습니다.

8 운동장 흙은 화단 흙보다 알갱이 크기가 크고, 화
단 흙은 알갱이 크기가 큰 것과 작은 것이 섞여
있습니다.

9 흙은 바위나 돌이 부서져 만들어집니다.

10 흐르는 물이 흙 언덕 위쪽의 흙을 깎고 운반해 아
래쪽에 쌓기 때문에 흙 언덕의 모습이 변합니다.

<더 알아볼까요!>

흐르는 물에 의한 흙 언덕의 변화 관찰 실험
• 준비물: 사각 쟁반, 흙, 색 모래, 색 자갈, 물, 바닥에 구멍이
뚫린 종이컵, 실험용 장갑 등
• 실험 방법
 – 사각 쟁반에 흙 언덕을 만든 후, 색 모래와 색 자갈을 흙
 언덕 위쪽에 놓습니다.
 – 한 명이 흙 언덕 위에서 바닥에 구멍 뚫린 종이컵을 잡고,
 다른 한 명이 종이컵에 물을 붓습니다.
• 실험 결과
 – 물이 흐르면서 흙 언덕의 위쪽에 있는 흙과 색 모래가 아
 래쪽으로 내려와 쌓입니다.
 – 흐르는 물이 흙 언덕의 위쪽을 깎고, 깎인 흙을 흙 언덕
 아래쪽으로 운반하여 쌓았기 때문에 흙 언덕의 모습이 변
 한 것입니다.

11 ㉠은 바닷물의 퇴적 작용으로, ㉡은 바닷물의 침
식 작용으로 만들어진 지형입니다.

12 연필, 구슬, 플라스틱 컵은 모두 눈으로 볼 수 있
고, 다른 그릇에 옮겨 담아도 원래의 모양과 부피
가 변하지 않는 고체입니다.

13 액체는 눈으로 볼 수 있지만 손으로 잡을 수 없으
며 흐르는 성질이 있습니다.

14 바닥에 구멍이 뚫린 플라스틱 컵으로 밀어 넣는
경우 페트병 뚜껑은 그대로 있고, 물의 높이도 변
화가 없습니다.

15 공기는 무게가 있기 때문에 공기 주입 마개를 여
러 번 눌러 페트병에 공기를 많이 넣을수록 더 무
겁습니다.

16 연을 날리는 공기는 기체이고, 분수대의 물은 액
체입니다.

17 소리를 내는 물체는 공통적으로 떨림이 있습니
다. 따라서 스피커 위에 올려놓은 스타이로폼 공
은 음악이 나올 때만 움직입니다.

18 물체가 떨리는 정도에 따라 소리의 크기가 달라
집니다. 소리가 커질 때는 물체의 떨림이 커지고,
소리가 작아질 때는 물체의 떨림이 작아집니다.

19 소리는 여러 가지 물질을 통해 전달됩니다. 교실
에서 친구가 이야기하는 소리나 종소리는 기체인
공기를 통하여 전달됩니다.

20 나무나 벽처럼 딱딱한 물체에서는 소리의 반사가
잘 일어나지만, 스타이로폼이나 스펀지처럼 부드
러운 물체에서는 소리의 반사가 잘 일어나지 않
습니다.

1 ②   **2** ⑤   **3** (2) ○   **4** 예 올해 봄은 꽃샘추위가 빨리 찾아왔다.   **5** 없다   **6** ④   **7** ㉡   **8** 강가 고운 모래밭   **9** 모래   **10** ⑤   **11** ⑤   **12** ⑤   **13** 예 전화로는 상황을 볼 수 없기 때문에 정확하고 구체적으로 표현해야 해.   **14** 예 화가 났을 때에는 하고 싶은 말이 있어도 잠깐 멈춘다. / 말하기 전에 이 말을 하면 상대의 기분이 어떨지 생각해 본다. / 말할 때에는 상대의 마음을 헤아리며 자신의 생각과 마음을 말할 수 있다.   **15** (1) 나 (2) 가   **16** (1) ○   **17** 예 노랫말을 바꾸어 소개하기 / 책갈피를 만들어 소개하기 등   **18** ④, ⑤   **19** 예 열한 시, 제빵 학원에서 크림빵을 만들었다.   **20** ②

1 자두는 미미가 언니보다 유명해지고 싶어서 몰래 발레를 배웠다는 사실을 알고 미안한 마음을 느꼈을 것입니다.

2 미안한 마음에 어울리는 표정, 몸짓, 말투를 생각해 봅니다.

3 글에서 가장 중요한 문장을 찾아봅니다.

> **더 알아볼까요?**
> **중심 생각을 찾는 방법**
> • 문단의 중심 문장을 찾아보고 중심 생각을 간추린다.
> • 글의 제목을 보고 무엇에 대해 쓴 글인지 생각한다.
> • 글에 있는 사진이나 그림을 보고 글쓴이의 중심 생각을 찾는다.

4 봄 날씨를 나타내는 토박이말인 '꽃샘추위, 꽃샘바람, 소소리바람' 가운데에서 한 가지 낱말을 넣어 알맞은 문장을 만듭니다.

5 '반대말'은 서로 정반대되는 뜻을 담고 있는 한 쌍의 낱말입니다. '있다'와 서로 정반대되는 뜻을 가진 낱말을 찾아봅니다.

6 띄어쓰기를 바르게 하면 전하고자 하는 뜻을 정확히 전할 수 있고, 글을 읽는 사람도 편하게 읽을 수 있습니다.

7 글을 다 쓴 뒤에 고쳐쓰기를 해야 합니다.

8 말하는 이는 강가 고운 모래밭에 발을 대고 있습니다.

9 모래가 움직이는 것을 지구가 움직인다고 표현했습니다.

10 '굼질굼질'은 느리게 조금씩 움직이는 모습을 흉내 내는 말입니다.

> **더 알아볼까요?**
> 눈으로 보고, 귀로 듣고, 입으로 맛보고, 코로 냄새 맡고, 손으로 만지면서 알게 된 대상의 느낌을 감각적 표현이라고 합니다.

11 다른 사람과 대화할 때에는 상대가 누구인지, 어떤 대화 상황인지, 상대의 기분은 어떤지 대화하는 목적이 무엇인지 생각합니다. 그리고 상대가 웃어른일 때에는 높임 표현을 사용하고 상대의 말을 잘 들어야 합니다.

12 전화 통화에서는 상황을 볼 수가 없기 때문에 지원이가 무엇을 말하는지 민지가 몰랐습니다.

13 전화 대화에서는 정확하고 구체적으로 말해야 합니다.

> **더 알아볼까요?**
> **전화로 대화할 때 지켜야 할 예절**
> • 전화를 건 사람이 자신이 누구인지 밝히고 상대가 누구인지도 확인해야 합니다.
> • 상대의 상황을 헤아리고 상대의 말을 귀 기울여 들어야 합니다.
> • 상대의 말을 끝까지 듣고 공손하게 말해야 합니다.
> • 공공장소에서는 작은 목소리로 대화 해야 합니다.

14 다른 사람에게 자신의 마음을 전할 때에는 상대의 마음을 헤아리며 말해야 합니다.

15 발표 차례가 다가와서 걱정스러운 마음, 친구네 하얀 강아지 털을 쓰다듬을 때 행복한 마음이 들었을 것입니다.

16 글을 읽고 친구에게 소개하면 관심 있는 분야에 흥미가 커지고, 새로운 사실을 알려 줄 수 있습니다.

17 책 보물 상자를 만들어 소개하기, 새롭게 안 내용을 그림으로 보여 주며 소개하기 등의 방법으로 책을 소개할 수 있습니다.

18 제빵 학원, 중앙 광장으로 장소가 바뀌었습니다.

19 '열한 시, 제빵 학원'이라는 시간과 장소를 나타내는 말을 써서 체험 내용을 간추려 씁니다.

> **더 알아볼까요?**
> **글의 흐름에 따라 간추리는 방법 정리하기**
> • 시간 흐름에 따라 쓴 글은 시간 차례대로 간추립니다.
> • 일 차례를 설명한 글은 일 차례가 잘 드러나게 간추립니다.
> • 장소가 바뀌면서 사건이 변하는 글은 이동한 장소와 각 장소에서 겪은 일을 중심으로 간추립니다.

20 토끼는 호랑이가 궤짝에서 다시 나오면 자신도 잡아먹힐 수 있으니 행동을 빨리 해야겠다는 마음이었을 것입니다.

수학

2회   16~18쪽

1 120, 360   **2** 예 (탈 수 있는 전체 사람 수)
=(배 한 척에 탈 수 있는 사람 수)×7척
=125×7=875(명) ; 875명   **3** 50×7에 ○표
4 (선 잇기)   **5** 28
6 (1) 9, 1 ; 9 ; 1, 46 (2) 7, 3 ; 7 ; 3, 59
7 20주, 2일   **8** ㉡, ㉣   **9** 18   **10** ㉣
11 (1) 1 (2) 3   **12** (1) 6개 (2) $\frac{5}{5}$

13 예 $\frac{42}{8}=5\frac{2}{8}$이므로 □ 안에는 5보다 작거나
같은 수입니다. 따라서 □ 안에 들어갈 수 있는
자연수는 1, 2, 3, 4, 5로 5개입니다. ; 5개
14 (1) 2800 (2) 5, 640   **15** 3 L 100 mL
16 (1) kg (2) g (3) t
17 예 (오이의 무게)=(오이가 담긴 바구니의 무
게)−(바구니만의 무게)=3 kg 200 g−300 g
=2 kg 900 g ; 2 kg 900 g
18 10권, 1권   **19** 95권   **20** 1반, 5권

---

1 백 모형 1개, 십 모형 2개씩 3묶음이므로
120×3=360입니다.

3
$$\begin{array}{r} 352 \\ \times\quad 7 \\ \hline 14 \\ 350 \\ 2100 \\ \hline 2464 \end{array}$$

□ 안에는 십의 자리 수와 곱하는 수의 곱인
50×7이 들어가야 합니다.

4
$$\begin{array}{r} 12 \\ \times 61 \\ \hline 12 \\ 72 \\ \hline 732 \end{array} \qquad \begin{array}{r} 72 \\ \times 11 \\ \hline 72 \\ 72 \\ \hline 792 \end{array}$$

5
$$\begin{array}{r} 28 \\ 3\overline{)84} \\ 6 \\ \hline 24 \\ 24 \\ \hline 0 \end{array}$$

---

7 일주일은 7일이고, 142÷7=20 … 2이므로
동생이 태어난지 20주 2일이 되었습니다.

8 원의 중심을 지나고 원 위의 두 점을 이은 선분이
지름입니다.

9 (반지름)×2=(지름)이므로
9×2=18(cm)입니다.

10 ㉣ 지름은 원 위의 두 점을 이은 선분 중에서 가
장 깁니다.

11 (1) 9를 3씩 묶으면 전체는 3묶음이고 3은 그중
의 1묶음이므로 3은 9의 $\frac{1}{3}$입니다.

(2) 15를 3씩 묶으면 전체는 5묶음이고 9는 그중
의 3묶음이므로 9는 15의 $\frac{3}{5}$입니다.

12 (1) 분자가 분모보다 크거나 같은 분수를 가분수
라고 합니다.

가분수: $\frac{5}{5}, \frac{6}{5}, \frac{7}{5}, \frac{8}{5}, \frac{9}{5}, \frac{10}{5}$ → 6개

(2) 자연수 1은 분자와 분모가 같은 분수로 나타
낼 수 있습니다.

따라서 $1=\frac{5}{5}$입니다.

14 1 L=1000 mL입니다.
(1) 2 L 800 mL=2 L+800 mL
                =2000 mL+800 mL
                =2800 mL
(2) 5640 mL=5000 mL+640 mL
                 =5 L+640 mL
                 =5 L 640 mL

15 (처음 식용유의 양)
=(사용한 식용유의 양)+(남은 식용유의 양)
=1 L 500 mL+1 L 600 mL
=3 L 100 mL

16 책상은 kg, 빵은 g, 버스는 t의 단위를 사용하며
무게를 나타내는 것이 좋습니다.

18 큰 그림은 10권을, 작은 그림은 1권을 나타냅
니다.

19 1반: 17권, 2반: 21권, 3반: 30권, 4반: 27권
이므로 모두 17+21+30+27=95(권)입니다.

20 그림그래프에서 10권을 나타내는 그림이 가장
적은 반은 1반입니다.
따라서 1반은 지금 전체 95권이 있으므로
100−95=5(권)을 더 가져와야 합니다.

1 (1) 자 (2) 인 (3) 인 (4) 자   **2** ㄹ   **3** ⑤   **4** 예 도시에는 많은 시설을 비롯한 인문환경이 발달해 있기 때문이다.   **5** 여름   **6** 강민   **7** (2) ○   **8** ②   **9** ②   **10** ㉠ → ㉡ → ㉣ → ㉢   **11** 움집 **12** ④   **13** ㉠ 농사 ㉡ 명절   **14** 윷놀이   **15** (다) → (라) → (가) → (나)   **16** 예 자식을 많이 낳고 부자가 되라는 뜻으로 신부의 치마에 밤과 대추를 던져 주었다.   **17** 핵가족   **18** ⑤   **19** (가) 노랫말 바꾸기 (나) 그림 그리기   **20** ③

1 산, 바다, 하천 등은 대표적인 자연환경이고, 논, 도로, 공장, 항구 등은 대표적인 인문환경입니다.

2 산이 많은 고장에 사는 사람들은 산나물이나 버섯을 키우는 일을 하는 사람들이 많습니다.

3 하천 주변에는 산책로와 자전거 도로 등이 있어 고장 사람들이 많이 이용합니다.

4 도시에 사는 사람들은 인문환경을 이용해 다양한 일을 하면서 살아갑니다.

5 겨울에는 추위를 막으려고 두꺼운 옷을 입고, 장갑을 끼거나 목도리를 두르기도 합니다.

6 날씨가 더운 고장에서는 열대 과일로 만든 음식이 발달하고, 바다가 있는 고장에서는 해산물로 만든 음식이 발달합니다.

7 (1)은 통나무집, (2)는 이동식 천막집인 게르입니다. 초원이 넓게 펼쳐져 있는 고장에서는 풀을 찾아 이동하면서 가축을 기르기 위해 천막집을 짓습니다.

8 주먹도끼는 돌을 깨뜨려서 만들었으며, 고기를 자르거나 짐승의 가죽을 벗길 때 사용하였습니다.

9 산에서 열매를 따거나 동물을 사냥해 먹을거리를 얻었던 오랜 옛날에 이동 생활을 했습니다. 철로 도구를 만들었던 시대에는 정착 생활을 하였습니다.

10 ㉠은 반달 돌칼, ㉡은 철로 만든 낫, ㉢은 수확기(콤바인), ㉣은 탈곡기입니다. 농기계인 수확기(콤바인)를 이용하면 수확과 동시에 탈곡까지 할 수 있어 더 편리하게 농사를 지을 수 있습니다.

11 움집 가운데에는 돌로 테두리를 두르고 불을 피워 따뜻하게 지낼 수 있었습니다.

12 서로의 건강을 빌며 국화로 만든 술과 떡을 먹었던 명절은 중양절(음력 9월 9일)입니다.

13 오늘날에는 계절이나 날씨에 상관없이 세시 풍속을 즐길 수 있습니다.

더 알아볼까요!

세시 풍속의 변화
- 오늘날에는 교통과 통신, 과학의 발달로 직업이 다양해지면서 세시 풍속의 모습이 많이 바뀌었습니다.
- 농사와 관련된 세시 풍속은 사라진 것이 많습니다.
- 대부분 설날이나 추석 같은 큰 명절을 중심으로 한 세시 풍속만 이어져 내려오고 있습니다.

14 순서를 정해 윷을 던지고, 윷이 뒤집힌 모양에 따라 윷말을 옮겨 네 개의 윷말이 출발지로 돌아오면 이기는 놀이입니다.

15 옛날의 결혼식은 '신부 집으로 가기 → 혼례 치르기 → 신랑 집으로 가기 → 폐백 드리기'의 순서로 치렀습니다.

16 신부가 신랑의 집안 어른들께 첫인사인 폐백을 드리면 어른들은 자식을 많이 낳고 행복하게 살라는 의미로 신부의 치마에 대추와 밤을 던져 주었습니다.

17 오늘날에는 결혼한 부부가 부모와 떨어져 가정을 이루고 사는 경우가 많습니다. 부부와 결혼하지 않은 자녀가 함께 사는 가족 형태를 핵가족이라고 합니다.

더 알아볼까요!

오늘날에 핵가족이 많은 까닭
- 산업이 발달하면서 도시가 만들어지고 다양한 일자리가 생겼기 때문입니다.
- 새로운 일자리를 찾아 도시로 오면서 가족 규모가 작아졌습니다.
- 자녀가 학교에 들어가면서 편의 시설이 많은 도시로 이사를 가기 때문입니다.
- 개인 생활을 위해 독립하는 경우가 늘었기 때문입니다.

18 옛날에는 주로 남자들이 농사짓거나 장사하는 등 바깥일을 하였고, 여자들이 집안일과 아이 키우는 일을 도맡아 하였습니다.

19 다양한 가족의 생활 모습을 나타내는 방법에는 동시 짓기, 그림 그리기, 노랫말 바꾸기, 역할극 및 뉴스 대본 쓰기, 만화로 그리기 등이 있습니다.

20 (가)는 재혼으로 새롭게 아빠가 생긴 재혼 가족의 모습이 나타나 있고, (나)는 아버지가 외국인인 다문화 가족의 모습입니다.

정답과 풀이

과학

2회   22~24쪽

1 ⑤   2 ④   3 ④   4 ①   5 ③   6 ②   7 ㉐ 문어 빨판의 잘 붙는 특징을 모방해 만든 것이다. 8 ④   9 ㉢, ㉣   10 (1) 침식 작용 (2) 퇴적 작용 11 ㉐ 강폭이 넓다. 강의 경사가 완만하다. 퇴적 작용이 침식 작용보다 활발하게 일어난다.   12 미호   13 ①   14 ⑤   15 공간   16 ㉐ 공기 주입 마개를 많이 누를수록 페트병의 무게가 무거워진다.   17 ④, ⑤   18 ③   19 (1) ○   20 ㉡

1 회전판을 여러 장 겹치면 팽이가 도는 시간이 길어지는지 알아보려는 탐구 문제이므로 겹친 회전판의 수를 다르게 해야 합니다.

2 탐구를 계획에 따라 실행한 다음에는 탐구 결과를 정리해 발표합니다.

3 붕어, 다슬기, 돌고래, 고등어는 물속에서 살 수 있고, 잠자리, 참새, 여우, 벌은 물속에서 살 수 없습니다.

4 뱀과 개미는 땅 위와 땅속을 오가며 삽니다. 토끼, 고라니, 거미는 땅 위에서 살고, 지렁이, 두더지, 땅강아지는 땅속에서 삽니다.

5 딱딱한 껍데기로 덮여 있고 물속의 바위에 붙어서 기어 다니는 동물에는 우렁이, 전복, 다슬기 등이 있습니다.

6 잠자리는 날개가 두 쌍이고, 직박구리는 날개가 한 쌍입니다.

더 알아볼까요!

직박구리
• 주로 나무 위에 머무르며 날개가 있고, 몸이 깃털로 덮여 있습니다.
• 나무 사이를 날아다니며 요란하게 우는 새로, 온몸은 회색이고 날개는 밤색이며 꽁지가 깁니다.

7 흡착판은 문어 빨판의 특징을 모방한 것으로 유리나 매끈한 벽에 잘 붙게 만들었습니다.

8 화단 흙은 운동장 흙에 비해 물에 뜨는 물질(부식물)이 더 많이 섞여 있습니다.

9 아주 오랜 시간에 걸쳐 물, 공기, 나무뿌리 등에 의해서 바위나 돌이 부서지고, 작게 부서진 알갱이에 생물이 썩어 생긴 물질이 섞여서 흙이 만들어집니다.

10 지표의 바위나 돌, 흙 등이 깎여 나가는 것을 침식 작용, 운반된 돌이나 흙이 쌓이는 것을 퇴적 작용이라고 합니다.

11 강 하류는 강폭이 넓고 강의 경사가 완만하기 때문에 침식 작용보다 퇴적 작용이 더 활발하게 일어납니다.

12 담는 그릇이 달라져도 모양과 부피가 변하지 않는 물질의 상태를 고체라고 합니다. 책상, 연필, 숟가락 등이 고체입니다.

13 쌓기나무와 연필은 담는 그릇이 달라져도 모양과 부피가 변하지 않는 고체입니다. 물, 주스, 간장, 식용유는 액체입니다.

14 주스와 우유는 담는 그릇에 따라 모양은 변하지만, 부피는 변하지 않는 물질의 상태인 액체입니다.

15 공기는 공간을 차지하는 성질이 있기 때문에 플라스틱 컵 안의 공기가 물을 밀어 내 컵 안으로 물이 들어가지 못합니다.

더 알아볼까요!

공기가 공간을 차지하는지 알아보기
• 바닥에 구멍이 뚫리지 않은 플라스틱 컵으로 물 위에 띄운 페트병 뚜껑을 덮고 밀어 넣으면 페트병 뚜껑은 내려가고 물의 높이가 조금 높아집니다.
• 바닥에 구멍이 뚫린 플라스틱 컵으로 물 위에 띄운 페트병 뚜껑을 덮고 밀어 넣으면 페트병 뚜껑은 그대로 있고 물의 높이도 변화가 없습니다.

▲ 구멍이 뚫리지 않은 컵   ▲ 구멍이 뚫린 컵

16 공기는 눈에 보이지 않지만 무게가 있기 때문에 공기 주입 마개를 눌러 공기를 페트병 속에 많이 넣을수록 무게가 더 무거워집니다.

17 ①은 소리의 세기입니다. ② 작은북을 세게 치면 큰 소리가 납니다. ③ 물체가 작게 떨리면 작은 소리가 납니다.

18 땅, 책상과 같은 고체를 통해서 소리가 전달되기도 하고, 물과 같은 액체를 통해서 소리가 전달되기도 합니다. 스피커에서 나오는 소리는 공기를 통해 소리가 전달되는 경우입니다.

19 실을 느슨하게 할 때보다 팽팽하게 할 때 소리가 잘 들리고, 실을 손으로 잡으면 떨림이 전달되지 않기 때문에 실 전화기의 소리가 잘 들리지 않습니다.

20 도로에 설치하는 방음벽은 도로에서 생기는 소리를 도로 방향으로 반사시켜 소음을 줄이는 방법입니다.

전과목

단원평가
총정리

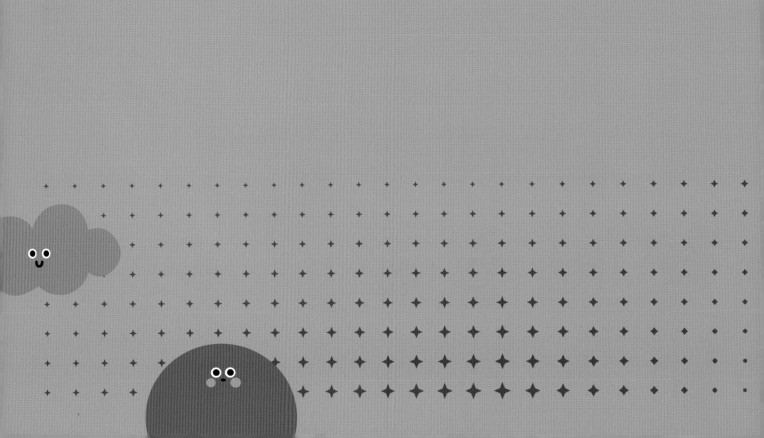

단원평가
총정리

정답과 풀이

3·2

단원 평가

[국어]

국어 **1** 회

10~13쪽

1 ① 2 (2) ○ (3) ○ (5) ○ 3 (1) ㉠ (2) ㉢ (3) ㉤
4 ⑤ 5 ⑩ 화가 나서 거친 말투로 팔을 휘두르며 눈을
감고 입을 크게 벌리며 말한다. 6 ⑤ 7 ② 8 ④, ⑤
9 호진 10 갯벌은 기후를 조절하고 홍수를 줄여 주는
역할을 합니다. 11 ①, ② 12 ㉣ 13 ② 14 모르다
15 ③

국어 활동 확인

1 (1) ⑩ 기쁜 마음 (2) ⑩ 활짝 웃으며 (3) ⑩ 폴짝
폴짝 뛰며 (4) ⑩ 높고 큰 목소리로

2 (1) 그림에 많은 참새를 알맞게 그려 넣으려는
화가의 숨은 뜻이 담겨 있는 듯합니다.
(2) 축복을 전한다는 참새들이 모여들어 조를 쪼
아 먹는 모습은 다가오는 수확의 즐거움을 암
시하는 듯합니다.

3 (1) 앉다 (2) 적다

풀이

1 친구와 부딪혔을 때에는 미안하다고 사과해야 합니다.

> **다시 한 번 확인해요!**
>
> 표정, 몸짓, 말투에 주의하며 말하면 좋은 점 알기
> • 듣는 사람에게 자신의 마음을 더 잘 전할 수 있습니다.
> • 알맞은 표정, 몸짓, 말투로 말하면 듣는 사람에게 자신의
>   생각을 더 잘 전달할 수 있습니다.

2 미안하다고 말할 때에는 미안한 표정을 지으며 장난을
치지 말고 진지하게 사과해야 합니다.

3 궁으로 가게 되어서 몹시 기쁜 마음에 알맞은 표정, 몸
짓, 말투를 생각해 봅니다.

4 화가 났을 때에 알맞은 말을 찾아봅니다.

5 화가 났을 때에 알맞은 표정, 몸짓, 말투를 생각해 봅니다.

6 부벨라는 정원사의 허리를 낮게 해 주었습니다.

7 기쁜 마음에 고개를 숙이는 몸짓은 어울리지 않습니다.

8 각 문단의 중심 문장을 찾아봅니다.

9 유승이는 알고 있는 내용, 시우는 더 알고 싶은 내용을
말했습니다.

> **다시 한 번 확인해요!**
>
> 아는 내용이나 겪은 일과 관련되어 글을 이해하면 좋은 점 알기
> • 아는 내용이나 겪은 일과 관련지어 글을 읽으면 내용을
>   기억하기 쉽습니다.
> • 글과 관련된 기억을 떠올리며 읽으면 글이 쉽게 이해됩니
>   다.
> • 글 내용에 더 흥미를 느낄 수 있습니다.
> • 글을 읽으면서 그 모습을 상상할 수 있습니다.

10 중심 문장은 한 문단의 전체 내용을 대표하는 문장입니
다. 가 에서는 첫 번째 문장입니다.

> **다시 한 번 확인해요!**
>
> 중심 문장과 뒷받침 문장
> • 중심 문장: 한 문단의 전체 내용을 대표하는 문장
> • 뒷받침 문장: 중심 문장을 보충하거나 자세히 설명하는
>   문장
> • 중심 생각: 글쓴이가 글 전체에서 말하고 싶은 생각

11 이 글에 나타난 갯벌의 역할은 기후를 조절하고 홍수를
줄여 주는 것입니다.

12 갯벌의 소중함을 알고 잘 보존하자는 것이 이 글의 중심
생각입니다.

13 '가랑비'는 겨울을 나타내는 토박이말은 아닙니다.

14 '알다'의 반대말은 '모르다'입니다.

> **다시 한 번 확인해요!**
>
> 낱말 사이의 관계
> • 반대말: 서로 정반대되는 뜻을 갖고 있는 한 쌍의 낱말
>   ⑩ 같다 ↔ 다르다, 많다 ↔ 적다, 앉다 ↔ 서다 등

15 이 글의 중심 생각은 날씨를 나타내는 토박이말을 많이
알고 자주 사용하자는 것입니다.

국어 활동 확인

1 큰돈을 보고 깜짝 놀라는 마음에 알맞은 표정, 몸짓, 말
투를 생각해 봅니다.

2 한 문단에서 가장 중요한 문장을 찾아봅니다.

3 '서다'는 '앉다', '많다'는 '적다'와 서로 반대말입니다.

1 (1) × (2) ○ (3) × (4) ○   2 현진   3 ①   4 (1) 예 동생 주혁이가 아파서 아빠와 엄마께서 아픈 동생을 돌보셨다. (2) 예 아픈 동생이 걱정되었다.   5 ④   6 (1) 우정은∨예쁘게∨가꿀수록∨좋다. (2) 책을∨읽으면∨지식이∨쌓인다.   7 ①, ②, ④   8 ③   9 (1) 감기 (2) 감각적 10 예 내 몸에 거북이가 들어왔다는 표현이 실감 나고 재미있다.   11 ④   12 ⑤   13 ①   14 ①, ②, ⑤ 15 예 고슴도치처럼 따가운 밤송이

국어 활동 확인

1 하늘은 높고, 단풍은 붉게 물든다.
2 예 물개의 목에 끈을 걸어서 배를 이끌게 하는 것이다.
3 예 물개에게 살려 달라고 비는 모습이 재미있다. / 물개가 이끄는 배를 타고 뭍으로 가는 모습이 재미있다.

풀이

1 기억에 남는 일을 정리하면 어떤 내용을 말하거나 쓸지 점검할 수 있고, 기억에 남는 일을 구체적으로 떠올릴 수 있어서 글로 자세히 쓸 수 있습니다.
2 현진이는 겪은 일을 말한 것이 아니라 자신의 다짐을 말했습니다.
3 동생이 아팠던 일을 썼습니다.
4 언제, 어디에서, 누구와 있었던 일인지 정리합니다.
5 '이/가, 을/를, 은/는, 의'와 같은 말은 앞말에 붙여 씁니다.
6 낱말과 낱말 사이는 띄어 쓰고 '은'은 앞말에 붙여 씁니다.

다시 한 번 확인해요!

띄어쓰기 방법 알기
• 낱말과 낱말 사이는 띄어 쓰되, '이/가, 을/를, 은/는, 의'와 같은 말은 앞말에 붙여 씁니다.
   예 주혁이나∨눈물이∨그렁그렁한 얼굴로 말했다.
• 마침표(.)나 쉼표(,) 뒤에 오는 말은 띄어 씁니다.
   예 "아이고∨배야."
• 수를 나타내는 말과 단위를 나타내는 말 사이는 띄어 씁니다.
   예 이번 가을에만 두∨번째네.

7 자신이 쓴 글의 내용이나 표현에서 고치고 싶은 점이 무엇인지 생각해 보아야 합니다.

다시 한 번 확인해요!

자신이 쓴 글을 고쳐 쓰기
• 자신이 쓴 글의 내용이나 표현에서 고치고 싶은 부분을 생각해서 고칩니다.
• 어떤 생각이나 느낌이 들었는지를 생각해서 고쳐 씁니다.
• 있었던 일을 자세히 썼는지 확인해서 고쳐 씁니다.
• 친구들이 이해하기 쉽고 재미있는 표현을 많이 썼는지 점검하여 고쳐 씁니다.

8 말하는 이는 감기에 걸린 상태를 불덩이, 몹시 추운 사람, 거북이, 잠꾸러기가 들어왔다고 감각적으로 표현했습니다.
9 이 시는 감기에 걸린 상태를 감각적으로 표현했습니다.
10 시의 내용이나 표현에서 든 생각이나 느낌을 생각해 씁니다.
11 말하는 이는 강가 모래밭에 발을 담그고 있습니다.
12 말하는 이는 모래의 움직임을 지구가 움직이는 것으로 생각했습니다.
13 천둥소리를 아이들이 뛰쳐나가는 소리라고 감각적 표현을 사용해 쓴 시입니다.

다시 한 번 확인해요!

감각적 표현으로 나타내면 좋은 점 알기
• 대상의 느낌을 생생하고 재미있게 표현할 수 있습니다.
• 감각적 표현을 말하려고 대상을 더 자세하게 관찰할 수 있습니다.

14 이 시에서는 반복되는 말이나 대화 표현은 찾을 수 없습니다.
15 두 대상의 모양, 색깔, 소리 냄새 따위에서 닮은 점을 찾아 한 대상을 다른 대상에 빗대어 표현해 봅니다.

국어 활동 확인

1 '은'은 앞말에 붙여 쓰고, 쉼표(,) 뒤에 오는 말은 띄어 씁니다.
2 선달은 물개를 죽이려고 하는 사람들을 말리고 물개의 목에 끈을 걸어서 배를 이끌게 했습니다.
3 기억에 남거나 신기한 부분, 재미있거나 감동받은 부분 등을 떠올립니다.

1 ②   2 예 주위에 큰 소리로 대화를 하는 친구들이 있어서   3 (2) ○   4 (2)   5 예 친구와 대화할 때에는 높임 표현을 사용하지 않고 웃어른께는 높임 표현을 사용하기 때문이다.   6 ⑤   7 ⑤   8 (1) ㉠ (2) ㉡   9 ①   10 예 걱정이 된다. / 우리 집 강아지가 아파서 병원에 갈 때 걱정하는 마음이 들었다.   11 ④   12 수업이 끝나고 집으로 가는 길   13 예 행복한 마음   14 예 운동을 잘 못해서 속상하고, 친구들에게 사과를 제대로 하지 못 해서 당황했을 것이다.   15 ①, ②, ④

국어 활동 확인

1 (2) ○

2 (1) 한 일 (2) 말

3 나

4 예 네가 준비물을 안 가져오면 내가 많이 걱정돼.

풀이

1 가의 대화 상황은 진수와 수정이가 전화를 하고 있는 상황입니다.

2 나의 대화 상황은 큰 소리로 대화하는 친구들 때문에 문구점 주인아저씨가 진수에게 다시 한번 말해 달라고 하는 상황입니다.

3 준비물을 빌려주지 못하는 까닭을 부드럽게 말해야 합니다.

다시 한 번 확인해요!

대화할 때 고려할 점 떠올리기
• 상대가 누구인지 생각합니다.
• 대화하는 목적이 무엇인지 생각합니다.
• 어떤 대화 상황인지 생각합니다.
• 상대가 웃어른일 때에는 높임 표현을 사용합니다.
• 상대의 기분을 생각합니다.

4 사물에는 높임 표현을 사용하지 않습니다.

5 대상에 따라 알맞은 높임 표현을 씁니다.

6 전화를 건 지원이가 자신이 누구인지 밝히지 않아 민지가 전화를 건 사람이 누구인지 몰랐습니다.

7 전화 대화에서는 상황을 볼 수 없기 때문에 정확하고 구체적으로 말합니다.

다시 한 번 확인해요!

전화할 때의 바른 대화 예절 알기
• 자신이 누구인지 밝히고 상대가 누구인지 확인합니다.
• 상대의 상황을 헤아려 봅니다.
• 상대 얼굴을 보지 않고 이야기하므로 더 공손하게 말합니다.
• 공공장소에서는 작은 목소리로 말합니다.
• 상대의 기분을 생각합니다.

8 가는 약속 시간에 늦은 상황, 나는 친구가 아픈 상황입니다.

9 약속 시간에 늦어서 미안한 마음이 들었을 것입니다.

10 걱정하는 마음이 들었던 경험을 생각해 봅니다.

11 규리는 음악 시간에 민호에게 리코더 연주 방법을 알려 주었습니다.

12 수업이 끝나고 집으로 가는 길에 수호네 강아지를 보았습니다.

13 인물이 한 일이나 겪은 일, 생각, 말이나 행동을 살펴보면 인물의 마음을 알 수 있습니다.

14 기찬이가 처한 상황을 떠올려 보고 그때 인물이 느꼈을 마음을 짐작해 봅니다.

15 상대의 잘못을 자세하게 쓰거나, 사과를 받아주지 않으면 생기는 일을 쓰면 안 됩니다.

다시 한 번 확인해요!

읽을 사람을 생각하며 마음을 전하는 글 쓰기
• 어떤 일이 있었는지 씁니다.
• 자신의 감정을 솔직하게 씁니다.
• 앞으로 바라는 점이나 자신의 다짐을 씁니다.
• 상대에게 하고 싶은 말을 진심을 담아 부드럽게 씁니다.

국어 활동 확인

1 복도에서 친구와 부딪혔을 때 알맞은 표정, 몸짓, 말투를 생각해 봅니다.

2 한 문단에서 가장 중요한 문장을 찾아봅니다.

3 상대의 기분을 생각해서 말합니다.

4 상대의 기분이 상하지 않게 진심을 담아 부드럽게 말합니다.

 국어 **4** 회 28~31쪽

1 ⑤　2 ①, ②　3 전설　4 ⑴ 예 국기에는 그 나라의 전설이 담겨 있어. ⑵ 예 국기에 전설과 관련된 그림이 그려져 있다는 것이 신기합니다.　5 ⑴ ○　6 ⑴ ㉢ ⑵ ㉣　7 ⑤　8 일 차례　9 ㉠　10 예 첫 번째, 서로 다른 색깔 실 세 가닥을 함께 잡고 매듭을 짓는다. 두 번째, 셀로판테이프로 매듭 위쪽을 책상에 붙인다. 세 번째, 실 세 가닥을 잡고 세 가닥 땋기를 한다.　11 ⑤　12 ⑤　13 ④　14 제빵 학원, 소방서　15 ①, ③

국어 활동 확인

1 ⑵ ○　　　　　2 열차
3 소화기 사용 방법　4 나, 가, 라, 다

풀이

1 '앉아서 하는 피구'를 소개하는 글입니다.

> **다시 한 번 확인해요!**
>
> 글을 읽고 다른 사람에게 소개하면 좋은 점
> • 다른 사람에게 새로운 지식을 알려 줄 수 있습니다.
> • 새로운 지식을 알 수 있어서 좋습니다.
> • 소개해 준 친구와 많은 이야기를 나눌 수 있어서 좋습니다.
> • 읽은 글의 내용을 잘 정리할 수 있습니다.
> • 자신이 관심 있는 분야를 더 다양하게 생각할 수 있어서 좋습니다.

2 놀이의 이름과 준비할 내용, 규칙을 소개했습니다.

3 멕시코 국기에는 아즈텍족의 전설이 담겨 있다고 했습니다.

▲ 멕시코 국기

4 멕시코 국기에 대한 글을 읽고 가장 기억에 남는 문장과 그 까닭을 씁니다.

5 '책 보여 주며 말하기'로 책을 소개하는 방법입니다.

6 글 가 는 인상 깊은 부분, 글 나 는 책을 읽은 뒤에 든 생각이나 느낌입니다.

> **다시 한 번 확인해요!**
>
> 독서 감상문의 특징
> • 책을 읽게 된 까닭: 그 책을 어떻게 읽게 되었는지를 말합니다.
> • 책 내용: 책에 있는 이야기의 줄거리나 책에 담긴 중요한 정보를 말합니다.
> • 인상 깊은 부분: 책 내용 가운데에서 가장 기억에 남는 부분을 말합니다.
> • 책을 읽은 뒤에 든 생각이나 느낌: 책을 읽고 나서 읽은 사람이 떠올린 생각이나 느낌을 말합니다.

7 바위나리와 아기별의 우정이 안타깝고 슬펐고, 바위나리와 아기별은 살아 있을 때 만나지 못했습니다.

8 이 글은 실 팔찌 만드는 차례를 알려 주는 글입니다.

> **다시 한 번 확인해요!**
>
> 일하는 방법에 따라 내용을 파악하며 글 읽기
> • 차례를 나타내는 말과 그 차례와 관련되는 중요한 내용을 간추립니다.
> • 일하는 방법을 설명하는 글에는 차례가 있어서 반드시 지켜야 할 때가 많지만 일할 때 주의할 점이나 도구를 설명하는 글에는 차례가 없을 수도 있습니다.

9 차례를 나타내는 말을 살펴볼 때 '네 번째'가 와야 알맞습니다.

10 차례를 나타내는 말과 그 차례와 관련되는 중요한 내용을 간추립니다.

11 이 글은 장소 변화가 잘 드러난 글입니다.

12 선운사에서 아름다운 동백나무숲을 보았습니다.

13 직접 체험해 보니 적성에 잘 맞고 보람이 있어서 소방관이 되어도 좋겠다고 생각했습니다.

14 제빵 학원과 소방서를 방문했습니다.

15 시간 흐름을 알 수 있는 부분은 열한 시, 한 시입니다.

국어 활동 확인

1 명탐정 아인슈타인은 어려운 문제를 해결해 준다고 했습니다.

2 탐정 사무소가 있는 곳은 열차입니다. 책 보물 상자에는 책 내용과 관련된 물건을 넣어야 합니다.

3 소화기 사용 방법을 차례대로 알려 주고 있습니다.

4 차례를 나타내는 말을 찾아서 글의 흐름을 정리해 봅니다.

1 ④ 2 ① 3 ④ 4 ③ 5 예 투루와 쿠부가 줄다리기를 하게 한 행동으로 보아 꾀가 많다. 6 ① 7 ④ 8 예 나그네를 잡아먹으려고 한다. 9 ③ 10 예 크고 당당한 목소리로 말할 것 같다. / 뻔뻔한 말투로 말할 것 같다. 11 ⑤ 12 (2) ○ 13 ㉠, ㉡ 14 ④ 15 ④

국어 활동 확인

1 실망한 마음 2 경석 3 (2) ○

풀이

1 투루는 무툴라가 인사를 해도 모른 척했습니다.

2 무툴라의 말과 행동을 통해 거만한 성격을 알 수 있습니다.

> **다시 한 번 확인해요!**
>
> 인물의 성격 짐작하기
> • 인물의 성격을 짐작할 때에는 이야기 속 인물과 비슷한 말이나 행동을 하는 친구가 어떤 성격인지 생각해 보면 좋습니다.
> • 자신이 이야기 속 인물이라면 어떤 말이나 행동을 할지 생각해 봅니다.

3 무툴라는 자신감 있는 성격입니다.

> **다시 한 번 확인해요!**
>
> 인물의 마음을 생각하며 이야기 읽기
> • 인물의 말과 행동을 보고 인물의 성격을 알아봅니다.
> • 이야기 속 인물의 성격을 짐작할 때에는 이야기 속 인물과 비슷한 말이나 행동을 하는 친구가 어떤 성격인지 생각해 보면 좋습니다.
> • 자신이 이야기 속 인물이라면 어떤 말이나 행동을 할지 생각해 봅니다.
> • 알맞은 표정, 몸짓, 말투로 표현해 봅니다.

4 코끼리 투루와 하마 쿠부는 무툴라와 줄다리기를 하는 줄 알고 줄을 잡아당겼습니다.

5 무툴라는 덤불숲에 숨어 투루와 쿠부가 줄다리기를 하게 만들었습니다.

6 호랑이는 궤짝에 갇혀서 나그네를 보고 구해 달라고 했습니다.

7 궤짝에 갇힌 호랑이는 나그네를 만나서 반가울 것입니다.

8 호랑이는 궤짝 밖에 있을 때와 나왔을 때 다르게 행동했습니다.

9 나그네는 호랑이가 약속을 지키지 않자 억울한 마음이 들 것입니다.

10 호랑이는 자신을 구해 준 나그네를 잡아먹으려고 한 것으로 보아 고마움을 모르는 성격입니다. 성격과 상황에 알맞은 말투를 생각해 봅니다.

> **다시 한 번 확인해요!**
>
> 인물의 성격에 알맞은 말투 상상하기
> • 사람의 성격은 그 사람이 하는 말과 행동을 보고 알 수 있습니다.
> • 이야기 속 인물의 성격은 인물의 말과 행동을 보고 알 수 있습니다.
> 예 호랑이는 약속을 지키지 않고도 당당한 것으로 보아 뻔뻔한 성격이다.

11 토끼는 호랑이를 다시 궤짝에 들어가게 해서 나그네를 도와주었습니다.

12 나그네가 재판을 해 달라고 할 때에는 일부러 못 알아들어서 답답한 척을 하는 것이 알맞고, 문고리를 걸어 잠글 때에는 빠르게 움직이는 것이 알맞습니다.

13 ㉡, ㉢은 토끼의 표정, 몸짓, 말투를 알 수 있는 부분입니다.

14 답답한 마음이 들었을 것이고, 화를 잘 내는 성격입니다.

15 이 장면에서는 소나무는 등장하지 않습니다.

국어 활동 확인

1 농부의 아내는 쌀을 기다렸다가 쌀이 없어서 실망한 마음이 들었을 것입니다.

2 쌀이 없어서 실망한 마음이므로 걱정되는 말투가 어울립니다.

3 실망한 마음에 어울리는 표정, 몸짓, 말투를 생각해 봅니다.

[수학]

 **1**회

42~45쪽

1 115, 4, 460 **2** (1) 696 (2) 874 **3** (1) 648 (2) 3655 **4** 621×4=2484 ; 2484 **5** 8 **6** (1) ㉡ (2) ㉠ (3) ㉢ **7** (위에서부터) 1820, 2380, 4060 **8** ㉢, ㉣, ㉠, ㉡ **9** 풀이 참조 ; 예 십의 자리의 곱은 6×30=180입니다. **10** > **11** 9 **12** 30, 6 ; 630, 126 ; 756 **13** (1) 1025 (2) 1961 **14** 1675 **15** 2240 **16** 예 어떤 수를 □라고 하면 잘못 계산한 식은 □+53=82입니다. ➡ □=82-53=29, 따라서 바르게 계산하면 29×53=1537 입니다. ; 1537 **17** 8, 3, 5 ; 3735 **18** 4986원 **19** 800마리 **20** 16쪽

탐구 서술형 평가

1 예 (연필 5자루의 값)=(연필 한 자루의 값)×5 =450×5=2250(원)입니다. (거스름돈)=(낸 돈)-(연필 5자루의 값) =5000-2250=2750(원)입니다. ; 2750원

2 예 (빨간색 구슬 수)=30×20=600(개)이 고, (파란색 구슬 수)=25×26=650(개)입 니다. 600<650이므로 파란색 구슬이 650-600=50(개) 더 많습니다. ; 파란색 구슬, 50개

풀이

1 백 모형 1개, 십 모형 1개, 일 모형 5개는 115입니다. 115씩 4묶음이므로 115×4=460입니다.

4 621을 4번 더한 것을 곱셈식으로 나타내면 621×4=2484입니다.

5 □×2의 일의 자리가 6인데 3×2=6 또는 8×2=16이므로 □ 안에 알맞은 수는 3 또는 8입니다. 십의 자리 계산에서 3×2=6인데 7 이므로 □=8입니다.

8 ㉠ 80×30=2400 ㉡ 52×40=2080 ㉢ 70×40=2800 ㉣ 93×30=2790

9
```
      6
 ×  3 4
 ─────
     2 4
   1 8 0
 ─────
   2 0 4
```

10 8×67=536, 5×96=480 536>480이므로 8×67>5×96입니다.

11 십의 자리 계산에서 4×3=12이므로 일의 자리에서 올림한 수는 15-12=3입니다. 4×□의 곱의 십의 자리 숫자가 3이려면 4×9=36에서 □=9입니다.

12 36=30+6이므로 21×36의 계산은 21×30과 21×6의 합으로 구합니다.

13 (1)
```
     2 5
 ×   4 1
 ─────
     2 5
   1 0 0
 ─────
   1 0 2 5
```
(2)
```
     5 3
 ×   3 7
 ─────
   3 7 1
   1 5 9
 ─────
   1 9 6 1
```
14
```
     2 5
 ×   6 7
 ─────
   1 7 5
   1 5 0
 ─────
   1 6 7 5
```

15 64>59>46>35이므로 가장 큰 수는 64, 가장 작은 수는 35입니다. ➡ 64×35=2240

17 곱이 가장 큰 곱셈식을 만들려면 십의 자리에 가장 큰 수인 8을 사용해야 합니다. 83×45=3735, 85×43=3655이므로 곱이 가장 큰 곱셈식은 83×45입니다.

20 (14일 동안 읽은 쪽수)=12×14=168(쪽) (앞으로 더 읽어야 할 쪽수)=184-168=16(쪽)

탐구 서술형 평가

1

상	연필 5자루의 값을 구하여 거스름돈을 구했습니다.
중	연필 5자루의 값을 구하였으나 거스름돈을 구하지 못했습니다.
하	연필 5자루의 값을 구하지 못해 거스름돈을 구하지 못했습니다.

2

상	빨간색 구슬과 파란색 구슬의 수를 구하여 어느 구슬이 몇 개 더 많은지 구했습니다.
중	빨간색 구슬과 파란색 구슬의 수를 구하였으나 어느 구슬이 몇 개 더 많은지 구하지 못했습니다.
하	빨간색 구슬과 파란색 구슬의 수를 구하지 못해 어느 구슬이 몇 개 더 많은지 구하지 못했습니다.

1 3, 30 **2** (1) 20 (2) 35 **3** 10명 **4** 1, 3 ; 10 ;
9 ; 9, 3 **5** (1) 14…0 (2) 12…0 **6** > **7** 14
8 ㉣, ㉢, ㉡, ㉠ **9** 예 (전체 도넛의 수)=(한 봉지에 들
어 있는 도넛의 수)×(봉지 수)=9×8=72(개)입니다.
(먹을 수 있는 사람 수)=(전체 도넛의 수)÷(한 명이 먹
는 도넛의 수)=72÷4=18(명)입니다. ; 18명
10 몫, 나머지 **11** (1) 7 ; 3 (2) 8 ; 2 **12** ㉢
13 12…1 ; 14…3 **14** 풀이 참조 **15** 13번
16 예 나눗셈의 몫이 작으려면 나누어지는 수는 작게,
나누는 수는 크게 만들어야 합니다. 만들 수 있는 가장
작은 세 자리 수는 256이고, 가장 큰 한 자리 수는 8입
니다. 따라서 가장 작은 몫은 256÷8=32입니다. ;
32 **17** ㉠ **18** 30개, 5개 **19** (1) 4, 5 ; 7, 4 ; 5 (2)
6, 4 ; 8, 6 ; 4, 52 **20** 66÷4=16…2 ; 16 ; 2

탐구 서술형 평가

1 예 (전체 도넛 수)=(한 상자에 들어 있는 도넛
수)×(상자 수)=6×8=48(개)입니다.
(한 상자에 4개씩 담았을 때 필요한 상자 수)
=(전체 도넛 수)÷(한 상자에 담는 도넛 수)
=48÷4=12(개)입니다.
처음에 상자가 8개 있었으므로 더 필요한 상자
는 12-8=4(개)입니다. ; 4개

2 예 어떤 수를 □라고 하면 □÷5=16…3입
니다. 5×16=80 ➡ 80+3=83이므로 어
떤 수는 83입니다. 따라서 바르게 계산하면
83÷6=13…5이므로 몫은 13이고, 나머지
는 5입니다. ; 13, 5

풀이

4
```
    1 3
3 ) 3 9
    3 0   ← 3×10
      9
      9   ← 3×3
      0
```

5 (1)
```
    1 4
3 ) 4 2
    3
    1 2
    1 2
      0
```
(2)
```
    1 2
6 ) 7 2
    6
    1 2
    1 2
      0
```

6 60÷5=12, 44÷4=11
12>11이므로 60÷5>44÷4입니다.

7
```
    1 4
4 ) 5 6
    4
    1 6
    1 6
      0
```

8 ㉠ 80÷5=16
㉡ 68÷4=17
㉢ 36÷2=18
㉣ 57÷3=19

11 나눗셈의 나머지는 나누는 수보다 작아야 합니다.

12 나눗셈의 나머지는 나누는 수보다 작아야 하므로 나머
지가 5가 될 수 없는 식은 ㉢입니다.

13 73÷6=12…1, 73÷5=14…3

14
```
    1 2
6 ) 7 5
    6
    1 5
    1 2
      3
```
나머지 9가 나누는 수 6보다 크므로 몫을
1 더 크게 하여 계산합니다.

15 77÷6=12…5이므로 12번 운행하고 남은 5명도 타
려면 1번 더 운행해야 하므로 적어도 13번 운행해야
합니다.

17 ㉠ 716÷9=79…5 ㉡ 512÷6=85…2
㉢ 628÷8=78…4

18 245÷8=30…5이므로 팔찌는 30개를 만들 수 있
고, 구슬은 5개가 남습니다.

20 나누는 수와 몫의 곱에 나머지를 더하면 나누어지는 수
가 되어야 합니다. 따라서 나누는 수가 4, 몫이 16, 나
머지가 2일 때 나누어지는 수는 66이 됩니다.

탐구 서술형 평가

1

상	한 상자에 4개씩 담았을 때 필요한 상자 수를 구하여 답을 바르게 구했습니다.
중	한 상자에 4개씩 담았을 때 필요한 상자 수를 구하였으나 답을 구하지 못했습니다.
하	한 상자에 4개씩 담았을 때 필요한 상자 수를 구하지 못해 답을 구하지 못했습니다.

2

상	어떤 수를 구하여 바르게 계산한 몫과 나머지를 구했습니다.
중	어떤 수를 구하였으나 바르게 계산한 몫과 나머지를 구하지 못했습니다.
하	어떤 수를 구하지 못해 바르게 계산한 몫과 나머지를 구하지 못했습니다.

수학 3 회

1 ㉠ 지름 ㉡ 반지름 ㉢ 원의 중심   2 점 ㄷ   3 풀이 참조   4 6 cm   5 선분 ㄱㅁ, 선분 ㄷㅂ   6 ㉝ 원의 지름은 원의 중심을 지나야 하는데 원의 중심을 지나지 않으므로 잘못 그은 것입니다.   7 6   8 ㉠   9 3 cm   10 풀이 참조   11 ㉠, ㉢   12 2, 2, 1   13 5군데   14 풀이 참조   15 ㉡   16 12 cm   17 ㉝ (작은 원의 지름)=3×2=6 (cm)입니다. 작은 원의 지름은 큰 원의 반지름과 같으므로 큰 원의 지름은 6×2=12 (cm)입니다. ; 12 cm   18 56 cm   19 9 cm   20 7 cm

탐구 서술형 평가

1 ㉝ 삼각형 ㄱㄴㄷ에서 변 ㄱㄴ과 변 ㄱㄷ은 원의 반지름입니다. 원의 반지름을 □ cm라고 하면 □+□+6=22, □+□=16, □=8 입니다. 따라서 원의 반지름은 8 cm입니다. ; 8 cm

2 ㉝ 삼각형의 한 변은 한 원의 지름과 같으므로 5×2=10 (cm)입니다. 따라서 삼각형 ㄱㄴㄷ은 세 변이 10 cm이므로 세 변의 길이의 합은 10×3=30 (cm)입니다. ; 30 cm

풀이

2 원을 그릴 때에 누름 못이 꽂혔던 곳을 찾아보면 점 ㄷ입니다.

3 ㉝

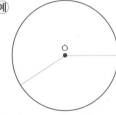

원의 중심과 원 위의 한 점을 잇는 선분은 무수히 많이 그을 수 있습니다.

4 반지름은 원의 중심과 원 위의 한 점을 이은 선분이므로 6 cm입니다.

5 원 위의 두 점을 이은 선분 중 원의 중심을 지나는 선분을 찾아보면 선분 ㄱㅁ, 선분 ㄷㅂ입니다.

8

10 ㉝

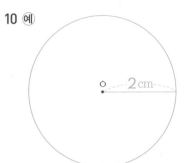

컴퍼스의 침과 연필심 사이를 2 cm가 되게 벌려서 컴퍼스의 침을 점 ㅇ에 꽂아 원을 그립니다.

13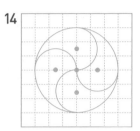

15 ㉡은 지름이 14×2=28 (cm)인 원입니다.

16 (선분 ㄱㄴ)=2+3+3+4=12 (cm)

18 사각형 ㄱㄴㄷㄹ은 한 변이 원의 지름과 같은 정사각형입니다. 사각형 ㄱㄴㄷㄹ의 한 변은 14 cm이므로 네 변의 길이의 합은 14×4=56 (cm)입니다.

19 원의 지름이 6 cm이므로 반지름은 6÷2=3 (cm)입니다. 선분 ㄱㄴ의 길이는 반지름의 3배이므로 3×3=9 (cm)입니다.

20 직사각형의 네 변의 길이의 합은 원의 지름의 10배입니다. (지름)×10=70, 7×10=70이므로 (지름)=7 (cm)입니다.

탐구 서술형 평가

1

상	삼각형 ㄱㄴㄷ에서 변 ㄱㄴ과 변 ㄱㄷ이 반지름임을 알고 답을 바르게 구했습니다.
중	삼각형 ㄱㄴㄷ에서 변 ㄱㄴ과 변 ㄱㄷ이 반지름임을 알고 있으나 답을 구하지 못했습니다.
하	삼각형 ㄱㄴㄷ에서 변 ㄱㄴ과 변 ㄱㄷ이 반지름임을 알지 못해 답을 구하지 못했습니다.

2

상	삼각형의 한 변의 길이를 구하여 세 변의 길이의 합을 구했습니다.
중	삼각형의 한 변의 길이를 구하였으나 세 변의 길이의 합을 구하지 못했습니다.
하	삼각형의 한 변의 길이를 구하지 못해 세 변의 길이의 합을 구하지 못했습니다.

1 4, $\dfrac{1}{4}$　**2** 8　**3** 8조각　**4** 26　**5** 45　**6** 풀이 참조　**7** $\dfrac{3}{6}$, $\dfrac{1}{2}$　**8** 10　**9** ㉠, ㉢　**10** ⑩ 분모가 2일 때 $\dfrac{5}{2}$, $\dfrac{6}{2}$, $\dfrac{7}{2}$, $\dfrac{8}{2}$, $\dfrac{9}{2}$, 분모가 3일 때 $\dfrac{7}{3}$, $\dfrac{8}{3}$, $\dfrac{9}{3}$, 분모가 4일 때 $\dfrac{9}{4}$, 분모가 5보다 큰 경우는 없으므로 만들 수 있는 가분수는 모두 5+3+1=9(개)입니다. ; 9개　**11** $2\dfrac{1}{4}$　**12** (1) $\dfrac{9}{4}$ (2) $2\dfrac{5}{7}$　**13** 56개　**14** $3\dfrac{2}{9}$ cm　**15** $\dfrac{5}{9}$　**16** $1\dfrac{17}{18}$　**17** <　**18** $3\dfrac{5}{6}$　**19** ㉢, ㉠, ㉢　**20** ⑩ $3\dfrac{5}{8}=3+\dfrac{5}{8}=\dfrac{24}{8}+\dfrac{5}{8}=\dfrac{29}{8}$이므로 $3\dfrac{5}{8}>\dfrac{27}{8}$입니다. 따라서 윤성이의 책가방이 더 무겁습니다. ; 윤성

탐구 서술형 평가

1 ⑩ 합이 9인 두 수는 1과 8, 2와 7, 3과 6, 4와 5입니다. 이 중 차가 3인 두 수는 3과 6입니다. 가분수는 분자가 분모와 같거나 분모보다 커야 하므로 (가)는 $\dfrac{6}{3}$입니다. ; $\dfrac{6}{3}$

2 ⑩ $\dfrac{19}{5}$를 대분수로 나타내면 $\dfrac{19}{5}=3\dfrac{4}{5}$입니다. $3\dfrac{4}{5}>3\dfrac{\square}{5}$이므로 □ 안에는 4보다 작은 수인 1, 2, 3이 들어갈 수 있습니다. 따라서 □ 안에 들어갈 수 있는 수 중 가장 큰 수는 3입니다. ; 3

풀이

2 14를 똑같이 7로 나누면 한 묶음은 2개씩이고 4묶음은 8개이므로 14의 $\dfrac{4}{7}$는 8입니다.

3 12조각을 똑같이 3묶음으로 나누면 한 묶음은 전체의 $\dfrac{1}{3}$이고 4조각이 됩니다. 따라서 $\dfrac{2}{3}$는 8조각입니다.

4 ㉠ 16의 $\dfrac{3}{4}$은 12, ㉢ 28의 $\dfrac{1}{2}$은 14입니다.

5 1시간은 60분이므로 60의 $\dfrac{3}{4}$은 45입니다.

6

7 수직선 위에 나타내면 $\dfrac{3}{6}$과 $\dfrac{1}{2}$은 같은 위치에 있으므로 크기가 같은 분수입니다.

8 분모가 5인 진분수는 $\dfrac{1}{5}$, $\dfrac{2}{5}$, $\dfrac{3}{5}$, $\dfrac{4}{5}$이므로 □ 안에 들어갈 수 있는 자연수는 1, 2, 3, 4입니다.

13 $6\dfrac{2}{9}=6+\dfrac{2}{9}=\dfrac{54}{9}+\dfrac{2}{9}=\dfrac{56}{9}$이므로 $\dfrac{1}{9}$이 56개인 수입니다.

15 $\dfrac{7}{7}$, $\dfrac{8}{6}$은 분모와 분자의 합이 14인 가분수입니다.

18 분모가 6인 진분수 중에서 가장 큰 분수는 $\dfrac{5}{6}$이므로 자연수가 3이고 분모가 6인 대분수 중에서 가장 큰 대분수는 $3\dfrac{5}{6}$입니다.

19 $\dfrac{23}{9}=2\dfrac{5}{9}$이므로 ㉢ $\dfrac{23}{9}<$㉠ $2\dfrac{8}{9}<$㉢ $3\dfrac{1}{9}$입니다.

탐구 서술형 평가

1

상	합이 9이고 차가 3인 두 수를 바르게 구하여 가분수 (가)를 바르게 구하였습니다.
중	합이 9이고 차가 3인 두 수를 바르게 구하였으나 가분수 (가)를 구하지 못했습니다.
하	합이 9이고 차가 3인 두 수를 바르게 구하지 못하여 가분수 (가)를 구하지 못했습니다.

2

상	$\dfrac{19}{5}$를 대분수로 나타내어 크기를 바르게 비교하여 □ 안에 들어갈 수 있는 수 중 가장 큰 수를 바르게 구하였습니다.
중	$\dfrac{19}{5}$를 대분수로 나타내어 크기를 바르게 비교하였으나 □ 안에 들어갈 수 있는 수 중 가장 큰 수를 구하지 못했습니다.
하	$\dfrac{19}{5}$를 대분수로 나타내어 크기를 비교하지 못하여 □ 안에 들어갈 수 있는 수 중 가장 큰 수를 구하지 못했습니다.

 수학 **5** 회   66~69쪽

1 ㉠, ㉢, ㉡   2 I L 600 mL   3 (1) 4700 (2) 6, 100   4 >   5 ㉢   6 ㉡ ; 예 주스병의 들이는 약 300 mL입니다.   7 I2 L 200 mL ; 2 L 400 mL
8 (1) 8200 ; 8, 200 (2) 4, 500   9 4 L 600 mL
10 3 L 200 mL   11 사과, 감, 2   12 I kg 600 g
13 <   14 (1) 4300 (2) 2, 800   15 ㉡, ㉢, ㉣, ㉠
16 t   17 (1) 8, 600 (2) 3, 500   18 56 kg 800 g
19 5 kg 800 g까지   20 예 (진호의 책가방의 무게)=3 kg 300 g−900 g=2 kg 400 g이므로 두 사람의 책가방의 무게의 합은 3 kg 300 g+2 kg 400 g=5 kg 700 g입니다. ; 5 kg 700 g

탐구 서술형 평가

1 예 ㉡ 30 L 500 mL=30500 mL입니다. 3500 mL<30050 mL<30500 mL이므로 들이가 가장 많은 것은 ㉡, 가장 적은 것은 ㉠입니다. 들이가 가장 많은 것과 가장 적은 것의 차는 30500 mL−3500 mL=27000 (mL)입니다. ; 27000 mL

2 예 (귤 5개의 무게)=180×5=900 (g)이므로 (바구니의 무게)=I kg 350 g−900 g=450 (g)입니다. (사과 2개의 무게)=I kg 150 g−450 g=700 (g)입니다. 따라서 사과 I개의 무게는 700÷2=350 (g)입니다. ; 350 g

풀이

2 작은 눈금 한 칸은 I00 mL이므로 물의 양은 I L 600 mL입니다.

4 4400 mL > 4 L 40 mL=4040 mL

5 ㉠ 2 L=2000 mL   ㉡ I580 mL
   ㉢ I L 70 mL=I070 mL
   ㉣ I L 450 mL=I450 mL

7
$$\begin{array}{r} \overset{\text{I}}{7} \text{ L } 300 \text{ mL} \\ +\ 4 \text{ L } 900 \text{ mL} \\ \hline I2 \text{ L } 200 \text{ mL} \end{array} \qquad \begin{array}{r} \overset{6}{\cancel{7}} \text{ L } \overset{1000}{300} \text{ mL} \\ -\ 4 \text{ L } 900 \text{ mL} \\ \hline 2 \text{ L } 400 \text{ mL} \end{array}$$

8 L는 L끼리, mL는 mL끼리 계산합니다.

9 2 L 700 mL+I L 900 mL=4 L 600 mL
10 4 L 500 mL−I L 300 mL=3 L 200 mL
12 I600 g=I000 g+600 g=I kg 600 g
13 5050 g<5 kg 500 g=5500 g
14 I kg=I000 g입니다.
15 ㉠ 3400 g
   ㉡ 4I50 g
   ㉢ 4 kg 50 g=4050 g
   ㉣ 3 kg 600 g=3600 g
   ➔ ㉡>㉢>㉣>㉠
18 52 kg 300 g+4 kg 500 g=56 kg 800 g
19 7 kg−I kg 200 g
   =6 kg I000 g−I kg 200 g
   =5 kg 800 g

다시 한 번 확인해요!

받아올림이 있는 무게의 덧셈
• g끼리의 합이 I000보다 크거나 같으면 I000 g을 I kg으로 받아올림합니다.

받아내림이 있는 무게의 뺄셈
• g끼리 뺄 수 없을 때에는 I kg을 I000 g으로 받아 내림합니다.

탐구 서술형 평가

1

상	들이가 가장 많은 것과 가장 적은 것을 바르게 구하여 그 차를 바르게 구하였습니다.
중	들이가 가장 많은 것과 가장 적은 것은 바르게 구하였으나 그 차를 구하지 못했습니다.
하	들이가 가장 많은 것과 가장 적은 것과 그 차를 구하지 못했습니다.

2

상	바구니의 무게를 바르게 구하여 사과 I개의 무게를 바르게 구하였습니다.
중	바구니의 무게는 바르게 구하였으나 사과 I개의 무게를 바르게 구하지 못했습니다.
하	바구니의 무게와 사과 I개의 무게를 바르게 구하지 못했습니다.

1 (위에서부터) 4, 3   2 라면   3 햄버거   4 ⓐ 여학생은 햄버거를, 남학생은 라면을 가장 많이 좋아합니다.
5 12명   6 풀이 참조   7 독서   8 10마리 ; 1마리
9 16마리   10 라 모둠   11 3마리   12 410명
13 라 학교   14 ⓐ 학생 수가 가장 많은 학교는 나 학교로 410명이고, 가장 적은 학교는 다 학교로 270명이므로 차는 410-270=140(명)입니다. ; 140명
15 360상자   16 사랑 화원, 자연 화원   17 행복 화원, 소원 화원, 자연 화원, 사랑 화원   18 35개   19 풀이 참조   20 24개

탐구 서술형 평가

1 ⓐ 가지고 있는 구슬 수는 민준: 33개, 진아: 14개, 수영: 25개이므로 (보민이가 가지고 있는 구슬 수)=114-33-14-25=42(개)입니다. ; 풀이 참조

2 ⓐ 쌀을 가장 많이 생산한 마을은 대나무 마을로 310 kg이고, 가장 적게 생산한 마을은 매화 마을로 220 kg입니다. 따라서 두 마을의 쌀 생산량의 차는 310-220=90 (kg)입니다. ; 90 kg

풀이

1 남학생: (라면)=12-3-3-2=4(명)
   여학생: (자장면)=12-4-2-3=3(명)

2 라면이 4명으로 가장 많습니다.

3 남학생과 여학생 수의 합이 가장 많은 음식은 햄버거입니다.

6 **학생들의 취미 활동**

취미 활동	독서	게임	운동	피아노	합계
학생 수(명)	4	3	3	2	12

7 독서가 4명으로 가장 많습니다.

9 10마리 모양이 1개, 1마리 모양이 6개이므로 16마리입니다.

10 가: 21마리, 나: 16마리, 다: 24마리, 라: 33마리
   ➡ 라>다>가>나

11 다 모둠은 가 모둠보다 1마리를 나타내는 그림이 3개 더 많으므로 3마리 더 많습니다.

12 100명 모양이 4개, 10명 모양이 1개이므로 410명입니다.

13 가: 320명, 나: 410명, 다: 270명, 라: 350명
   ➡ 나>라>가>다

15 100상자 모양이 3개, 10상자 모양이 6개이므로 360상자입니다.

16 큰 그림이 2개보다 많은 화원을 찾습니다.

18 10개 모양이 3개, 1개 모양이 5개이므로 35개입니다.

19   **도시별 병원 수**

도시	병원 수
가	┼ ┼┼┼┼┼┼
나	┼┼┼ ┼┼┼┼┼
다	┼┼┼┼
라	┼┼┼ ┼┼

┼ 10개
┼ 1개

라 도시의 병원 수는 32개이므로 32개의 $\frac{1}{2}$은 16개입니다.

20 (다 도시의 병원 수)-(가 도시의 병원 수)
   =40-16=24(개)

탐구 서술형 평가

1   **친구들이 가지고 있는 구슬 수**

친구	민준	진아	보민	수영	합계
구슬 수(개)	33	14	42	25	114

상 그림그래프를 보고 민준, 진아, 수영이가 가지고 있는 구슬 수를 바르게 구하여 표를 바르게 완성하였습니다.

중 그림그래프를 보고 민준, 진아, 수영이가 가지고 있는 구슬 수를 바르게 구하였으나 표를 완성하지 못했습니다.

하 그림그래프를 보고 민준, 진아, 수영이가 가지고 있는 구슬 수를 바르게 구하지 못하여 표를 완성하지 못했습니다.

2

상 쌀을 가장 많이 생산한 마을과 가장 적게 생산한 마을의 생산량을 바르게 구하여 생산량의 차를 바르게 구했습니다.

중 쌀을 가장 많이 생산한 마을과 가장 적게 생산한 마을의 생산량을 바르게 구하였으나 생산량의 차를 바르게 구하지 못했습니다.

하 쌀을 가장 많이 생산한 마을과 가장 적게 생산한 마을의 생산량을 바르게 구하지 못하여 생산량의 차를 바르게 구하지 못했습니다.

[사회]

 1회

80~83쪽

1 ㉠, ㉡, ㉣ 2 ③ 3 ② 4 ③ 5 ⑩ 기온이 높아 덥고 비가 많이 온다. 6 ④ 7 여름 8 ② 9 ④ 10 ⑤
11 ⑩ 자연환경 중 강을 이용하는 여가 생활이다. 12 ①
13 ① 14 ② 15 ④ 16 ② 17 ⑩ 고장의 날씨와 땅의 생김새와 같은 자연환경이 고장 사람들의 식생활에 영향을 주기 때문이다. 18 ① 19 ① 20 ④

서술형 평가

1 (1) ㈎ 자연환경, ㈏ 인문환경, ㈐ 인문환경, ㈑ 자연환경 (2) ⑩ 자연환경은 자연 그대로의 환경이고, 인문환경은 자연환경을 이용해 사람들이 만든 환경이다. 2 (1) ㈏ (2) ⑩ 낮의 뜨거운 햇볕을 막고 밤의 추위를 견디기 위해서이다.

풀이

1 산, 하천, 바다는 자연환경이고 논, 과수원, 도로는 인문환경입니다.

2 날씨에 영향을 주는 자연환경에는 눈, 비, 우박, 바람, 기온 등이 있습니다.

3 고장 사람들은 들을 이용하여 농사를 짓거나, 도로와 주택 등을 만듭니다.

4 기온이 가장 높은 달은 7월이며 기온이 가장 낮은 달은 1월입니다. 또 강수량이 가장 적은 달은 1월입니다.

5 여름에 해당하는 7월에 기온이 가장 높고 강수량이 많으므로 여름에는 기온이 높아 덥고 비가 많이 온다는 것을 알 수 있습니다.

6 고장 사람들은 가을에 논과 밭에서 곡식이나 열매를 수확하고, 단풍 구경을 갑니다.

7 '오뉴월 소나기는 쇠등을 두고 다툰다.'는 여름과 관련된 속담으로 같은 지역이라도 한쪽에는 비가 내리고 다른 쪽에서는 날씨가 맑은 경우를 빗대어 말하는 것입니다.

8 고장 사람들은 겨울에 난로와 온풍기를 사용하고 부채와 선풍기, 에어컨, 물안경 등은 여름에 사용합니다.

11 자연환경인 강을 이용하여 낚시를 하고 래프팅을 즐기는 여가 생활 모습입니다.

13 옷과 장갑은 의생활, 한옥과 아파트는 주생활에 포함됩니다.

14 사람들은 겨울철에 추위를 막기 위해 두꺼운 옷을 입고 장갑을 끼거나 목도리를 두르기도 합니다.

15 덥고 비가 많이 내리는 베트남에 사는 사람들은 바람이 잘 통하는 긴 옷을 입고 챙이 넓은 모자를 씁니다.

16 넓은 들과 산에서 쌀과 채소를 쉽게 구할 수 있고, 장맛도 좋은 전주에서는 비빔밥이 발달하였습니다.

18 산지가 있는 고장에서는 젖소를 키우는 낙농업이 발달하기 때문에 여러 종류의 치즈를 이용한 음식이 많습니다.

19 여름철 홍수로 집이 물에 잠길 위험이 있는 고장에서는 땅 위에 터를 돋우어 높은 곳에 집을 지었습니다.

20 러시아의 이즈바는 주변 숲에서 쉽게 구할 수 있는 통나무로 지은 집입니다.

서술형 평가

1 (1) 우리 주변을 둘러싸고 있는 모든 것을 환경이라고 합니다.

(2) 산과 눈은 사람이 만든 것이 아닌 자연 그대로의 것인 '자연환경'이고, 스키장과 도로는 자연환경인 산과 들을 이용해 사람들이 만든 '인문환경'입니다.

상	자연환경과 인문환경을 구분하고 그 특징에 대해 잘 알고 있습니다.
중	자연환경과 인문환경을 구분했지만 그 특징에 대해서는 알지 못합니다.
하	자연환경과 인문환경을 구분하지 못하고 그 특징에 대해서도 알지 못합니다.

2 (1) 고장의 자연 환경에 따라 고장 사람들이 입는 옷이 달라집니다.

(2) 낮과 밤의 기온 차가 큰 페루에 사는 사람들은 (다)와 같이 망토와 같은 긴 옷을 걸치고 모자를 써서 낮의 뜨거운 햇볕을 막고 밤의 추위를 견딥니다.

상	세계 각 고장 사람들의 옷차림과 그 옷차림을 하는 까닭에 대해 잘 알고 있습니다.
중	세계 각 고장 사람들의 옷차림과 그 옷차림을 하는 까닭에 대해 일부만 알고 있습니다.
하	세계 각 고장 사람들의 옷차림과 그 옷차림을 하는 까닭에 대해 알지 못합니다.

1 ②, ④   2 ⑤   3 ⑩ 실제 유물의 생생한 모습을 볼 수 있다. 옛날 사람들의 생활 모습을 더 자세히 알 수 있다.   4 ⑤   5 ①   6 ③   7 돌괭이   8 ②   9 (가), (다), (나), (라)   10 ③   11 베틀   12 ④   13 ⑩ 아궁이에서 나오는 열을 사용해 열에너지를 절약할 수 있다.   14 ③   15 ②   16 세시 풍속   17 ⑩ 나쁜 기운을 쫓아내고 마을의 안녕과 풍년을 기원하기 위해서이다.   18 ④   19 ③   20 ②

서술형 평가

1 (1) (가) 움집, (나) 초가집 (2) (가) ⑩ 하나의 방에서 도구를 손질하고 음식을 만들어 먹었다. (나) ⑩ 잠은 방에서, 요리는 부엌에서, 동물을 기르거나 농사와 관련된 일을 마당에서 했다.   2 (가) ⑩ 야광귀에게 신발을 빼앗기면 1년 내내 운이 나쁘다고 믿었기 때문이다. (나) ⑩ 복조리를 걸어두면 쌀처럼 복이 일어 집으로 들어온다고 생각했기 때문이다.

풀이

2 빗살무늬 토기를 만들어 사용하던 시대에는 돌을 갈아서 만든 도구(간석기)를 사용하였습니다.

3 박물관이나 유적지를 견학하면 옛날 사람들의 생활 모습을 더 자세하게 알 수 있고, 박물관이나 유적지에서 진행하는 다양한 체험 활동에도 참여할 수 있습니다.

5 농경문 청동기에는 토기에 수확물을 담는 모습, 따비로 땅을 가는 모습, 괭이로 땅을 파는 모습 등 농사짓는 모습이 새겨져 있습니다.

7 처음으로 농사를 짓기 시작한 사람들은 뾰족한 돌을 긴 나무 막대기 끝에 묶어 만든 돌괭이로 땅을 갈았습니다.

8 땅을 가는 농사 도구는 '돌괭이 → 철로 만든 괭이 → 쟁기 → 트랙터'로 변화했습니다. 또 곡식을 수확하는 농사 도구는 '반달 돌칼 → 철로 만든 낫 → 탈곡기 → 수확기(콤바인)'으로 변화했습니다.

9 음식을 만드는 도구는 (가) 토기, (다) 시루, (나) 가마솥, (라) 전기밥솥의 순서로 발달했습니다.

11 식물에서 얻은 실을 베틀에 올려 놓고 서로 엮어서 옷감을 만들었습니다.

12 귀틀집은 땅을 파지 않고 통나무를 네모 모양으로 쌓아 움집보다 크고 튼튼하게 만들었습니다.

13 이밖에도 온돌로 난방을 하면 연기가 바로 굴뚝으로 빠져나가기 때문에 방 안의 공기가 깨끗하게 유지되고, 난방과 더불어 부엌에서는 음식을 만들 수 있습니다.

16 해마다 일정한 시기에 되풀이하여 행해 온 고유의 풍속을 세시 풍속이라고 합니다.

18 한식에는 불을 사용하지 않고 찬 음식을 먹는 풍속이 있었으며, 찬 음식을 먹는 날이기 때문에 '한식'이라는 이름이 붙었습니다.

19 동지는 일 년 중에 밤이 가장 긴 날로 한 해를 마무리하고 새해를 맞이하는 명절입니다. 우리 조상들은 동지에 나쁜 기운을 쫓는 의미로 팥죽을 만들어 먹었습니다.

20 오늘날에는 직업이 다양해지면서 옛날보다 농사를 짓는 사람들이 줄었기 때문에 옛날부터 전해 내려오는 세시 풍속이 많이 바뀌었습니다.

서술형 평가

1 (1) (가)는 땅을 파서 기둥을 세우고 비바람을 막기 위해 그 위에 풀과 짚을 덮어 만든 움집이고, (나)는 농사를 짓던 사람들이 나무와 흙으로 만든 초가집입니다.

(2) 움집에서는 하나의 방에서 모든 일을 하였지만, 초가집에서는 방, 마루, 부엌, 화장실, 헛간 등을 용도에 맞게 나누어 사용했습니다.

상	옛날 사람들이 살았던 집의 이름과 그 집에 살았던 사람들의 생활 모습을 잘 알고 있습니다.
중	옛날 사람들이 살았던 집의 이름을 알지만 그 집에 살았던 사람들의 생활 모습은 알지 못합니다.
하	옛날 사람들이 살았던 집의 이름과 그 집에 살았던 사람들의 생활 모습을 모두 알지 못합니다.

2 옛날 설날에는 야광귀라는 귀신에게 신발을 빼앗기면 1년 내내 운이 나쁘다고 믿었기 때문에 신발을 방 안에 두는 세시 풍속이 있었습니다.

상	옛날 설날에 행한 세시 풍속에 담긴 뜻을 잘 알고 있습니다.
중	옛날 설날에 행한 세시 풍속에 담긴 뜻을 일부만 알고 있습니다.
하	옛날 설날에 행한 세시 풍속에 담긴 뜻을 알지 못합니다.

1 ③   2 ⑤   3 ④   4 폐백   5 ③   6 ②   7 예 산업이 발달하면서 다양한 일자리가 생겼기 때문이다.   8 ②   9 ⑤   10 ㉠, ㉢, ㉡   11 ③   12 ⑤   13 가족회의   14 ③   15 예 서로 다른 문화와 말을 이해하고 배우면서 자랄 수 있다.   16 ①   17 ③   18 ⑤   19 다문화 가족   20 예 서로의 다름을 인정하고 존중한다.

서술형 평가

1 ⑴ 결혼식 ⑵ 예 신랑, 신부가 오랫동안 행복하기를 바라는 마음을 가지고 축하한다. 두 사람이 부부가 되는 것을 많은 사람에게 알린다.   2 ⑴ 그림 ⑵ 예 무지개의 일곱 빛깔이 어우러져 아름다운 모습을 만드는 것처럼 다양한 형태의 가족이 어우러져 아름다운 사회를 만든다고 생각하기 때문이다.

풀이

1 오늘날에는 결혼식장에서 결혼하는 사람들도 많지만 정원이나 바닷속에서 결혼하기도 하고, 전통 혼례 방식으로 결혼하기도 하는 등 결혼식의 모습이 다양합니다.

2 옛날에는 결혼하는 날 신랑이 말을 타고 신부의 집으로 가서 혼례를 치렀습니다.

3 웨딩드레스는 오늘날의 결혼식 때 신부가 입는 옷입니다.

5 오늘날의 결혼식은 옛날의 결혼식과 그 모습이 많이 달라졌지만 신랑, 신부가 오랫동안 행복하기를 바라면서 축복해 주는 마음은 변하지 않았습니다.

6 확대 가족은 결혼한 자녀와 부모가 함께 사는 가족입니다.

7 이밖에도 오늘날에는 산업이 발달하면서 도시로 일자리를 찾아 가족들이 흩어지게 되어 핵가족이 많아졌습니다.

8 옛날에는 어머니가 집안일을 주로 했고, 여자아이가 어머니를 도와 집안일이나 바느질을 했습니다.

9 옛날과 달리 오늘날에는 남녀의 역할 구분이 없어졌기 때문에 가족 구성원의 역할이 변화하였습니다.

11 가족 구성원들의 생각이 다르기 때문에 어려움을 겪을 수 있습니다.

12 가족 간의 갈등을 해결하려면 가족끼리 대화를 하면서 서로 이해하고 배려하며 협력하는 자세가 필요합니다.

14 여러 가지 이유로 부부가 헤어진 뒤 재혼해 이룬 가족을 재혼 가족이라고 합니다.

15 국적과 문화가 다른 남녀가 만나 구성된 다문화 가족은 자녀가 어머니 나라와 아버지 나라의 서로 다른 문화와 말을 이해하고 배우면서 자랄 수 있는 장점이 있습니다.

17 오늘날에는 동물이 인간에게 주는 감정적인 부분을 존중하여 단순히 귀여워하기 위한 애완동물이 아닌, 가족과 같은 동물이라는 뜻에서 '반려동물'로 바꾸어 부르고 있습니다.

18 입양 가족의 생활 모습을 신문 기사로 나타낸 것입니다.

19 제시된 시는 어머니가 중국인인 다문화 가족의 생활 모습을 나타내었습니다.

20 다양한 가족의 서로 다른 모습을 잘못되었다고 생각하지 않고 다름을 인정하고 존중하는 태도를 가져야 합니다.

서술형 평가

1 ⑴ (가)는 옛날의 결혼식, (나)는 오늘날의 결혼식 모습입니다.

⑵ 옛날과 오늘날의 결혼식 모습은 달라도 신랑, 신부가 서로를 지켜 줄 것이라는 약속과 축하해 주는 마음은 옛날이나 오늘날이나 변하지 않았습니다.

상	옛날과 오늘날의 결혼식 모습을 알고, 두 결혼식에서 변하지 않는 점에 대해서도 잘 알고 있습니다.
중	옛날과 오늘날의 결혼식 모습은 알지만, 두 결혼식에서 변하지 않는 점에 대해서는 알지 못합니다.
하	옛날과 오늘날의 결혼식 모습과 두 결혼식에서 변하지 않는 점에 대해 알지 못합니다.

2 ⑴ 여러 가족이 사이좋게 지내는 모습을 그림으로 그렸습니다.

⑵ 무지개 아래에 다양한 가족의 모습을 그려 넣어 다양한 형태의 가족이 무지개처럼 서로 어우러져 살아갈 때 아름다운 사회를 이룰 수 있다는 의미를 담았습니다.

상	다양한 가족의 생활 모습을 표현하는 방법을 알고, 그렇게 표현한 까닭에 대해 잘 알고 있습니다.
중	다양한 가족의 생활 모습을 표현하는 방법은 알지만, 그렇게 표현한 까닭에 대해서는 알지 못합니다.
하	다양한 가족의 생활 모습을 표현하는 방법과 그렇게 표현한 까닭에 대해서 알지 못합니다.

[과학]

1 ③   2 ⓛ ⓒ ㉠   3 ①   4 ①   5 ②   6 (1) 자석의 개수 (2) 자석의 개수에 따라 자석에 붙는 클립의 개수가 달라진다.   7 ⓒ   8 ①, ⑤   9 경일   10 결과   11 ⑤ 12 막대자석 두 개를 길게 이어 붙이면 막대자석 한 개보다 클립이 더 많이 붙는다.   13 ②   14 발표   15 ④ 16 ㉠, ⓛ   17 ③   18 희경   19 ③   20 문제   21 ⓛ 22 ①   23 생각그물   24 현주   25 ①

풀이

1 탐구 문제를 정할 때 궁금한 것은 잊지 않도록 기록해야 합니다.

2 탐구 문제를 정할 때에는 수업 시간에 배운 내용과 우리 생활에서 관찰한 것 중에서 궁금했던 것을 떠올린 다음에 궁금한 것을 잊지 않도록 기록하고, 궁금했던 것 중에서 한 가지를 골라 탐구 문제로 정합니다.

3 다른 사람이 이미 탐구한 것, 책이나 인터넷 등을 통해 이미 알고 있는 것은 탐구 문제로 적절하지 않습니다.

다시 한 번 확인해요!

좋은 탐구 문제 정하기
• 검증 가능해야 합니다.
• 이미 답을 알고 있어서는 안 됩니다.
• 학생들이 흥미와 호기심을 가지게 해야 합니다.
• 간결하고 명료해야 합니다.

4 잃어버린 지갑을 찾는 방법은 과학적으로 탐구가 불가능한 문제입니다.

5 탐구 계획에는 탐구 문제, 탐구 문제를 해결할 방법, 탐구 순서, 준비물, 예상되는 결과가 있어야 합니다.

6 자석의 개수에 따라 바뀌는 것이 무엇일지 생각합니다.

7 탐구 계획을 세울 때에는 먼저 탐구 문제를 해결할 방법을 정하고, 탐구 계획을 세운 다음 친구들에게 탐구 계획을 발표합니다.

9 탐구를 실행하기 전에 준비물과 결과를 기록할 수 있는 기록장을 준비해야 합니다. 또한 탐구 계획서를 확인하여 빠진 것이 없는지 확인해야 합니다.

11 막대자석 한 개를 클립 더미 가까이 가져갈 때와 막대자석 두 개를 길게 이어 붙인 것을 클립 더미 가까이 가져갈 때를 각각 세 번 정도 반복하여 실행합니다.

12 막대자석이 한 개일 때보다 두 개를 길게 이어 붙였을 때 클립이 더 많이 붙었습니다.

13 '탐구 순서가 자세한가요?'는 탐구 계획이 적절한지를 확인하는 내용입니다.

15 탐구 결과 발표 자료에는 탐구 문제, 탐구한 사람, 탐구한 때와 장소, 준비물, 탐구 순서, 탐구 결과, 탐구를 하여 알게 된 것 등이 들어가야 합니다.

16 탐구 결과 발표가 적절한지 스스로 확인할 내용으로는 발표 자료를 이해하기 쉽게 만들었는지, 알맞은 목소리와 말투로 발표했는지, 친구들의 질문에 대한 나의 대답이 적절했는지 등이 있습니다.

17 탐구 결과를 발표할 때에는 컴퓨터나 포스터 등을 이용해 결과를 쉽게 전달하는 것이 중요합니다.

18 위 실험 결과에서 막대자석 한 개보다 막대자석을 두 개를 길게 이어 붙인 것에 클립이 더 많이 붙었으므로 막대자석을 여러 개 이어 붙일수록 클립이 많이 붙는다는 것을 알 수 있습니다.

19 탐구를 실행할 때에는 여러 번 반복해 측정해야 정확한 결과를 얻을 수 있습니다.

20 새로운 탐구 문제를 정할 때에는 탐구를 하면서 더 궁금한 것이 있는지, 우리 생활, 교과서, 책, 인터넷 등에서 찾은 내용 중 궁금한 것이 있는지 생각해 봅니다.

21 새로운 탐구를 시작하기 위해서는 다시 가장 먼저 탐구 문제를 정한 다음 탐구 계획을 세워 탐구를 실행하고, 탐구 결과를 발표합니다.

22 자석이 물에 가라앉는 것은 이미 알고 있는 내용이므로 새로운 탐구 문제로 적절하지 않습니다.

23 생각그물은 주제와 관련된 생각들을 다양한 방법으로 정리할 수 있어서 좋은 탐구 문제를 정하는 데 도움이 됩니다.

24 자외선 차단제의 효과를 알아보기 위해서는 자외선 차단제를 바른 부분과 바르지 않은 부분을 비교해야 합니다.

25 과학의 탐구 과정은 탐구 결과를 바탕으로 다시 새로운 탐구 문제를 정하고 탐구를 합니다.

과학 2 회

106~109쪽

1 ② 　 2 ② 　 3 예 먹이가 많다. 눈에 잘 보이지 않는 숨기 좋은 장소이다. 동물이 쉬거나 집을 지을 수 있는 장소를 제공한다. 　 4 (1) ㉠, ㉣, ㉗ (2) ㉡, ㉢, ㉒ 　 5 새끼
6 ② 　 7 ④ 　 8 ⑤ 　 9 ④ 　 10 ② 　 11 낙타 　 12 ㉡
13 예 체온을 조절한다. 작은 소리도 잘 들을 수 있다.
14 ⑤ 　 15 (1) ㉡ (2) ㉢ (3) ㉠ 　 16 ②, ④ 　 17 ④ 　 18 ② 　 19 ③ 　 20 ⑤

탐구 서술형 평가

1 (가): 날개가 있는가? (나): 몸이 깃털로 덮여 있는가? 　 2 예 다리가 있다. 땅과 물을 오가며 산다. 걷거나 뛰어다닌다. 헤엄을 잘 친다. 　 3 집게 차는 수리 발이 먹이를 잘 잡고 놓치지 않는 특징을 활용한 것이다.

풀이

1 참새는 다리가 한 쌍이고, 개미와 잠자리는 다리가 세 쌍입니다. 달팽이는 다리가 없어 미끄러지듯이 움직입니다.

2 잠자리는 날개가 두 쌍이고, 다리는 세 쌍이 있습니다.

6 '크다', '작다'는 사람마다 기준이 다르기 때문에 무엇보다 크고 작은 것인지 기준을 정해야 합니다.

7 공벌레와 다람쥐는 주로 땅 위에서 살고, 땅강아지와 지렁이는 주로 땅속에서 삽니다.

8 ⑤ 너구리는 주둥이가 뾰족하고 몸이 털로 덮여 있습니다.

9 뱀, 지렁이와 같이 다리가 없는 동물은 기어 다니고, 소, 개미, 너구리, 공벌레와 같이 다리가 있는 동물은 걷거나 뛰어다닙니다.

10 사막은 낮에는 덥고 밤에는 매우 춥습니다.

11 낙타는 콧구멍을 여닫을 수 있어서 모래바람이 불어도 콧속으로 모래가 잘 들어가지 않습니다.

12 사막에 사는 동물 중 새벽에 땅 위로 나와 몸에 맺힌 이슬을 모아 마시는 동물은 사막 딱정벌레입니다.

14 너구리는 땅 위에서 사는 동물입니다.

16 다슬기와 전복은 배 발을 이용해 기어 다니고 물속에서 아가미로 숨을 쉬며, 딱딱한 껍데기로 덮여 있습니다.

17 나무에서 수액을 먹는 것은 매미입니다.

20 로봇을 만들 때 동물의 특징을 활용합니다.

다시 한 번 확인해요!

동물의 특징을 활용한 로봇
• 바다거북이 모든 방향으로 움직이는 특징을 활용한 로봇
• 뱀의 특징을 활용한 좁은 공간을 살피는 로봇
• 홍합이 세찬 파도에도 바위에 단단하게 붙어 있는 홍합 접착제
• 물총새의 부리가 길고 머리가 날렵한 특징을 활용한 고속 열차 앞부분

탐구 서술형 평가

1 참새와 꿀벌은 날개가 있는 동물이고, 참새는 몸이 깃털로 덮여 있습니다.

상	동물을 특징에 따라 분류하는 방법을 모두 바르게 서술하였습니다.
중	동물을 특징에 따라 분류하는 방법을 한 가지만 서술하였습니다.
하	동물을 특징에 따라 분류하는 방법을 모두 서술하지 못하였습니다.

2 개구리와 수달은 강가나 호숫가에 살면서 땅과 물을 오가며 먹이를 잡아먹습니다. 또한 다리가 있어서 걷거나 뛰어다니고, 발가락 사이에 물갈퀴가 있어서 헤엄을 잘 칩니다.

상	개구리와 수달의 공통점을 두 가지 이상 서술하였습니다.
중	개구리와 수달의 공통점을 한 가지만 서술하였습니다.
하	개구리와 수달의 공통점을 모두 서술하지 못하였습니다.

3 수리의 발가락이 먹이를 잡고 잘 놓치지 않는 특징을 활용한 집게 차는 쓰레기를 원하는 곳으로 옮길 수 있습니다.

상	집게 차에 활용한 동물과 동물의 특징을 모두 바르게 서술하였습니다.
중	집게 차에 활용한 동물과 동물의 특징을 중 한 가지만 서술하였습니다.
하	집게 차에 활용한 동물과 동물의 특징을 모두 서술하지 못하였습니다.

1 ④ 2 ② 3 바위틈에서 나무뿌리가 자라면서 바위가 부서진다. 4 큰, 작은 5 ⓒ, ㉥ 6 ③ 7 운동장 흙 8 ⑤ 9 ㉡ 10 부식물 11 흙 언덕의 위쪽에 있는 흙이 아래쪽으로 떠내려와 쌓인다. 12 (1) ㉠ (2) ㉡ 13 ①, ⑤ 14 ㉡ 15 희경 16 ㉠ 17 ⑤ 18 ①, ⑤ 19 흙 20 ③

탐구 서술형 평가

1 화단 흙에는 운동장 흙보다 물에 뜨는 물질이 더 많이 섞여 있기 때문이다. 화단 흙은 운동장 흙보다 부식물이 많아 식물이 잘 자란다. 2 (1) 강 상류 (2) 퇴적 작용보다 침식 작용이 활발하게 일어난다. 3 바닷물이 바위와 만나는 부분을 계속 깎고 무너뜨려서 절벽이 만들어졌다.

풀이

1 얼음 설탕을 플라스틱 통에 넣고 흔들면 얼음 설탕이 부서져서 크기가 작아지고, 가루가 생깁니다.

2 위 1번 실험은 흙이 만들어지는 과정을 알아보는 것입니다.

3 식물의 뿌리가 바위틈 사이로 뿌리를 내리고, 시간이 흘러 식물이 자라면 뿌리가 굵어져 바위틈을 벌리게 되고, 결국 바위가 부서지게 됩니다.

5 화단 흙은 어두운 갈색으로 알갱이의 크기가 큰 것도 있고 작은 것도 있습니다.

9 운동장 흙에는 물에 뜬 물질이 거의 없고, 화단 흙에는 물에 뜬 물질이 많습니다. 물에 뜨는 물질인 부식물은 식물이 잘 자라는 데 도움을 줍니다.

10 흙에 물을 넣었을 때 물에 뜨는 물질을 부식물이라고 합니다.

다시 한 번 확인해요!

운동장 흙과 화단 흙의 특징
• 운동장 흙은 모래가 많이 섞여 있어 알갱이의 크기가 크고, 화단 흙은 고운 흙이 많이 섞여 있어 알갱이의 크기가 작습니다.
• 운동장 흙이 화단 흙보다 물이 더 빠르게 빠집니다.
• 화단 흙은 부식물이 많아 식물이 잘 자랍니다.

12 지표의 바위나 돌, 흙 등이 깎여 나가는 것을 침식 작용이라고 하고, 운반된 돌이나 흙이 쌓이는 것을 퇴적 작용이라고 합니다.

13 강 상류는 강폭이 좁고 강의 경사가 급합니다. 바위나 큰 돌을 많이 볼 수 있습니다.

16 ㉠은 침식 작용, ㉡은 퇴적 작용으로 만들어진 지형입니다.

18 ③ 바닷물의 퇴적 작용에 의해 모래 해변이 만들어집니다. 바닷가 지형은 바닷물의 침식 작용과 퇴적 작용에 의해 만들어집니다.

20 흙은 산사태, 도로 공사, 하천 공사 등으로 깎여서 떠내려갑니다.

탐구 서술형 평가

1 부식물은 식물의 뿌리나 죽은 곤충, 나뭇잎 조각 등이 썩은 것으로 식물이 잘 자라는 데 도움을 줍니다.

상	화단 흙이 운동장 흙보다 잘 자라는 까닭을 부식물이라는 용어를 이용해 서술하였습니다.
중	화단 흙이 운동장 흙보다 잘 자라는 까닭을 물에 뜬 물질의 양으로 비교하여 서술하였습니다.
하	화단 흙이 운동장 흙보다 잘 자라는 까닭을 서술하지 못하였습니다.

2 강 상류에서는 강의 경사가 급해 물의 흐름이 빠르기 때문에 침식 작용이 활발하게 일어나고, 강 하류에서는 강의 경사가 완만해 물의 흐름이 느리기 때문에 퇴적 작용이 활발하게 일어납니다.

상	강 주변의 모습을 볼 수 있는 곳과 강 상류의 특징을 모두 바르게 서술하였습니다.
중	강 주변의 모습을 볼 수 있는 곳은 바르게 서술하였지만 강 상류의 특징에 대한 서술이 부족합니다.
하	강 주변의 모습을 볼 수 있는 곳은 바르게 서술하였고, 강 상류의 특징은 서술하지 못하였습니다.

3 바닷가에서 볼 수 있는 절벽은 바닷물의 침식 작용에 의해 만들어진 것입니다.

상	바닷가 절벽이 만들어지는 과정을 정확하게 서술하였습니다.
중	바닷가 절벽이 만들어지는 과정에 대한 서술이 부족합니다.
하	바닷가 절벽이 만들어지는 과정을 서술하지 못하였습니다.

1 ㉠   2 ㉡   3 ㉢   4 ⑤   5 ③   6 ③   7 ③   8 ②
9 ③   10 ㉠: 모양 ㉡: 부피   11 ③, ④   12 예 공기가
있다.   13 ㉢   14 공기   15 ①, ③   16 공간   17
공기는 다른 곳으로 이동할 수 있다.   18 ㉡   19 ㉢
20 ①

탐구 서술형 평가

1 액체는 담는 그릇에 따라 모양은 변하지만 부피는 변하지 않는다.   2 (1) 페트병 뚜껑이 바닥으로 가라앉고 수조 안의 물의 높이가 높아진다. (2) 플라스틱 컵 속의 공기가 공간을 차지하기 때문이다.   3 ㉡, 공기는 무게가 있기 때문에 공기가 많이 들어 있는 페트병이 더 무겁다.

풀이

1 페트병을 물 아래로 누르면 광고풍선이 팽팽해지고, 페트병을 물 위로 들어 올리면 팽팽했던 광고풍선이 쭈글쭈글해지면서 꺾입니다.

2 나무 막대는 손으로 쉽게 잡을 수 있지만, 물은 흘러서 전달하기 어렵고, 공기는 손에 잡히지 않습니다.

3 나무 막대와 물은 눈에 보이지만 공기는 눈에 보이지 않아 전달하는 느낌이 나지 않습니다.

4 나무 막대와 플라스틱 막대는 공간을 차지하고, 모양과 크기가 변하지 않습니다.

6 담는 그릇이 바뀌어도 모양과 부피가 일정한 물질의 상태를 고체라고 합니다.

12 부채질을 하면 바람이 부는 것이 느껴지고, 부풀린 풍선을 얼굴에 대 보면 풍선 속에 있던 공기가 빠져나오면서 머리카락이 날립니다.

13 물속에서 플라스틱병을 누르면 공기 방울이 생겨 위로 올라오고, 보글보글 소리가 납니다.

15 바닥에 구멍이 뚫리지 않은 컵으로 물 위에 띄운 페트병 뚜껑을 덮어 수조 바닥까지 밀어 넣으면 컵 안의 공기가 공간을 차지하고 있기 때문에 컵 안의 공기가 물을 밀어내어 컵 안으로 물이 들어가지 못합니다.

16 공기 침대, 풍선 미끄럼틀, 구조용 안전 매트 등은 공기가 공간을 차지하는 성질을 이용한 예입니다.

17 주사기의 피스톤을 당기면 코끼리 나팔이 돌돌 말리고, 주사기의 피스톤을 밀면 코끼리 나팔이 길게 펼쳐집니다.

다시 한 번 확인해요!

기체의 개념
• 공기처럼 담는 그릇에 따라 모양과 부피가 변합니다.
• 담긴 그릇을 항상 가득 채우는 물질의 상태입니다.

19 공기 주입 마개를 누를수록 페트병에 공기를 더 넣었기 때문에 공기 주입 마개를 누를수록 페트병의 무게가 늘어납니다.

탐구 서술형 평가

1 액체를 여러 가지 모양의 그릇에 옮겨 담고, 다시 처음에 넣었던 그릇에 옮겨 담으면 물의 높이가 처음과 같습니다.

상	액체의 모양과 부피를 모두 바르게 서술하였습니다.
중	액체의 모양과 부피 중 한 가지만 바르게 서술하였습니다.
하	액체의 모양과 부피를 모두 서술하지 못하였습니다.

2 바닥에 구멍이 뚫리지 않은 컵 안에 있는 공기가 물을 밀어내어 컵 안으로 물이 들어가지 못하기 때문에 페트병 뚜껑이 바닥으로 가라앉고, 컵 안에 있는 공기의 부피만큼 수조 안의 물의 높이가 높아집니다.

상	페트병의 위치, 수조 안의 물의 높이와 변화가 나타나는 까닭을 모두 바르게 서술하였습니다.
중	페트병의 위치, 수조 안의 물의 높이와 변화 중 한 가지만 바르게 서술하였습니다.
하	페트병의 위치, 수조 안의 물의 높이와 변화가 나타나는 까닭을 모두 서술하지 못하였습니다.

3 공기와 같은 기체는 눈에 보이지 않지만 고체나 액체와 같이 무게가 있습니다. 따라서 공기가 많이 들어 있는 페트병이 더 무겁습니다.

상	공기 주입 마개를 누른 후의 무게 변화를 바르게 알고 그 까닭을 서술하였습니다.
중	공기 주입 마개를 누른 후의 무게 변화를 바르게 알았지만 그 까닭은 바르게 서술하지 못하였습니다.
하	공기 주입 마개를 누른 후의 무게 변화와 그 까닭을 서술하지 못하였습니다.

1 ㉡   2 ②   3 ⑤   4 ㉡   5 소리의 세기   6 ㉠, ㉢
7 ㉡   8 점점 높은 소리가 난다.   9 ②   10 ⑤   11 책
상(고체)   12 ③   13 소리를 전달하는 물질인 공기가
줄어들기 때문이다.   14 ①, ④   15 ②   16 ㉠   17
(1) ○ (2) × (3) ○   18 반사   19 ④   20 ②

탐구 서술형 평가

1 ㉡, 소리가 나는 소리굽쇠는 떨림이 있기 때문에 물
에 대었을 때 물이 튀어 오른다.   2 실로폰의 음판을
㉠ 방향으로 치면 점점 높은 소리가 나고, ㉡ 방향으로
치면 점점 낮은 소리가 난다.   3 (1) ㉡ → ㉢ → ㉠
(2) 소리는 딱딱한 물체에서 잘 반사되기 때문이다.

풀이

2 소리가 나는 소리굽쇠를 물에 대 보면, 소리굽쇠의 떨림
때문에 물이 튀어 오릅니다.

3 고무망치로 치기 전의 소리굽쇠는 소리가 나지 않기 때
문에 떨림이 없습니다.

4 작은북을 북채로 세게 치면 북이 크게 떨리면서 좁쌀이
높게 튀어 오르고 큰 소리가 납니다.

6 피아노로 조용한 곡을 연주할 때와 친구와 귓속말로 이
야기할 때는 우리 생활에서 작은 소리를 낼 때입니다.

7 팬 플루트의 짧은 관을 불면 높은 소리가 나고, 긴 관을
불면 낮은 소리가 납니다.

8 실로폰은 음판의 길이가 짧으면 높은 소리가 나고, 음판
의 길이가 길면 낮은 소리가 납니다.

9 실로폰의 긴 음판을 세게 치면 낮은 소리가 크게 납니다.

10 징, 큰북, 장구, 탬버린은 소리의 세기를 이용해 연주하
는 악기입니다.

12 스피커에서 나는 소리는 수조의 물과 플라스틱 관, 관
속의 공기를 통해 전달됩니다.

다시 한 번 확인해요!

물이 담긴 수조에 플라스틱 관을 넣고 소리가 나는 스피커 찾기
플라스틱 관이 스피커에 가까워질수록 소리가 더 크게 들
리고, 수조의 물과 플라스틱 관, 관 속의 공기를 통해 소리가
전달됩니다.

14 숟가락을 두드리면 소리가 고체인 숟가락과 실을 통해
귀로 전달되어 잘 들립니다.

15 실의 길이가 짧고, 팽팽할수록, 실의 두께가 두꺼울수록
소리가 더 잘 들립니다.

16 소리는 딱딱한 물체에서는 잘 반사되지만, 부드러운 물
체에서는 소리가 흡수되어 잘 반사되지 않습니다.

17 소리의 반사는 소리가 물체에 부딪쳐 되돌아오는 성질
입니다.

18 도로 방음벽은 도로에서 자동차가 빠르게 달릴 때 나는
소리를 도로 방향으로 반사시켜 소음을 줄입니다.

19 조용한 밤에 도로 공사를 하면 주변이 조용해서 공사하
는 소리가 더 크게 들립니다.

20 물체를 이용해 다양한 소리를 낼 수 있습니다.

탐구 서술형 평가

1 소리가 나는 물체는 떨리기 때문에 물이 튀어 오르는 ㉡
소리굽쇠에서 소리가 나는 것을 알 수 있습니다.

상	소리가 나는 소리굽쇠를 바르게 고르고, 그렇게 생각한 까닭을 바르게 서술하였습니다.
중	소리가 나는 소리굽쇠는 바르게 골랐지만, 그렇게 생각한 까닭에 대한 서술이 부족합니다.
하	소리가 나는 소리굽쇠와 그렇게 생각한 까닭을 바르게 서술하지 못하였습니다.

2 실로폰의 짧은 음판을 치면 높은 소리가 나고, 긴 음판
을 치면 낮은 소리가 납니다. 소리의 높고 낮은 정도를
소리의 높낮이라고 합니다.

상	실로폰을 ㉠과 ㉡ 방향으로 칠 때 소리의 높낮이를 모두 바르게 서술하였습니다.
중	실로폰을 ㉠과 ㉡ 방향으로 칠 때 소리의 높낮이를 한 가지만 바르게 서술하였습니다.
하	실로폰을 ㉠과 ㉡ 방향으로 칠 때 소리의 높낮이를 모두 서술하지 못하였습니다.

3 통 속의 스피커에서 나는 소리는 나무판과 스타이로폼
판에서 반사됩니다.

상	소리가 크게 들리는 순서와 소리가 크게 들리는 까닭을 모두 바르게 서술하였습니다.
중	소리가 크게 들리는 순서와 소리가 크게 들리는 까닭 중 한 가지만 바르게 서술하였습니다.
하	소리가 크게 들리는 순서와 소리가 크게 들리는 까닭을 모두 서술하지 못하였습니다.

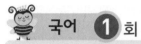
국어 1회 129~132쪽

1 ③ 2 ⑶ ○ 3 ⑴ 중심 문장 ⑵ 제목 4 ⑤ 5 예 옛날 사람들이 입던 옷차림은 오늘날 사람들이 입던 옷차림과 많이 달랐다. 6 ④ 7 생각이나 느낌 8 발가락 옴지락거려 / 두더지처럼 파고들었다. 9 ⑤ 10 ⑤ 11 ①, ② 12 ⑤ 13 ⑴ 아침 ⑵ 1교시 사회 시간 14 ② 15 ⑴ 예 속상한 마음 ⑵ 예 불안한 마음 / 걱정스러운 마음 16 독서 감상문 17 ④ 18 ⑤ 19 가, 다, 나 20 ⑤

풀이

1 표정, 몸짓, 말투에 주의하며 말하면 자신의 생각을 더 생생하게, 더 잘 전달할 수 있습니다.

2 놀라움과 호기심을 느낄 때에는 몸을 앞으로 기울이며 눈을 크게 뜨고 입을 벌리는 표정이 어울립니다.

3 중심 생각은 중심 문장과 글의 제목, 글에 있는 사진이나 그림을 살펴봅니다.

4 옛날에는 여자가 치마를 입고, 자연에서 얻은 실로 짠 옷감으로 옷을 만들었지만 오늘날에는 남자와 여자의 옷차림은 엄격하게 구분하지 않습니다.

5 옛날 사람들의 옷차림과 오늘날의 옷차림이 신분과 재료 등에 따라 다르다는 것을 말하고 있습니다.

6 운동회에서 있었던 일을 인상 깊은 일로 정리했습니다.

7 생각이나 느낌을 정리한 부분입니다.

8 '두더지처럼 파고들었다'라고 빗대어 표현했습니다.

9 '굼질굼질'은 느리게 천천히 움직이는 모습을 흉내 내는 말입니다.

10 '내' 발가락이 모래밭을 파고들자 모래가 움직이는 것을 지구가 움직인다고 생각했습니다.

11 전화를 건 사람이 자신이 누구인지 밝히고 상대가 누구인지도 확인해야 합니다.

12 전화 통화에서는 상황을 볼 수 없으므로 더 정확하고 구체적으로 말해야 합니다.

13 글 가 는 아침 시간, 글 나 는 1교시 사회 시간에 일어난 일입니다.

14 1교시 사회 시간에 발표 차례가 다가오자 가슴이 뛰었습니다.

15 아침에는 더 자고 싶은데 억지로 일어나서 속상한 마음이었다가, 사회 시간에는 불안한 마음이 들었습니다.

16 책을 읽고 나서 쓴 독서 감상문입니다.

17 독서 감상문에는 책을 읽게 된 까닭, 책 내용, 인상 깊은 부분, 책을 읽고 난 뒤에 든 생각이나 느낌이 들어갑니다.

18 나 에서 실 팔찌를 만든다고 했습니다.

19 차례를 나타내는 말을 살펴보고 글의 흐름을 정리합니다.

다시 한 번 확인해요!

차례를 나타내는 말 예
• 첫째, 둘째, 셋째, 우선, 먼저, 처음에는, 그리고 나서, 그 다음으로, 끝으로, 마지막으로 등

20 느리고 굵은 목소리는 몸집이 작고 자신만만한 무툴라의 목소리와 어울리지 않습니다.

다시 한 번 확인해요!

『대단한 줄다리기』에 나오는 무툴라의 성격

인물의 말과 행동	인물의 성격
투루에게 크게 소리를 치는 행동	용기가 있다.
"내가 얼마나 힘이 센지 알게 될 거야!"	자신감이 있다.

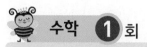

1 (1) 496 (2) 282 2 ④ 3 768개 4 (위에서부터) 21, 42 5 < 6 32, 4 7 예 어떤 수를 □라고 하면 □÷6=7…4입니다. 6×7=42 ➡ 42+4=□, □=46 ; 46 8 선분 ㅇㄷ, 선분 ㅇㄹ
9 ① 10 56 cm 11 $\frac{3}{4}$ 12 2개 13 ① 14 <
15 (1) 3500 (2) 5, 700 16 800 g 17 예 세미: 230 g+230 g=460 g, 서현: 230 g+230 g+230 g=690 g입니다. 따라서 두 사람이 모은 빈 병의 무게는 460 g+690 g=1150 g=1 kg 150 g입니다. ; 1 kg 150 g 18 17명 19 풀이 참조
20 ㉯, ㉣, ㉤

풀이

1 (1)
$$\begin{array}{r} 1\ 2\ 4 \\ \times\quad 4 \\ \hline 4\ 9\ 6 \end{array}$$
(2)
$$\begin{array}{r} 6 \\ \times\ 4\ 7 \\ \hline 2\ 8\ 2 \end{array}$$

2 ①, ②, ③, ⑤: 600, ④: 700

3 24×32=768(개)

4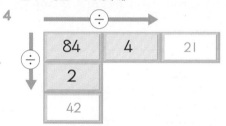

84÷4=21, 84÷2=42

5 75÷5=15, 54÷3=18

6 260÷8=32…4이므로 한 명에게 사탕을 32개씩 줄 수 있고, 4개가 남습니다.

7 나누는 수와 몫의 곱에 나머지를 더하면 나누어지는 수가 됩니다.

8 원의 중심과 원 위의 한 점을 이은 선분을 찾아봅니다.

9 ① 한 원에서 반지름은 무수히 많습니다.

10 정사각형의 한 변의 길이는 원의 지름과 같으므로 14 cm입니다. 따라서 정사각형의 네 변의 길이의 합은 14×4=56 (cm)입니다.

11 12는 16을 똑같이 4로 나눈 것 중의 3이므로 16의 $\frac{3}{4}$입니다.

12 $\frac{4}{15}$, $\frac{11}{15}$ 은 진분수이고, $\frac{17}{15}$, $\frac{15}{15}$ 는 가분수입니다.

13 ① $7\frac{1}{2}=\frac{15}{2}$ ② $6\frac{1}{3}=\frac{19}{3}$
③ $5\frac{1}{4}=\frac{21}{4}$ ④ $4\frac{1}{5}=\frac{21}{5}$
⑤ $3\frac{1}{6}=\frac{19}{6}$

14 $2\frac{3}{7}=\frac{17}{7}$ ➡ $\frac{16}{7}<2\frac{3}{7}$

15 (1) 3 L 500 mL=3 L+500 mL
　　　　　　　　=3000 mL+500 mL
　　　　　　　　=3500 mL
(2) 5700 g=5000 g+700 g
　　　　　=5 kg+700 g
　　　　　=5 kg 700 g

16 큰 눈금 한 칸의 크기는 100 g입니다. 큰 눈금 8칸 간 곳을 가리키므로 800 g입니다.

18
마을별 학생 수

마을	㉮	㉯	㉰	㉱	㉲	합계
학생 수(명)	15	17	16	30	22	100

(㉯ 마을의 학생 수)
=100−15−16−30−22=17(명)

19
마을별 학생 수

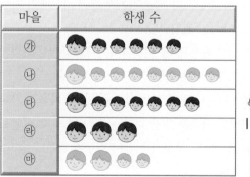

㉯ 마을의 학생 수는 17명이므로 큰 그림 1개, 작은 그림 7개를 그려 넣습니다.
㉲ 마을의 학생 수는 22명이므로 큰 그림 2개, 작은 그림 2개를 그려 넣습니다.

20 학생 수가 ㉰ 마을보다 많은 마을은 ㉯, ㉱, ㉲ 마을입니다.

사회 ①회 136~138쪽

1 ① 2 예 공원이나 등산로를 만들어 이용한다. 3 기온 4 ③ 5 ② 6 ⑤ 7 ④ 8 옷(의) 9 ⑤ 10 ② 11 철 12 ① 13 ② 14 예 추석날 아침에 조상들께 음식을 올리고 차례를 지낸다. 15 (1)-ⓒ (2)-ⓔ (3)-㉠ (4)-ⓒ 16 ② 17 ① 18 ⑤ 19 ⑤ 20 (2) ○

풀이

1 산, 들, 하천, 바다 등은 땅의 생김새이고, 눈은 날씨에 영향을 주는 자연환경입니다.

2 고장 사람들은 산에 공원이나 등산로를 만들어 이용하고 있습니다.

> **다시 한 번 확인해요!**
>
> 고장 사람들이 자연환경을 이용하는 모습
> • 산: 공원이나 등산로를 만들어 이용합니다.
> • 들: 농사를 짓거나 도로와 주택 등을 만듭니다.
> • 하천: 하천의 물을 생활용수와 공업용수로 이용하고 주변에 공원을 만들어 이용하기도 합니다.
> • 바다: 바다에서 물고기를 잡거나 염전을 만들어 소금을 얻습니다.

3 기온은 공기의 온도를 뜻하고, 강수량은 일정한 곳에 일정 기간 내린 눈과 비 등의 물의 양을 뜻합니다.

4 경상북도 포항시의 평균 기온과 평균 강수량이 가장 높고 많은 달은 7월입니다.

5 '겨울 날씨 좋은 건 못 믿는다.'는 겨울 날씨는 변화가 심해 믿기 어렵다는 뜻입니다.

6 바다가 있는 고장에 사는 사람들은 물고기를 잡거나 김과 미역을 기르는 일을 하고, 식당이나 숙박 시설을 운영하기도 하며, 물고기를 잡는 기구를 팔거나 수리하는 일을 합니다.

7 여가 생활은 스스로 즐거움을 얻고자 남는 시간에 하는 등산, 낚시, 영화 감상, 책 읽기 등의 활동을 말합니다.

8 의식주 가운데 덥거나 추운 날씨로부터 몸을 보호하기 위해서 필요한 것은 의(옷)입니다.

9 터돋움집은 여름철에 홍수로 집이 물에 잠길 위험이 있는 고장에서 땅 위에 터를 돋우어 높은 곳에 지었던 집입니다.

10 돌을 깨뜨려서 도구를 만들었던 옛날 사람들은 자연에서 얻은 돌과 나무를 생활 도구로 사용했습니다.

11 농사 도구를 만드는 재료는 돌에서 철로, 철에서 가축을 이용하는 것으로, 가축을 이용하는 것에서 기계로 바뀌었습니다.

> **다시 한 번 확인해요!**
>
> 농사짓는 도구의 발달
> • 땅을 가는 도구: 돌괭이 → 철로 만든 괭이 → 쟁기 → 트랙터
> • 곡식을 수확하는 도구: 반달 돌칼 → 철로 만든 낫 → 탈곡기 → 수확기(콤바인)

12 옛날 사람들은 식물의 줄기를 얇게 뜯어 가락바퀴에 꽂은 막대기에 꼬아서 실을 만들었습니다.

13 사람들은 농사짓기를 시작하면서 한곳에 모여 땅을 파고 기둥을 세워서 만든 움집을 짓고 살았습니다.

14 추석에는 송편을 만들어 먹고, 할아버지 산소에 성묘를 하기도 합니다.

15 날씨가 더운 삼복에는 더위를 이겨 낼 수 있도록 영양이 풍부한 닭백숙을 먹었고, 동지에는 나쁜 기운을 쫓는 의미로 팥죽을 만들어 먹었습니다.

16 가마는 옛날 결혼식에서 신부가 탔던 이동 도구입니다.

> **다시 한 번 확인해요!**
>
> 오늘날의 결혼식 모습
> • 신랑은 턱시도를 입고, 신부는 웨딩드레스를 입습니다.
> • 결혼은 주로 결혼식장에서 합니다.
> • 주례는 결혼식에서 신랑, 신부에게 도움이 되는 이야기를 하고 결혼 선서 등을 진행합니다.
> • 결혼식을 마친 후 폐백실에서 신랑, 신부 양쪽 집안 어른들께 폐백을 드립니다.

17 옛날에는 신랑의 집에서 신랑의 부모님께 폐백을 드렸지만, 오늘날에는 결혼식장의 폐백실에서 신랑과 신부의 부모님께 폐백을 드립니다.

18 옛날에는 주로 농사를 지어 일손이 많이 필요했기 때문에 확대 가족이 대부분이었습니다.

19 옛날에는 집안일은 주로 여자가 하고 바깥일은 남자가 하는 등 가족 구성원의 역할이 구분되어 있었습니다.

20 (1)은 자녀 입양을 통해 만들어진 입양 가족이고, (2)는 부모님이 재혼하면서 만들어진 재혼 가족입니다.

1 ⓒ   2 ④   3 ④   4 비가 거의 내리지 않는다. 물과 먹이가 부족하다. 낮에는 덥고 밤에는 매우 춥다.   5 ⑤   6 ⑤   7 ②   8 ②   9 강 상류에서는 침식 작용이 활발하게 일어나고, 강 하류에서는 퇴적 작용이 활발하게 일어난다.   10 ④   11 ①   12 ⑤   13 ②   14 ④   15 ②, ⑤   16 ⓒ   17 ㉠, ㉡   18 작은, 큰   19 (1) ◯ (2) ◯ (3) ✕ (4) ✕   20 ㉡

풀이

1 ㉠은 스스로 해결하기 어려운 검증 불가능한 탐구 문제이고, ㉡은 이미 답을 알고 있는 탐구 문제입니다.

2 공벌레는 건드리면 몸을 둥글게 만드는 특징이 있습니다.

3 비둘기와 참새는 더듬이가 없고, 달팽이, 잠자리는 더듬이가 있습니다.

다시 한 번 확인해요!

우리 주변에 사는 동물의 특징
- 꿀벌: 투명한 날개가 있어 날 수 있고 다리가 세 쌍이며, 꽃에 있는 꿀을 먹습니다.
- 까치: 날개가 있어 날 수 있고, 몸이 검은색과 하얀색 깃털로 덮여 있습니다.
- 개미: 다리가 세 쌍이고 걸어 다니며, 몸이 전체적으로 검은색이고 머리, 가슴, 배로 구분됩니다.
- 잠자리: 날아다니고, 날개는 두 쌍이며 다리는 세 쌍입니다.

4 사막에서 사는 동물들입니다. 사막은 모래바람이 심하게 불고, 비가 거의 내리지 않아 물이 부족합니다.

5 배 발을 이용하여 바닥을 기어 다니는 동물에는 다슬기, 전복 등이 있습니다.

6 두 쌍의 날개로 날아다니는 동물은 곤충입니다. 까치는 한 쌍의 날개로 날아다니는 새입니다.

7 얼음 설탕을 플라스틱 통에 넣고 흔들면 얼음 설탕이 작게 부서지는 것은 자연에서 바위나 돌이 작게 부서져 흙이 되는 과정을 의미합니다.

8 운동장 흙은 잘 뭉쳐지지 않습니다.

9 강 상류는 강의 경사가 급해 물의 흐름이 빠르기 때문에 침식 작용이 활발하게 일어나고, 강 하류는 강의 경사가 완만해 물의 흐름이 느리기 때문에 퇴적 작용이 활발하게 일어납니다.

10 ㉠은 바닷물의 침식 작용, ㉡은 바닷물의 퇴적 작용으로 만들어진 지형입니다.

11 물이 흐르는 것은 흙과 관련이 없습니다.

12 나무 막대는 모양이 변하지 않지만 물과 공기는 모양이 변합니다.

13 가위, 축구공, 색종이, 유리구슬은 고체이고, 주스는 액체입니다.

14 공기는 눈에 보이지 않지만 바람이 부는 것, 풍선을 부풀게 하는 것 등으로 공기가 있다는 것을 알 수 있습니다.

15 당겨 놓은 피스톤을 밀면 코끼리 나팔이 길게 펼쳐지고, 밀었던 피스톤을 다시 당기면 코끼리 나팔이 말립니다. 공기가 이동하는 모습을 볼 수 있습니다.

다시 한 번 확인해요!

코끼리 나팔과 주사기를 비닐관으로 연결한 뒤 주사기의 피스톤을 밀거나 당겼을 때 나타나는 변화

▲ 주사기의 피스톤을 밀었을 때   ▲ 주사기의 피스톤을 다시 당겼을 때

16 공기도 무게가 있기 때문에 공기 주입 마개를 많이 누를수록 공기가 더 많이 들어가 무겁습니다.

17 물체에서 소리가 날 때 물체가 떨립니다.

18 작은북을 약하게 치면 북이 작게 떨리면서 좁쌀이 낮게 튀어 오르고 작은 소리가 납니다. 작은북을 세게 치면 작은북이 크게 떨리면서 좁쌀이 높게 튀어 오르고 큰 소리가 납니다.

19 실이 짧고 두꺼울수록, 실이 팽팽할수록 실 전화기의 소리가 더 잘 들립니다. 실을 손으로 잡을 때보다 잡지 않을 때 소리가 더 잘 들립니다.

20 소리는 딱딱한 물체에서는 잘 반사되지만, 부드러운 물체에서는 잘 반사되지 않기 때문에 스타이로폼판보다 나무판을 이용하였을 때 더 큰 소리를 들을 수 있습니다.

국어 2회 142~145쪽

1 ① 2 슬기 3 셋째, 갯벌은 육지에서 나오는 오염 물질을 분해해 좋은 환경을 만듭니다. 4 ⑤ 5 갯벌 6 ② 7 이번∨가을에만∨두∨번째네. 8 ①, ②, ⑤ 9 ③, ④, ⑤ 10 ③ 11 ⑤ 12 ① 13 ⓔ "네, 전해 드릴게요. 할머니, 혹시 더 하실 말씀 있으세요?" 14 ⓔ 수업이 끝나고 집으로 가는 길에 수호네 강아지 털을 쓰다듬어 주었다. 15 ⓔ 자랑스러운 마음 ➡ ⓔ 행복한 마음 16 ⓔ 규리야, 나도 강아지랑 놀 때 기분 이 좋았어. 17 ① 18 직업 체험관 19 ③ 20 ⑤

풀이

1 사과할 때에는 화를 내거나 약을 올리는 것이 아니라 진 지하게 말해야 합니다.

2 주현이는 만화 영화의 등장인물, 예리는 경험에 대해 말 했습니다.

3 이 문단의 전체 내용을 대표하는 중심 문장은 첫 번째 문장입니다.

4 이 글은 갯벌을 보존해야 하는 까닭에 대해 말하고 있습 니다.

5 소중한 갯벌을 보존해야 한다는 것을 말하고 있습니다.

6 동생 주혁이가 아팠던 일을 쓴 글입니다.

7 낱말과 낱말 사이는 띄어 쓰고, 단위를 나타내는 말과 수를 나타내는 말 사이는 띄어 씁니다.

8 잘못된 표현이나 띄어쓰기는 글을 쓴 뒤에 고쳐쓰기 단 계에서 할 일입니다.

> **다시 한 번 확인해요!**
>
> 인상 깊은 일을 글로 쓰는 방법
> • 겪은 일 가운데에서 어떤 일을 글로 쓸지 정합니다.
> • 쓸 내용을 정리합니다.
> • 글을 씁니다.
> • 고쳐쓰기를 합니다.

9 '내' 몸에 불덩이, 몹시 추운 사람, 거북이, 잠꾸러기가 들어왔다고 했습니다.

10 감기약을 먹고 졸린 상태를 '까무룩, / 잠꾸러기도 들어 왔다'라고 표현했습니다.

11 전화를 건 지수가 자기가 할 말만 계속 해서 전화를 받 은 여자아이가 '지수에게 내 생각을 언제 말하지?'라고 생각했습니다.

12 할머니께서 하실 말씀이 남아 있는데 남자아이가 그것 을 듣지 않고 갑자기 전화를 끊어서 할머니께서 당황스 러울 것입니다.

13 할머니의 말씀을 끝까지 듣고 더 하실 말씀이 있는지 여 쭈어 봅니다.

> **다시 한 번 확인해요!**
>
> 전화 대화의 특징
> • 전화를 거는 사람과 받는 사람이 있습니다.
> • '여보세요?' 처럼 자주 사용하는 말이 있습니다.
> • 듣고 있음을 나타내는 말을 해야 합니다.
> • 상대가 상황을 볼 수 없기 때문에 정확하고 구체적으로 표현합니다.
> • 직접 만나지 않아도 소식을 전할 수 있습니다.

14 언제 어디에서 어떤 일을 했는지 간추려 봅니다.

15 음악 시간에는 진호에게 리코더 연주 방법을 가르쳐 주 어 자랑스러운 마음이 들었을 것이고, 집으로 가는 길에 수호네 강아지를 만나서 행복한 마음이었을 것입니다.

16 행복한 마음이 들었던 경험을 떠올려 봅니다.

17 '책 보여 주며 말하기'의 방법으로 책을 소개하는 방법입 니다.

> **다시 한 번 확인해요!**
>
> 책을 소개하는 여러 가지 방법
> • 책 보여 주며 말하기
> • 노랫말을 바꾸어 소개하기
> • 새롭게 안 내용을 그림으로 보여 주며 소개하기
> • 책갈피를 만들어 소개하기
> • 책 보물 상자를 만들어 소개하기

18 반 친구들과 직업 체험관에 가서 모둠별로 체험학습을 하고 나서 쓴 글입니다.

19 '열 시, 열한 시'는 시간 흐름을 알 수 있는 부분, '소품 설계관, 제빵 학원'은 장소 변화를 알 수 있는 부분입 니다.

20 호랑이의 급한 성격과 답답한 마음에 어울리는 표정, 몸 짓, 말투를 찾아봅니다.

1 (위에서부터) 344, 989, 2322 **2** 4, 5, 6, 7, 8, 9 **3** 2400 **4** (1) 14…0 (2) 79…4 **5** ㉡, ㉠, ㉣, ㉢ **6** 48, 16 **7** ⑩ 6×▲=1□이어야 합니다. 6×2=12, 6×3=18이므로 □ 안에 2, 8을 넣으면 나누어떨어집니다. 따라서 □ 안에 들어갈 수 있는 수는 모두 2개입니다. ; 2개 **8** 5 cm **9** 5군데 **10** 36 cm **11** (1) ㉡ (2) ㉢ **12** $\frac{1}{5}, \frac{2}{5}, \frac{3}{5}, \frac{4}{5}$ **13** $3\frac{1}{6}$ **14** ⑩ $\frac{11}{4}=2\frac{3}{4}>2\frac{□}{4}$이므로 □ 안에 들어갈 수 있는 수는 3보다 작은 1, 2입니다. ; 1, 2 **15** 500, 2 **16** ② **17** ㉡, ㉢, ㉠ **18** 18상자 **19** 장미 마을 **20** 7상자

풀이

1
$$\begin{array}{r} \overset{2}{8} \\ \times\ 43 \\ \hline 344 \end{array} \qquad \begin{array}{r} 23 \\ \times\ 43 \\ \hline 69 \\ 92\ \\ \hline 989 \end{array} \qquad \begin{array}{r} 54 \\ \times\ 43 \\ \hline 162 \\ 216\ \\ \hline 2322 \end{array}$$

2 254×3=762, 254×4=1016이므로 □ 안에는 3보다 큰 수가 들어갈 수 있습니다.

3 ㉠은 96이고, ㉡은 25입니다.
➡ ㉠×㉡=96×25=2400입니다.

4 (1)
$$\begin{array}{r} 14 \\ 3\overline{)42} \\ 3\ \ \\ \hline 12 \\ 12 \\ \hline 0 \end{array}$$
(2)
$$\begin{array}{r} 79 \\ 6\overline{)478} \\ 42\ \ \\ \hline 58 \\ 54 \\ \hline 4 \end{array}$$

5 ㉠ 53÷7=7…4 ㉡ 62÷9=6…8 ㉢ 42÷4=10…2 ㉣ 87÷6=14…3

6
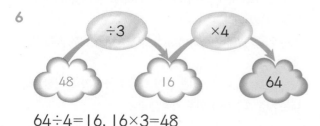
64÷4=16, 16×3=48

7
$$\begin{array}{r} 1\ ▲ \\ 6\overline{)7\ □} \\ 6\ \ \\ \hline 1\ □ \\ 1\ □ \\ \hline 0 \end{array}$$

8 지름이 10 cm이므로 반지름은 지름의 반인 10÷2=5 (cm)입니다.

9
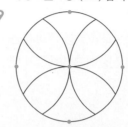
원의 중심이 되는 곳을 찾으면 5군데입니다.

10 큰 원의 지름은 작은 원의 지름의 3배입니다.
작은 원의 지름은 6×2=12 (cm)이므로 큰 원의 지름은 12×3=36 (cm)입니다.

11 (1) 25의 $\frac{2}{5}$는 10입니다. (2) 35의 $\frac{3}{7}$은 15입니다.

12 진분수는 분자가 분모보다 작아야 합니다.

13 $3+\frac{1}{6}=3\frac{1}{6}$입니다.

15
$$\begin{array}{r} \overset{6}{\cancel{7}}\ \text{L}\ \overset{1000}{\ }300\ \text{mL} \\ -\ 4\ \text{L}\ 500\ \text{mL} \\ \hline 2\ \text{L}\ 800\ \text{mL} \end{array}$$
1 L=1000 mL임을 이용하여 받아내림합니다.
1000 mL+300 mL−□ mL=800 mL에서 □=500입니다.

16 ① 5 kg=5000 g
③ 2400 g=2 kg 400 g
④ 1805 mL=1 L 805 mL
⑤ 3 L 250 mL=3250 mL

17 ㉠ 4 kg 900 g ㉡ 5 kg 100 g ㉢ 5 kg
➡ ㉡>㉢>㉠

18 10상자 모양이 1개, 1상자 모양이 8개이므로 18상자입니다.

19 진달래 마을 36상자, 백합 마을 18상자, 동백 마을 43상자, 장미 마을 51상자입니다.

20 진달래 마을은 36상자, 동백 마을은 43상자이므로 차는 43−36=7(상자)입니다.

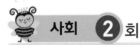

사회 2회
149~151쪽

1 ㉠ 자연환경 ㉡ 인문환경 2 ⑤ 3 1 4 ③, ⑤
5 ② 6 ② 7 예 주변의 넓은 들과 산에서 쌀과 채소를 쉽게 구할 수 있을 뿐만 아니라 장맛이 좋기 때문이다. 8 ② 9 빗살무늬 토기 10 ③ 11 ④ 12 풀, 짚, 나무 13 ③ 14 (1) 한식 (2) 예 한 해 농사가 잘되기를 기원하기 위해서이다. 15 ③ 16 ㉡, ㉢, ㉠, ㉢ 17 ④ 18 예 남녀 모두 교육 받을 기회가 동등해졌기 때문이다. 여성의 사회 진출이 활발해졌기 때문이다. 19 ① 20 ③

풀이

1 자연환경은 사람이 만든 것이 아닌 자연 그대로의 것이고, 인문환경은 자연환경을 이용해 사람들이 만든 환경입니다.

2 고장 사람들은 바다에서 물고기를 잡거나 염전을 만들어 소금을 얻습니다.

3 전주시에서 기온이 가장 높은 달은 7월이고, 기온이 가장 낮은 달은 1월입니다.

4 고장 사람들은 여름에 더위를 이겨 내기 위해 에어컨과 선풍기를 사용합니다.

5 김과 미역을 기르는 양식업은 바다가 있는 고장에 사는 사람들이 주로 하는 일입니다.

다시 한 번 확인해요!

각 고장에 사는 사람들이 하는 일

- 바다가 있는 고장
  - 주로 물고기를 잡거나 김과 미역을 기르는 일을 합니다.
  - 물고기를 잡는 기구를 팔거나 수리하는 일을 합니다.
- 논과 밭이 있는 고장
  - 주로 곡식과 채소 등을 재배합니다.
  - 가축을 기르는 일, 농기계를 팔거나 수리하는 일을 합니다.
- 산이 많은 고장
  - 산비탈에 논과 밭을 만들어 벼와 채소를 재배합니다.
  - 목장에서 소를 키우고, 버섯을 기르기도 합니다.

6 밥과 과일은 식생활에 속하고, 한옥과 아파트는 주생활에 속합니다.

8 산간 지역과 같이 나무를 쉽게 구할 수 있는 고장에서는 나뭇조각으로 지붕을 얹은 너와집을 지었습니다.

9 신석기 시대의 사람들은 음식을 토기에 담아 보관했습니다.

10 철로 만든 도구가 등장하면서 농업이 크게 발달하였고, 철로 만든 무기를 가진 사람들은 전쟁에서 쉽게 이길 수 있었습니다.

11 토기, 시루, 가마솥, 전기밥솥은 음식을 만드는 도구이고 가락바퀴는 옷을 만드는 도구입니다.

12 제시된 움집은 땅을 파고 기둥을 세운 후 비바람을 막으려고 그 위에 풀과 짚을 덮어 만들었습니다.

13 매년 같은 시기에 반복되는 날을 '세시'라고 합니다. 대표적인 세시에는 명절이 있습니다.

14 불을 사용하지 않고 찬 음식을 먹는 풍속이 있는 '한식'에는 한 해 농사가 잘되기를 기원하며 조상들의 산소에 성묘를 했습니다.

15 추석에는 한 해 동안 농사지은 곡식과 과일을 수확하고 조상들께 감사의 의미로 차례를 지내고 성묘를 했습니다.

16 옛날의 결혼식은 ㉡, ㉢, ㉠, ㉢의 순서로 치러졌습니다.

17 옛날에는 주로 농사를 지어 일손이 많이 필요했기 때문에 자녀가 결혼한 후에도 부모와 함께 사는 경우가 많았습니다.

18 이밖에도 오늘날에는 남녀 평등 의식이 높아지고, 핵가족이 증가했기 때문에 옛날과 달리 가족 구성원의 역할이 변화하였습니다.

19 가족 간의 갈등을 해결하기 위해서는 갈등을 피하려고만 하지 말고 대화를 하면서 서로의 생각을 이해하는 자세가 필요합니다.

20 주은이와 할아버지, 할머니가 함께 사는 조손 가족의 모습입니다.

다시 한 번 확인해요!

주변에서 볼 수 있는 다양한 가족

- 한 부모 가족: 엄마와 아빠 중에서 어느 한 분과 자녀가 함께 사는 가족입니다.
- 다문화 가족: 국적과 문화가 다른 남녀가 만나 결혼을 하여 이룬 가족입니다.
- 조손 가족: 할머니, 할아버지가 손자, 손녀와 함께 사는 가족입니다.
- 재혼 가족: 사망이나 이혼 같은 이유로 부부가 헤어진 뒤 다른 사람과 결혼해 이룬 가족입니다.

과학 2 회

1 ① 2 ④ 3 ① 4 땅 위와 땅속을 오가며 산다.
5 ④ 6 ③ 7 ③ 8 ④ 9 강 상류 10 석주 11
② 12 물은 담는 그릇이 달라져도 부피는 변하지 않
기 때문이다. 13 ㉠ 14 ④, ⑤ 15 ④ 16 민수
17 ④ 18 높은, 낮은 19 ⑤ 20 소리가 나아가다
가 물체에 부딪쳐 되돌아오는 성질이다.

 풀이

1 탐구 문제를 정한 후에 탐구 계획을 세워야 합니다. 탐
구 계획을 세울 때는 어떤 순서로 탐구하고 어떤 준비물
이 필요한지 생각해야 합니다.

2 꿀벌은 다리가 세 쌍입니다.

3 뱀, 참새, 개구리는 알을 낳는 동물이고, 다람쥐, 고양
이, 소는 새끼를 낳는 동물입니다.

4 뱀이나 개미는 땅 위와 땅속을 오가며 삽니다.

▲ 뱀

▲ 개미

5 ①과 ②는 낙타, ③은 뱀, ⑤는 전갈의 특징입니다.

6 물방개는 털이 나 있는 뒷다리로 물속에서 헤엄쳐서 이
동합니다. 붕어, 오징어, 고등어는 지느러미로 헤엄을
치고, 전복은 배 발을 이용하여 기어 다닙니다.

7 얼음 설탕이 들어 있는 플라스틱 통을 흔드는 것은 자연
에서 물이나 나무뿌리가 돌, 바위와 같이 큰 덩어리를
작은 알갱이로 부수는 것과 비교할 수 있습니다.

다시 한 번 확인해요!

바위나 돌이 흙으로 만들어지는 과정
• 오랜 시간에 걸쳐 물이나 나무뿌리 등에 의해서 바위가 부
서집니다.
• 작게 부서진 알갱이와 생물이 썩어 생긴 물질들이 섞여서
흙이 됩니다.

8 운동장 흙의 알갱이의 크기가 화단 흙보다 크기 때문에
운동장 흙에서 물이 더 많이 빠져 나옵니다.

9 강 상류에서는 바위를 많이 볼 수 있고, 강 하류에서는
모래를 많이 볼 수 있습니다. 강 상류는 강 하류보다 강
폭이 좁고, 강의 경사가 급합니다.

10 바닷물의 침식 작용으로 만들어진 지형입니다.

11 나무 막대가 손으로 잡을 수 없거나 놓는 위치에 따라
모양이 변한다면 기둥으로 쌓아 올릴 수 없습니다.

12 물의 모양은 담는 그릇의 모양에 따라 달라집니다.

13 바닥에 구멍이 뚫리지 않은 경우 컵 안에 있는 공기가
공간을 차지하고 있기 때문에 컵 안으로 물이 들어오지
못하여 페트병 뚜껑이 바닥으로 내려갑니다.

14 밖에 있던 공기가 공기 주입기를 통해 풍선 안으로 이동
하듯이 공기는 다른 곳으로 이동할 수 있습니다.

15 공기도 무게가 있기 때문에 공기 주입 마개를 여러 번
눌러 공기를 넣으면 페트병의 무게가 더 무거워집니다.

16 소리는 물체가 떨면서 나기 때문에 소리가 나는 물체
를 손으로 세게 잡으면 떨림이 멈춰 소리가 나지 않게
됩니다.

17 북을 세게 치면 큰 소리가 나고, 북을 약하게 치면 작은
소리가 납니다.

다시 한 번 확인해요!

작은북으로 소리의 세기 비교하기
• 작은북을 북채로 약하게 칠 때: 북이 작게 떨리면서 좁쌀이
낮게 튀어 오릅니다.
• 작은북을 북채로 세게 칠 때: 북이 크게 떨리면서 좁쌀이
높게 튀어 오릅니다.

18 팬 플루트는 관의 길이에 따라 소리의 높낮이가 달라집
니다. 짧은 관을 불면 높은 소리가 나고 긴 관을 불면 낮
은 소리가 납니다. 실로폰도 음판의 길이가 짧으면 높은
소리가 나고, 음판의 길이가 길면 낮은 소리가 납니다.
악기는 소리의 높낮이나 소리의 세기를 이용해 아름다
운 음악을 연주하도록 만들어진 도구입니다.

19 실 전화기의 한쪽 종이컵에 입을 대고 소리를 내면 실의
떨림으로 소리가 전달되어 다른 쪽 종이컵에서 소리를
들을 수 있습니다.

20 소리는 부드러운 물체보다 딱딱한 물체에서 잘 반사되는
성질이 있습니다. 우리 생활에서 소리가 반사되는 경우는
암벽으로 된 산에서 소리가 반사되어 메아리가 들릴 때,
목욕탕이나 동굴에서 소리가 울릴 때 등이 있습니다.

국어 3회 155~158쪽

1 ⑤ 2 ⑤ 3 예 속상한 마음 4 (2) ○ 5 ③, ④, ⑤
6 예 도자기 만들기 체험을 한 일 7 ④ 8 ⑤ 9 ⑤
10 ② 11 (2) ○ 12 ⑤ 13 ③ 14 (1) ㉮ (2) ㉣
15 (1) ㉮ (2) ㉯ 16 ④ 17 고창 18 ③ 19 ③, ④
20 ②

풀이

1 고마운 마음을 전할 때의 표정, 몸짓, 말투를 생각해 봅니다.

> **다시 한 번 확인해요!**
>
> 알맞은 표정, 몸짓, 말투를 생각하며 대화를 나눌 때의 좋은 점
> • 자신의 생각을 효과적으로 전달할 수 있습니다.
> • 상대가 생생함을 느낄 수 있습니다.

2 표정, 몸짓, 말투에 주의하며 만화 영화를 보면 내용을 이해하는 데 도움이 되고, 재미를 느낄 수 있습니다.

3 미미는 자신을 자두 동생이라고 불러서 속상할 것입니다.

4 닭싸움 놀이를 한 경험이나 책에서 읽었던 내용과 관련 지으며 읽습니다.

5 닭싸움 놀이의 다른 이름은 '외발 싸움', '깨금발 싸움', '무릎 싸움'입니다.

6 가장 기억에 남는 일을 떠올려 봅니다.

7 고쳐쓰기는 글을 다 쓴 뒤에 할 일입니다.

> **다시 한 번 확인해요!**
>
> 자신이 쓴 글을 고쳐 쓰기
> • 자신이 쓴 글의 내용이나 표현에서 고치고 싶은 부분을 생각해서 고칩니다.
> • 어떤 생각이나 느낌이 들었는지를 생각해서 고쳐 씁니다.
> • 있었던 일을 자세히 썼는지 확인해서 고쳐 씁니다.
> • 친구들이 이해하기 쉽고 재미있는 표현을 많이 썼는지 점검하여 고쳐 씁니다.

8 감기 걸린 상태를 감각적 표현을 사용해 표현한 시입니다.

9 감기약을 먹고 몸이 무거워진 상태를 '내' 몸에 거북이가 들어왔다고 했습니다.

10 느린 거북이의 움직임을 나타내는 흉내 내는 말로는 '느릿느릿'이 어울립니다.

> **다시 한 번 확인해요!**
>
> 대상의 느낌을 표현하는 방법
> • 소리나 모양을 흉내 내는 말을 사용하여 표현하기
> • 대상을 다른 대상에 빗대어 표현하기
> • 대상을 노래하듯이 표현하기

11 전화로 대화를 할 때에는 상대의 말을 끝까지 들어야 합니다.

12 유진이가 지키지 않은 전화 대화 예절은 ㉤으로, 상대의 말을 끝까지 듣고 공손하게 말해야 합니다.

13 전화로 대화할 때에는 볼 수 없으므로 더 정확하고 구체적으로 말해야 합니다.

14 현장 체험학습을 갈 때, 친구가 아플 때의 마음을 생각해 봅니다.

15 현장 체험학습을 갈 때 기쁜 마음, 친구가 아플 때 걱정스러운 마음일 것입니다.

16 미국 국기에 대한 내용이므로 미국 국기를 보여 주어야 알맞습니다.

▲미국 국기

17 고창을 여행하고 쓴 글입니다.

18 장소 변화에 따라 사건이 달라지는 이야기는 어떤 장소에서 어떤 일이 일어났는지 생각하며 간추립니다.

19 호랑이는 자신을 구해 준 나그네를 잡아먹으려고 했습니다.

20 약속을 지키지 않고 자신을 잡아먹으려고 해서 억울한 마음이었을 것입니다.

> **다시 한 번 확인해요!**
>
> 『주말 여행』에서 장소 변화에 따라 한 일 간추리기
>
> | 장소 | 고인돌 박물관 | 동림 저수지 | 선운사 |
> |---|---|---|---|
> | 한 일 | 고인돌의 역사를 알았다. | 가창오리들을 구경했다. | 아름다운 동백나무 숲을 보았다. |

1 (1) ⓒ (2) ⓒ (3) ㉠　**2** 1020개　**3** ⓒ　**4** ㉠ 9 ⓒ 6
5 ④, ⑤　**6** 9봉지　**7** 144 cm　**8** 14 cm　**9** 풀이
참조　**10** 예 가장 큰 원의 지름은 가장 작은 원의 지름
과 두 번째 작은 원의 지름의 합입니다. 가장 작은 원의
지름은 5 cm이고, 두 번째 작은 원의 지름은 3×2=6
(cm)이므로 가장 큰 원의 지름은 5+6=11 (cm)입니
다. ; 11 cm　**11** 5개　**12** $3\frac{8}{9}$　**13** 예 $2\frac{1}{7}=\frac{15}{7}$

이고 $\frac{16}{7}>\frac{15}{7}$이므로 미나가 가지고 있는 끈이 더

깁니다. ; 미나　**14** ⑤　**15** 2 L 100 mL　**16** ㉠, ⓒ,
ⓒ　**17** 4 kg 200 g　**18** 230 kg　**19** 나, 다, 라, 가
20 100 kg ; 10 kg

풀이

1 (1) 235×6=1410
　(2) 48×30=1440
　(3) 26×52=1352

2 (전체 사탕 수)
　=(한 봉지에 들어 있는 사탕 수)×(봉지 수)
　=34×30=1020(개)

3 ㉠ 5×86=430
　ⓒ 32×29=928
　ⓒ 14×42=588
　㉣ 265×3=795

4 가장 큰 수와 두 번째 큰 수를 ㉠, ⓒ에 각각 넣어보면
　9×86=774, 6×89=534이므로 ㉠에 9, ⓒ에 6
　을 넣었을 때 곱이 가장 큰 곱셈식이 됩니다.

5 나머지는 나누는 수인 6보다 작아야 합니다.

6 78÷8=9…6이므로 빵은 9봉지 팔 수 있고, 6개가
　남습니다.

7 작은 정사각형의 한 변의 길이는 96÷8=12 (cm)이
　므로 나 도형의 한 변의 길이는 12×3=36 (cm), 파
　란색 선의 길이는 36×4=144 (cm)입니다.

8 한 원에서 지름은 반지름의 2배이므로
　7×2=14 (cm)입니다.

9

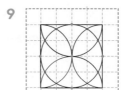

원의 중심이 되는 곳을 찾아서 표시
하면 5군데입니다.

11 $\frac{6}{11}$, $\frac{7}{11}$, $\frac{8}{11}$, $\frac{9}{11}$, $\frac{10}{11}$의 5개입니다.

12 $\frac{35}{9}=\frac{27}{9}+\frac{8}{9}=3+\frac{8}{9}=3\frac{8}{9}$

14 그릇으로 부은 횟수가 적을수록 그릇의 들이가 많습
　니다.

15 1 L 200 mL+900 mL
　=1 L 1100 mL=2 L 100 mL

다시 한 번 확인해요!

받아올림이 있는 들이의 덧셈
• mL끼리의 합이 1000보다 크거나 같으면 1000 mL
　를 1 L로 받아올림합니다.

받아내림이 있는 들이의 뺄셈
• mL끼리 뺄 수 없을 때에는 1 L를 1000 mL로 받아내
　림합니다.

$$
\begin{array}{r}
1\text{ L} \quad 700\text{ mL} \\
+2\text{ L} \quad 500\text{ mL} \\
\hline
3\text{ L} \quad 1200\text{ mL} \\
1\text{ L} \leftarrow 1000\text{ mL} \\
\hline
4\text{ L} \quad 200\text{ mL}
\end{array}
\qquad
\begin{array}{r}
\overset{4}{5}\text{ L} \quad \overset{1000}{200}\text{ mL} \\
-3\text{ L} \quad 600\text{ mL} \\
\hline
1\text{ L} \quad 600\text{ mL}
\end{array}
$$

16 ⓒ 7030 g=7 kg 30 g
➡ 7 kg<7030 g<7 kg 300 g

17 (상훈이의 책가방의 무게)
　=(성미의 책가방의 무게)+1 kg 400 g
　=2 kg 800 g+1 kg 400 g
　=3 kg 1200 g=4 kg 200 g

18 (라 마을의 쌀 생산량)
　=1140-180-420-310=230 (kg)

다시 한 번 확인해요!

표와 그림그래프의 장단점
① 표는 각각의 수와 합계를 쉽게 알 수 있습니다.
② 그림그래프는 각각의 자료의 수와 크기를 쉽게 비교할
　수 있습니다.

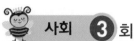 **사회 3 회** 162~164쪽

1 ② 2 (1) ○ 3 예 여름에는 덥고 비가 많이 오며, 겨울에는 춥고 눈이 내리기도 한다. 4 ② 5 ③ 6 ③ 7 ⑤ 8 생선 9 ⑤ 10 청동 11 시루 12 귀틀집 13 ③ 14 ④ 15 ② 16 ① 17 (1) 말 (2) 가마 18 ⑤ 19 예 자녀가 엄마 나라와 아빠 나라의 서로 다른 문화와 말을 이해하고 배우면서 자랄 수 있다. 20 ①

풀이

1 들은 자연환경 중에서 땅의 생김새이고, 나머지는 날씨에 영향을 주는 자연환경입니다.

다시 한 번 확인해요!

자연환경과 인문환경
• 자연환경: 땅의 생김새나 날씨 등 자연적으로 만들어진 환경을 말합니다.
• 인문환경: 인간이 자연을 토대로 만들어 낸 환경을 말합니다.

2 고장 사람들은 들을 이용하여 농사를 짓거나, 도로와 주택 등을 만듭니다.

3 그래프를 보면 여름에는 기온이 높아 덥고 비가 많이 오는 반면, 겨울에는 기온이 낮아 춥고 강수량이 적다는 것을 알 수 있습니다.

4 가을에는 논과 밭에서 곡식이나 열매를 수확하고 단풍 구경을 갑니다.

다시 한 번 확인해요!

계절에 따른 고장 사람들의 생활 모습
• 봄: 주변의 산이나 공원으로 꽃구경을 갑니다.
• 여름: 더위를 피해 해수욕을 즐깁니다.
• 가을: 논과 밭에서 곡식이나 열매를 수확합니다.
• 겨울: 눈썰매장에서 신나게 썰매를 탑니다.

5 바다가 있는 고장에 사는 사람들은 주로 물고기를 잡거나 김과 미역을 기르는 일을 합니다.

6 (나)는 산이 많은 고장의 사람들이 버섯을 재배하는 모습입니다.

7 밥은 주생활, 옷과 신발은 의생활, 아파트는 주생활에 속합니다.

8 바다로 둘러싸인 고장에서는 생선을 이용한 음식이 발달했습니다.

9 돌을 깨뜨려서 도구를 만들던 시대에는 추위를 피하거나 동물들의 공격을 막기 위해서 주로 동굴이나 바위 그늘에서 살았습니다.

10 청동은 구리와 주석을 섞어 단단하게 만든 금속입니다.

11 옛날 사람들은 시루 바닥의 구멍으로 뜨거운 김이 올라오게 하여 시루 안의 음식을 익혀 먹었습니다.

12 귀틀집은 큰 통나무를 우물 정(井)자 모양으로 귀틀을 맞추어 층층이 얹고 그 틈을 진흙으로 메워 지은 집입니다.

13 우리 조상들은 여름철 가장 더운 시기인 삼복에 닭백숙이나 육개장처럼 영양이 풍부한 음식을 먹으면서 더위를 이겨 냈습니다.

14 일 년 중에 밤이 가장 긴 날인 동지에는 나쁜 기운을 쫓는 의미로 팥죽을 만들어 먹었습니다.

15 우리 조상들은 봄의 한식에는 농사가 잘되기를 기원하며 조상들의 산소에 성묘했습니다.

16 오늘날에는 옛날보다 농사를 짓는 사람들이 줄어들었고, 대부분의 사람들이 회사나 공장 등에서 일하기 때문에 날씨와 계절의 영향을 적게 받습니다.

다시 한 번 확인해요!

세시 풍속의 변화
• 오늘날에는 교통과 통신, 과학의 발달로 직업이 다양해지면서 세시 풍속의 모습이 많이 바뀌었습니다.
• 농사와 관련된 세시 풍속은 사라진 것이 많습니다.
• 대부분 설날이나 추석 같은 큰 명절을 중심으로 한 세시 풍속만 이어져 내려오고 있습니다.

17 신랑은 말을 타고 신부는 가마를 타고 신랑의 집으로 갔습니다.

18 옛날에 손자에게 글공부를 가르치는 일은 할아버지께서 하셨고, 할머니께서는 아이를 돌보고 집안일을 하셨습니다.

19 다문화 가족은 국적과 문화가 다른 남녀가 만나 구성된 가족입니다.

20 가족은 힘들 때 서로에게 가장 큰 도움을 주는 존재이며, 가족의 형태가 달라도 그들의 가정은 그 가족 구성원들에게 중요한 보금자리가 됩니다.

1 ⑤ 2 ① 3 ④ 4 서 있거나 이동할 때 한 번에 두 발씩 번갈아가며 들어 올려 발을 식힌다. 5 아가미 6 수리 7 ③ 8 부식물 9 ⑤ 10 ④ 11 희경 12 담는 그릇에 따라 모양은 변하지만 부피는 변하지 않는다. 13 ① 14 (1)-㉠ (2)-㉡ 15 ③ 16 ② 17 (1) ○ (2) × (3) ○ (4) ○ 18 ②, ④ 19 소리는 액체를 통해 전달되기 때문이다. 20 ④

풀이

1 막대자석 두 개를 길게 이어 붙이면 막대자석 한 개보다 클립이 더 많이 붙지만 두 배만큼 많이 붙지는 않습니다.

2 개는 주로 집 주변 마당에서 볼 수 있는 동물입니다.

3 송사리는 물속에서 사는 동물입니다.

4 사막에 사는 도마뱀은 주변의 온도에 따라 체온이 변하기 때문에 낮에도 체온을 조절해 활동합니다.

▲ 도마뱀

5 붕어와 조개는 아가미가 있어서 물속에서 숨을 쉴 수 있습니다.

> **다시** 한 번 확인해요!
>
> **붕어와 같은 물고기가 물속에서 생활하기에 알맞은 점**
> • 지느러미가 있어서 헤엄을 잘 칠 수 있습니다.
> • 아가미가 있어서 물속에서 숨을 쉴 수 있습니다.
> • 몸이 부드러운 곡선 형태라서 물속에서 빨리 헤엄쳐 이동할 수 있습니다.

6 쓰레기를 잡아서 원하는 곳으로 옮기는 집게 차는 수리발의 특징을 활용해 만든 것입니다.

7 흙 알갱이의 무게는 흙의 특징이 아닙니다.

8 화단 흙은 운동장 흙보다 부식물이 많기 때문에 식물이 잘 자랍니다. 부식물은 식물이 잘 자라는 데 도움을 줍니다.

9 흙 언덕 위쪽에 물을 뿌리면, 흐르는 물에 의해 흙 언덕 위쪽에 있는 흙이 깎이고 아래쪽으로 떠내려와 쌓이게 됩니다.

10 ㉠은 강 상류, ㉡은 강 하류입니다. 강 상류는 강 하류보다 강폭이 좁고 강의 경사가 급하며, 퇴적 작용보다 침식 작용이 활발하게 일어납니다. 강 하류는 침식 작용보다 퇴적 작용이 활발하게 일어납니다.

11 나무 막대는 고체이며, 흘러내려서 손으로 전달하기 어려운 것은 액체의 성질입니다.

> **다시** 한 번 확인해요!
>
> **고체의 특징**
> • 눈으로 볼 수 있고, 손으로 잡을 수 있습니다.
> • 여러 가지 모양의 그릇에 넣어도 그릇의 모양과 관계없이 막대의 모양은 변하지 않습니다.
> • 막대가 차지하는 공간의 크기인 부피도 변하지 않습니다.

12 액체는 담는 그릇에 따라 모양은 변하지만 부피는 변하지 않습니다.

13 풍선과 풍선 미끄럼틀, 튜브에는 공기가 들어 있고, 부채질을 하면 공기가 이동하여 바람이 붑니다.

14 공기가 다른 곳으로 이동할 수 있는 성질을 알 수 있는 활동입니다.

15 물고기 배에는 고체, 액체, 기체가 이용되었고, 풍선 로켓에는 고체와 액체를 이용하였습니다.

16 소리가 나는 물체는 떨림이 있으며, 소리가 클수록 떨림이 큽니다. 소리가 나는 소리굽쇠를 물에 대면 소리굽쇠의 떨림 때문에 물이 튀는 현상이 나타납니다.

17 멀리 있는 친구를 부를 때, 응원을 할 때, 발표를 할 때에는 큰 소리를 내야 합니다. 도서관에서 친구와 이야기를 하고, 피아노로 조용한 곡을 연주할 때는 작은 소리를 내야 합니다.

18 실로폰의 짧은 음판을 치면 높은 소리가 나고, 긴 음판을 치면 낮은 소리가 납니다. 실로폰의 같은 음판을 세게 치면 더 큰 소리가 납니다.

19 소리는 고체, 액체, 기체와 같은 물질을 통해 전달되기 때문에 물속에서도 소리를 들을 수 있습니다.

20 공항에서는 비행기에 의해 소음이 발생하므로, 소리가 잘 전달되지 않도록 도시에서 멀리 떨어진 장소에 공항을 지어야 합니다.

1 지렁이 2 ② 3 ①, ③ 4 ⑤ 5 ⑩ 날씨를 나타내는 토박이말이 많이 있으니 알고 자주 사용하자. 6 (3) ○ 7 ⑤ 8 ⑩ 공처럼 둥그스름한 사과 / 달콤한 사과 9 ① 10 ④ 11 (1) ○ 12 (1) ㉺ (2) ㉴ 13 ⑩ 저는 예원이 친구 수진이예요. 예원이 좀 바꿔 주시겠어요? 14 ① 15 ③ 16 (1) ⑩ 속상하고 (2) ⑩ 미안했을 17 ⑤ 18 **가** 19 ④ 20 ③, ⑤

풀이

1 부벨라가 지렁이를 처음 만나는 장면입니다.

2 지렁이는 부벨라가 이름을 묻자 고개를 가로저으며 되묻는 것으로 보아, 의아한 마음이 들었습니다.

3 겨울 날씨를 나타내는 토박이말에는 '가랑눈', '진눈깨비', '함박눈', '도둑눈'이 있습니다.

4 '많다'는 '두둑하다, 무진장하다' 등과 뜻이 비슷한말입니다.

> **다시 한 번 확인해요!**
>
> 국어사전에서 찾은 '많다'
> • 많다[발음 : 만:타]
> • 뜻: 수효나 분량, 정도 따위가 일정한 기준을 넘다.
> • 비슷한말: 수없다, 숱하다, 허다하다, 무진장하다, 무수하다
> • 반대말: 적다

5 날씨를 나타내는 토박이말을 많이 사용하자는 말을 하고 있습니다.

> **다시 한 번 확인해요!**
>
> 「날씨를 나타내는 토박이말」을 읽고 중심 생각 찾기
> • 날씨를 나타내는 토박이말이 많다.
> • 계절에 따라 알고 쓰면 좋은 토박이말이 많다.
> ↓
> | 중심 생각 | 날씨를 나타내는 토박이말이 많이 있으니 알고 자주 사용하자. |

6 자신의 경험을 말한 친구를 찾습니다.

7 자신이 인상 깊은 일을 쓰는 것이므로 글쓴이를 소개할 필요는 없습니다.

8 사과를 눈으로 보고, 귀로 듣고, 코로 냄새 맡고, 손으로 만진 느낌을 표현해 봅니다.

9 감각적 표현은 대상을 눈으로 보고, 귀로 듣고, 입으로 맛보고, 코로 냄새 맡고, 손으로 만지면서 알게 된 느낌을 생생하게 표현한 것입니다.

10 '내'가 약을 먹고 감기가 나았다는 내용은 찾을 수 없습니다.

11 '할머니께서 사과주스를 드시고 계세요.'라고 해야 합니다.

12 **가** 에서는 자신이 누구인지 밝히지 않고 상대가 누구인지도 확인하지 않았고, **나** 에서는 상대의 상황을 헤아리지 않았습니다.

13 자신이 누구인지 밝히고, 상대가 누구인지 확인하는 말로 바꾸어 씁니다.

14 피구를 하다가 공에 맞으면 화난 마음이 들 것입니다.

15 언제 어디에서 어떤 일을 했는지 간추려 봅니다.

16 운동을 잘 못해서 속상한 마음에 돌멩이를 뻥 찼지만, 친구들에게 당황스럽고 미안했을 것입니다.

17 이 글은 책을 읽은 뒤에 든 생각이나 느낌을 쓴 글입니다.

18 글 **가** 와 **나** 는 모두 일하는 방법을 알려 주는 글이지만, 글 **가** 는 '두 번째, 세 번째'라는 말로 보아 차례가 정해져 있습니다.

> **다시 한 번 확인해요!**
>
> 내용을 파악하며 글 읽기
> | 글 **가** | 실 팔찌 만드는 방법을 알려 주는 글이다. |
> | 글 **나** | 감기약을 먹는 방법과 감기약을 먹을 때에 주의할 점은 무엇인지 알려 주는 글이다. |

19 글 **나** 는 감기약을 먹을 때 주의할 점을 알려 주는 글입니다.

20 호랑이가 궤짝에서 꺼내 달라고 부탁하는 장면이므로 두 손을 싹싹 빌며 간절한 말투로 부탁할 것입니다.

> **다시 한 번 확인해요!**
>
> 극본을 실감 나게 읽는 방법
> • 극본에 나오는 인물에게 어울리는 표정, 몸짓, 말투를 상상해 봅니다.
> • 자신이 그 인물이라면 어떠한 표정, 몸짓, 말투를 사용할지 생각해 봅니다.

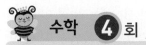

1 ㉡   **2** 820원   **3** 예 27×16=432이므로 62×
□<432입니다. 62×6=372, 62×7=434이므
로 □ 안에 들어갈 수 있는 수는 1부터 6까지의 수입
니다. 따라서 1+2+3+4+5+6=21입니다. ; 21
4 (1) 22…0 (2) 12…0   **5** 풀이 참조   **6** 14 cm
7 >   **8** 8 cm   **9** 풀이 참조   **10** 28 cm   **11** 6
12 풀이 참조   **13** $\dfrac{15}{15}$ **14** 20, 21, 22   **15** ②
16 11 L 100 mL ; 3 L 300 mL   **17** 지우개, 3개
18 예 (아버지의 몸무게)−(상민이의 몸무게)=72 kg
500 g−28 kg 600 g=71 kg 1500 g−28 kg
600 g=43 kg 900 g이므로 아버지는 상민이보다
43 kg 900 g 더 무겁습니다. ; 43 kg 900 g
19 풀이 참조   **20** 유민, 형준, 진영, 원주

풀이

1
$$\begin{array}{r} 70 \\ \times\ 80 \\ \hline 5600 \end{array}$$

2 (지우개 2개의 값)=450×2=900(원)
(색 도화지 32장의 값)=40×32=1280(원)
(거스름돈)=3000−900−1280=820(원)

4 (1)
$$\begin{array}{r} 22 \\ 4\overline{)88} \\ 8\ \ \\ \hline 8 \\ 8 \\ \hline 0 \end{array}$$
(2)
$$\begin{array}{r} 12 \\ 7\overline{)84} \\ 7\ \ \\ \hline 14 \\ 14 \\ \hline 0 \end{array}$$

5
$$\begin{array}{r} 14 \\ 6\overline{)85} \\ 6\ \ \\ \hline 25 \\ 24 \\ \hline 1 \end{array}$$
나머지는 나누는 수보다 작아야 합니다.
나머지가 나누는 수보다 크면 몫을 1 크
게 하여 다시 계산합니다.

6 정사각형은 네 변의 길이가 모두 같습니다.
(한 변의 길이)=(네 변의 길이의 합)÷4=14 (cm)

7 804÷6=134, 992÷8=124

8 반지름은 지름의 반이므로 16÷2=8 (cm)입니다.

9 예
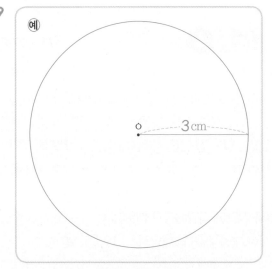

컴퍼스를 3 cm만큼 벌려서 원을 그립니다.

10 (선분 ㄱㄴ)=(반지름)×7=4×7=28 (cm)

11 ㉠=4, ㉡=2이므로 ㉠+㉡=6입니다.

12

13 가분수는 분자가 분모와 같거나 분모보다 큰 수이므로
분모가 15인 가장 작은 가분수는 $\dfrac{15}{15}$입니다.

14 $2\dfrac{3}{8}=\dfrac{19}{8}<\dfrac{□}{8}<\dfrac{23}{8}$이므로 □ 안에 들어갈 수 있
는 수는 20, 21, 22입니다.

15 ② 1 L 700 mL=1700 mL

16 합: 7 L 200 mL+3900 mL
=7 L 200 mL+3 L 900 mL
=10 L 1100 mL=11 L 100 mL
차: 7 L 200 mL−3900 mL
=7 L 200 mL−3 L 900 mL
=6 L 1200 mL−3 L 900 mL
=3 L 300 mL

17 지우개가 연필보다 100원짜리 동전 8−5=3(개)만큼
더 무겁습니다.

19 **가지고 있는 연필의 수**

사회 4 회 175~177쪽

1 ① 2 (1)-ⓒ (2)-ⓔ (3)-ⓒ (4)-ⓐ 3 ⓔ 단풍 구경을 간다. 논과 밭에서 곡식을 수확한다. 4 ③ 5 ①, ④ 6 여름 7 간고등어 8 (1) 우데기집 (2) ⓔ 눈이 많이 와도 집 안을 자유롭게 다닐 수 있도록 하기 위해서이다. 9 ② 10 ① 11 아파트 12 세시 풍속 13 ① 14 ③ 15 ⓔ 교통과 통신, 과학이 발달하면서 직업이 다양해졌기 때문이다. 16 ⑤ 17 ④ 18 (1) 여자(여성) (2) 남자(남성) 19 ② 20 ⑤

풀이

1 자연환경 중에서 산, 들, 하천, 바다는 땅의 생김새에 해당합니다.

2 고장 사람들은 산과 들, 하천과 바다를 이용하며 살아갑니다. 또 자연환경을 이용하여 생활에 편리한 시설을 만들기도 합니다.

3 이밖에도 가을에 고장 사람들은 과수원에서 과일을 수확하기도 합니다.

4 높은 건물이 있고 교통이 발달되어 있는 도시에서는 공장과 회사, 아파트 등을 많이 볼 수 있습니다.

5 도시에 사는 사람들은 공장이나 회사에서 일하고, 물건이나 음식을 파는 등 다양한 일을 하며 살아갑니다.

6 날씨가 더울 때는 바람이 잘 통하는 모시와 같은 소재의 옷을 많이 입습니다.

7 안동은 바다와 멀리 떨어져 있기 때문에 고등어에 소금을 뿌려서 상하지 않게 운반했습니다.

8 겨울에 눈이 많이 내리는 고장에서는 눈이 많이 와도 집 안을 자유롭게 다닐 수 있도록 우데기를 만들었습니다.

다시 한 번 확인해요!

자연환경과 관련된 고장의 집
• 터돋움집: 여름철 홍수로 집이 물에 잠길 위험이 있는 고장에서는 땅 위에 터를 돋우어 높은 곳에 집을 지었습니다.
• 우데기집: 울릉도에서는 눈이 많이 와도 집 안을 자유롭게 다닐 수 있도록 우데기를 설치한 집을 지었습니다.
• 너와집: 나무를 쉽게 구할 수 있는 산간 지역에서는 나뭇조각으로 지붕을 얹은 집을 지었습니다.

9 돌을 갈아서 도구를 만들었던 시대에는 강 근처의 땅을 일구어 농사를 짓고 가축을 길렀으며, 흙으로 그릇을 만들어 음식을 담아 보관했습니다.

10 돌괭이, 철로 만든 괭이, 쟁기, 트랙터 등은 땅을 가는 데 사용하는 농사 도구입니다.

11 오늘날에는 많은 사람들이 시멘트와 철근으로 지은 아파트에 살고 있습니다.

12 세시 풍속은 해마다 일정한 시기에 되풀이하여 행해 온 고유의 풍속을 말합니다.

13 정월 대보름에는 쥐불놀이와 달집태우기를 하면서 나쁜 기운을 쫓아내고, 새해 소원을 빌었습니다.

14 떡국은 새해 첫날을 맞이하는 설날 아침에 먹는 음식입니다.

15 이밖에도 오늘날에는 날씨와 계절의 영향을 적게 받게 되었기 때문에 농사와 관련된 풍속은 많이 사라졌고, 설날이나 추석 같은 큰 명절을 중심으로 한 세시 풍속만 이어져 내려오고 있습니다.

16 기러기는 죽을 때까지 사랑을 지키는 새로 알려져 있기 때문에, 옛날 결혼식 때 신랑은 신부에게 오래도록 행복하게 함께 살자는 의미로 나무 기러기를 주었습니다.

17 오늘날은 개인 생활을 위해 독립하는 경우가 늘어나고, 산업이 발달하고 도시가 만들어지면서 다양한 일자리가 생겼기 때문에 다른 지역으로 이사를 가면서 핵가족이 많아졌습니다.

다시 한 번 확인해요!

오늘날에 핵가족이 많아진 까닭
• 새로운 일자리를 찾아 도시로 오면서 가족 규모가 작아졌기 때문입니다.
• 자녀가 학교에 들어가면서 편의 시설이 많은 도시로 이사를 가기 때문입니다.
• 개인 생활을 위해 독립하는 경우가 늘어났기 때문입니다.

18 옛날에는 집안일은 주로 여자(여성)가 하고 바깥일은 주로 남자(남성)가 하였습니다.

19 오늘날 우리 사회에는 다양한 형태의 가족이 있으며, 우리 가족과 다른 형태의 가족도 있습니다.

20 다양한 가족 구성원들이 모여서 하나의 가정을 이루기 때문에 가족을 '비빔밥'이라고 표현한 것입니다.

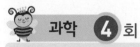
1 ② ① ⑦ © 2 ④ 3 ⑦, © 4 ©, 발바닥이 넓어
서 5 ⑤ 6 ④ 7 ④ 8 강 상류, 강폭이 좁고 강의
경사가 급하다. 9 ④ 10 © 11 ② 12 ③
13 (1) × (2) ○ (3) ○ 14 주사기 끝에서 공기 방울이
생겨 위로 올라온다. 15 ④ 16 ④ 17 ©, © 18
③ 19 실의 떨림으로 소리가 전달되기 때문이다.
20 ⑤

풀이

1 탐구 과정은 탐구 문제 정하기 → 탐구 계획 세우
기 → 탐구 실행하기 → 탐구 결과 발표하기의 순서로 문
제를 해결합니다.

2 공벌레는 돌 밑에서 볼 수 있는 동물로, 돌 밑은 잘 보이
지 않도록 숨기 좋기 때문에 여러 동물이 살고 있습니다.

3 다리가 없는 동물은 기어 다니고, 다리가 있는 동물은
걷거나 뛰어다닙니다. 뱀과 지렁이는 다리가 없습니다.

▲ 뱀

▲ 지렁이

4 낙타는 발바닥이 넓어 모래에 발이 잘 빠지지 않습니다.

> **다시 한 번 확인해요!**
>
> **낙타의 특징**
> • 등의 혹에 지방이 있어서 먹이가 없어도 며칠 동안 생활할
>   수 있습니다.
> • 발바닥이 넓어 모래에 발이 잘 빠지지 않습니다.
> • 콧구멍을 여닫을 수 있어 모래바람이 불어도 콧속으로 모
>   래가 잘 들어가지 않습니다.

5 ⑤ 털이 나 있는 뒷다리로 헤엄치는 동물은 물방개입
니다.

6 꿀벌, 나비, 잠자리는 모두 곤충으로 날개가 두 쌍이고,
다리가 세 쌍입니다. ②와 ⑤는 새의 특징입니다. 날아
다니는 동물은 몸이 비교적 가볍습니다.

7 화단 흙에는 부식물이 많이 들어 있어 식물이 잘 자랍니

다. 운동장 흙이 화단 흙보다 알갱이 크기가 더 큽니다.

8 바위와 큰 돌이 많은 것으로 보아 강 상류의 모습입니
다. 강 상류는 강 하류에 비해 강폭이 좁고 강의 경사가
급합니다.

9 모래 해변과 갯벌은 바닷물이 고운 흙이나 가는 모래를
쌓아서 만들어진 지형입니다.

10 ©은 흙이 깎이지 않도록 고정하여 주는 시설물을 설치
한 경우입니다. 나무나 풀이 많은 곳도 흙이 잘 보존되
고 있습니다.

11 눈에 보이지 않고 손에 잡히지 않아 전달한 것인지 알
수 없는 물체는 공기입니다.

12 가방, 책상, 연필, 필통, 색연필은 고체로, 고체는 비교
적 단단해 손으로 잡을 수 있고 다른 사람에게 전달하기
쉽습니다.

13 액체는 담는 그릇에 따라 모양이 변하지만 부피는 변하
지 않습니다.

14 공기는 눈에 보이지 않지만 우리 주변에 있다는 것을 알
수 있습니다.

15 액체는 담는 그릇에 따라 부피가 변하지 않습니다.

16 소리가 나는 소리굽쇠를 물에 대면 물이 튀어 오릅니다.

17 기타와 실로폰은 소리의 높낮이를 이용해 연주하는 악
기입니다.

18 물속에서도 소리가 전달되며, 플라스틱 관이 스피커에
가까워질수록 소리가 크게 들립니다.

19 실 전화기는 실의 떨림에 의해 소리가 전달되기 때문에
실을 손으로 꽉 잡으면 실의 떨림이 멈춰서 소리가 전달
되지 못합니다.

> **다시 한 번 확인해요!**
>
> **실 전화기의 소리를 더 잘 들리게 하는 방법**
> • 실에 물을 묻힙니다.
> • 실을 팽팽하게 합니다.
> • 실을 짧게 합니다.
> • 실을 손으로 잡을 때보다 잡지 않을 때 소리가 더 잘 들립
>   니다.

20 소리는 딱딱한 물체에서 잘 반사되기 때문에 딱딱한 벽
으로 둘러싸인 체육관에서 소리를 내면 소리가 잘 반사
되어 소리가 울립니다.

MEMO

교학사가 자신 있게 만들었습니다.

초등교재 시리즈

연산 + 문장 드릴수학

연산과 문장을 한 권으로 배우는 교재
▶ 1~6학년(총 24권)

강추수학 개념완성

개념이 쉬워지는 초등 수학 첫 기본 개념서
▶ 1~6학년

또바기와 모도리의 야무진 한글 (전 4권)

한글 공부와 받아쓰기 편으로 구성된 한글 실력 향상 교재
▶ 7~10세

또바기와 모도리의 야무진 수학 (전 10권)

초등 수학의 기초 개념을 난이도에 따라 단계별로 구성
▶ 유치~초1

표준 수학 특강

개념을 익히고 실력을 다지는 기본서
▶ 1~6학년(학기용)

전과목 단원평가 총정리

수시평가와 단원평가, 학업 성취도 평가 대비 문제집
▶ 1~6학년(학기용)

단원평가 시리즈

국어, 수학, 사회, 과학 단원평가와 시험 대비용 100점 예상문제로 구성
▶ 3~6학년(학기용)

단원평가
총정리

정답과 풀이